U0816217

国家级职业教育规划教材
人力资源和社会保障部职业能力建设司推荐

■ 高等职业技术院校公路类专业教材 ■

公路工程现场测试技术

主 编 王 晖

中国劳动社会保障出版社

简介

本书主要内容包括公路工程现场测试基础、路基路面几何尺寸及路面结构层厚度检测、路基路面压实度检测、路基路面平整度检测、路基路面承载能力检测、路基路面回弹模量检测、路面抗滑性能检测、水泥混凝土强度检测、路面其他性能检测等内容，旨在培养学生掌握公路工程现场测试的工作流程、公路工程质量检验评定等方面的知识和技能。

本书由王晖主编，汪军伟、朱中文、欧定福参加编写。王晖编写模块一、模块三、模块四、模块七，朱中文编写模块二、模块五，汪军伟编写模块六、模块八，欧定福编写模块九。

图书在版编目(CIP)数据

公路工程现场测试技术/王晖主编. —北京：中国劳动社会保障出版社，2013
高等职业技术院校公路类专业教材
ISBN 978-7-5167-0514-8

Ⅰ.①公…　Ⅱ.①王…　Ⅲ.①道路工程-工程质量-测试技术-高等职业教育-教材
Ⅳ.①U415.12

中国版本图书馆CIP数据核字(2013)第196806号

中国劳动社会保障出版社出版发行
（北京市惠新东街1号　邮政编码：100029）
出 版 人：张梦欣
*
北京谊兴印刷有限公司印刷装订　新华书店经销
787毫米×1092毫米　16开本　15印张　345千字
2013年8月第1版　2023年1月第8次印刷
定价：28.00元

营销中心电话：400-606-6496
出版社网址：http://www.class.com.cn
http://jg.class.com.cn

前言

随着我国公路交通的高速发展，公路施工、养护、工程测量等岗位从业人员的数量日益增多，对其具备的知识和能力的要求也在不断提高。为了更好地满足各类职业院校对公路类专业高技能人才的培养需求，全面提升教学质量，人力资源和社会保障部教材办公室组织全国有关院校的教学专家、行业企业专家，在充分调研学校教学情况和企业生产实际的基础上，精心编写了高等职业技术院校公路类专业教材，包括公路类专业基础平台课教材《公路概论》《公路工程识图》《公路 CAD》《工程力学基础》《土质与筑路材料》，以及公路类专业课教材《路基路面施工技术》《桥涵工程施工技术》《公路养护技术》《公路工程测量》《公路勘测及简单设计》《公路工程现场测试技术》《公路工程施工组织与概预算》《公路施工养护机械》《公路施工安全》。

在教材的编写过程中，力求做到以下几点：

1. 采用模块化设计，合理构建专业教材体系

针对公路类专业培养目标和企业对岗位能力的不同需求，本套教材分为公路施工养护模块、公路工程测量模块、公路试验检验模块、公路施工组织与管理模块等。教师可以在专业基础平台上组合不同的能力模块实施教学，以达到公路（桥梁）施工、养护、工程测量等专业方向的能力培养要求。

2. 以国家职业标准为依据，以能力培养为目标组织教材内容

教材编写以筑路养护工、工程测量工、桥梁工、隧道工等职业的国家职业标准为依据，注重企业对公路施工、养护、工程测量等岗位从业人员的能力要求，坚持实用、够用的原则，合理组织教材内容，有效解决了公路类教材存在的理论性过强的问题。

3. 贯彻先进的教学理念，根据教学内容不同的精心选择编写模式

本次教材编写贯彻了职业教育的先进教学理念，对于理实一体化和工程实践操作性较强的课程，采用了任务驱动的编写模式；对于理论性较强的课程，采用了理论与工程实践相结合的编写模式。在教材的表现形式上，尽量采用以图代文、以表代文的表达方式，增强教材的可读性，激发学生的学习兴趣，引导学生自主学习。

为方便教学，与《公路概论》《公路工程识图》《工程力学基础》《土质与筑路材料》《公路工程测量》《公路工程施工组织与概预算》相配套，开发了习题册；与《公路概论》《公路工程识图》《公路 CAD》《工程力学基础》《土质与筑路材料》《路基路面施工技术》《桥涵工程施工技术》《公路工程测量》《公路工程现场测试技术》相配套，开发了多媒体教学课件，可进入中国人力资源和社会保障出版集团网站（http://www.class.com.cn）免费下载。

在本套教材的编写过程中，得到了有关省市教育部门、人力资源和社会保障部门以及一批高等职业技术院校的大力支持，教材的主编、主审等有关人员做了大量的工作，在此表示衷心的感谢！同时，恳切希望广大读者对教材提出宝贵的意见和建议，以便修订时加以完善。

人力资源和社会保障部教材办公室

2012 年 6 月

目录

模块一

公路工程现场测试基础

任务一　公路工程质量检验评定

学习目标

- 了解试验检测的目的和意义。
- 熟悉公路工程质量检验评定方法。

工作任务

江苏省某地区新建二级公路仅有路基、路面工程，其中路基工程中有路基土石方工程，涵洞、通道工程，排水工程等；路面工程中有基层、面层、路肩等工程。为了保证公路建设质量，质量监督部门需对该公路工程进行检查和验收，评定工程质量等级。

在公路工程建设中，施工单位应该按照工程项目进行质量自检和资料汇总，质量监督部门按照工程项目逐级进行工程质量等级评定。质量自检、质量等级评定需要通过对各工程项目试验检测来实施。现在先来了解一下试验检测的目的、意义，以及怎样对各工程项目质量进行等级评定。

相关理论

一、试验检测的目的和意义

1．试验检测的目的

质量关系到生活中的方方面面，小到食品安全，大到施工建设，都离不开质量的保障。质量是公路工程建设的关键，是工程建设的生命线，任何一个环节、任何一个部位出现问题，都会给工程的质量带来严重后果，直接影响到公路的使用效益，甚至返工重建造成巨大的经济损失。因此，工程检测机构必须对工程项目进行检测，并判断工程质量。作为施工技术人员和工程试验检测人员或质量控制管理人员，在整个施工期间，应在吃透并领会设计文件、熟悉现行施工技术规范和试验检测规程的前提下，严格做好路用材料质量、施工控制参数、现场施工过程质量和分部分项工程验收这四个关键环节的把关工作。

2．试验检测的意义

工程试验检测工作是公路工程施工技术管理中的一个重要组成部分，也是施工质量控制和竣工验收评定工作中不可缺少的一个主要环节。通过试验检测能充分地利用当地的原材料，能迅速推广应用新材料、新技术和新工艺，能用定量的方法科学地评定各种材料和构件的质量，能合理地控制并科学地评定工程质量。因此工程质量检测工作对于提高工程质量、加快工程进度、降低工程造价、推动公路工程施工技术进步，将起到极为重要的作用。公路工程试验检测技术是一门正在发展的新兴学科，它融试验检测基本理论和测试操作技能及公路工程相关学科基础知识于一体，是工程设计参数、施工质量控制、施工验收评定、养护管理决策及各种技术规范和规程修订的主要依据。

3．对试验检测机构、人员的要求

随着公路技术等级的提高，各级公路管理部门和施工单位已对加强质量检测与施工质量控制和验收工作高度重视。但是在许多工程中，仍有部分单位不具备原材料质量试验检测和施工质量控制试验检测的基本条件。有些单位虽然已购置了一定数量的试验检测仪器设备，也建立了试验检测机构并配备了相应的试验检测技术人员，但由于多种原因，使已建成的试验室不能发挥应有的作用。工程实践经验证明：不重视施工检测和施工现场质量控制管理工作，而仅靠经验评估是造成工程出现早期破坏的重要原因之一。因此，要想切实提高公路工程施工质量、缩短施工工期、降低工程投资，在建立健全工程质量控制检查制度的同时，必须配备一定数量的试验检测设备和相应的专职试验检测技术人员。

试验检测技术人员一定要正确地认识各种试验检测的作用及其局限性。试验检测成果因试验方法和试验技巧的熟练程度不同，会有较大的误差。为了使试验检测能较正确地反映材料或工程的实际性质，就要求试验人员必须掌握试验检测的基本理论、基本知识和基本技能。

小资料

1999 年 1 月 4 日，晚 6 时 50 分，××市××县城区一座步行桥（彩虹桥）突然整体垮塌（见图 1—1—1），数十名过桥者随大桥坠入桥下的綦河，造成了严重伤亡事故。这次因工程质量导致的重大责任事故，共造成 40 人死亡，其中包括 18 名年轻的武警战士，直接经济损失达 628 万元。

桥梁概况：该桥为中承式钢管混凝土提篮拱人行桥，跨度 120 m；1996 年 2 月 16 日竣工，耗资 368 万元。

经调查，该事故主要由两大原因造成：一是施工质量问题。彩虹桥的主要受力拱架钢管焊接存在严重缺陷，个别焊缝出现陈旧性裂痕；焊接质量不合格；钢管内混凝土强度不足，普遍低于设计标号的 1/3；连接桥梁、桥面与钢拱架的钢结构均严重锈蚀。二是工程承发包不合法。事故调查组找不到工程设计专用章，设计手续不全，实际上是私人设计。施工承包者是一个挂靠国有企业的个体业主，其组织的施工队伍不具备进行市政工程建设的技术力量和设备，不具有合法的市政工程施工资质。

调查结果表明，彩虹桥垮塌，40 人殒命的惨剧不是天灾，而是由于忽视工程施工质量、对工程质量控制检查不到位导致的人祸。

事故前　　事故后

图 1—1—1　彩虹桥垮塌前后对比图

二、公路工程质量检验评定方法

1. 公路工程质量检验与等级评定依据

《公路工程质量检验评定标准》（JTG F80/1—2004）适用于公路工程施工单位、工程监理单位、建设单位、质量检测机构和质量监督部门对公路工程质量的管理、监控和检验评定；适用于四级及四级以上公路新建、改建工程，是公路工程检查与验收的质量评定依据。

根据建设任务、施工管理和质量检验评定的需要，应在施工准备阶段按标准将建设项目划分为单位工程、分部工程和分项工程。施工单位、工程监理单位和建设单位应按相同的工程项目划分进行工程质量的监控和管理。

在单位工程中，按结构部位、路段长度及施工特点或施工任务划分为若干个分部工程。

在分部工程中，按不同的施工方法、材料、工序及路段长度等划分为若干个分项工程。

施工单位应按此种工程划分进行质量自检和资料汇总，质量监督部门按照此种工程划分逐级进行工程质量等级评定。

路基、路面和桥涵的单位工程中分部和分项的划分内容详见表1—1—1和表1—1—2。

表1—1—1　　路基、路面单位工程中分部及分项工程的划分

单位工程	分部工程	分项工程
路基工程（每10 km或每标段）	路基土石方工程*（1～3 km路段）	土方路基*，石方路基*，软土地基*，土工合成材料处治层*等
	排水工程（1～3 km路段）	管节预制，管道基础及管节安装*，检查（雨水）井砌筑*，土沟，浆砌排水沟*，盲沟，跌水，急流槽*，水簸箕，排水泵站等
	小桥及符合小桥标准的通道*，人行天桥，渡槽（每座）	基础及下部构造*、上部构造预制、安装或浇筑*，桥面*，栏杆，人行道等
	涵洞、通道（1～3 km路段）	基础及下部构造*，主要构件预制、安装或浇筑*，填土，总体等
	砌筑防护工程（1～3 km路段）	挡土墙*，墙背填土，抗滑桩*，锚喷防护*，锥、护坡，导流工程，石笼防护等
	大型挡土墙*，组合式挡土墙*（每处）	基础*，墙身*，墙背填土，构件预制*，构件安装*，筋带，锚杆，拉杆，总体*等
路面工程（每10 km或每标段）	路面工程*（1～3 km路段）	底基层，基层*，面层*，垫层，联结层，路缘石，人行道、路肩，路面边缘排水系统等

注：①表内标注*号者为主要工程，评分时给予的权值为2，不带*号者为一般工程，权值为1。
②按路段长度划分的分部工程，高速公路、一级公路宜取低值，二级及二级以下公路可取高值。

表1—1—2　　桥涵单位工程中分部及分项工程的划分

单位工程	分部工程	分项工程
桥梁工程（特大、大、中桥）	基础及下部构造*（每桥或每墩、台）	扩大基础，桩基*，地下连续墙*，承台，沉井*，桩的制作*，钢筋加工及安装，墩台身（砌体）浇筑*，墩台身安装，墩台帽*，组合桥台*，台背填土，支座垫石和挡块等
	上部构造预制和安装*	主要构件预制*，其他构件预制，钢筋加工及安装，预应力筋的加工和张拉*，梁板安装，悬臂拼装*，顶推施工梁*，拱圈节段预制，拱的安装，转体施工拱*，劲性骨架拱肋安装*，钢管拱肋制作*，钢管拱肋安装*，吊杆制作和安装*，钢梁制作*，钢梁安装，钢梁防护*等

续表

单位工程	分部工程	分项工程
桥梁工程（特大、大、中桥）	上部构造现场浇筑*	钢筋加工及安装，预应力筋的加工和张拉*，主要构件浇筑*，其他构件浇筑，悬臂浇筑*，劲性骨架混凝土*，钢管混凝土拱*等
	总体、桥面系和附属工程	桥梁总体*，桥面防水层施工，桥面铺装*，钢桥面铺装*，支座安装，搭板，伸缩缝安装，大型伸缩缝安装*，栏杆安装，混凝土护栏，人行道铺设，灯柱安装等
	防护工程	护坡，护岸*，导流工程*，石笼防护，砌石工程等
	引道工程	路基*，路面*，挡土墙*，小桥*，涵洞*，护栏等
互通立交工程	桥梁工程*（每座）	桥梁总体，基础及下部构造*，上部构造预制、安装或浇筑*，支座安装，支座垫石，桥面铺装*，护栏，人行道等
	主线路基路面工程*（1～3 km 路段）	见表1—1—1中路基、路面等分项工程
	匝道工程（每条）	路基*，路面*，通道*，护坡，挡土墙*，护栏等
隧道工程	总体	隧道总体*等
	明洞	明洞浇筑，明洞防水层，明洞回填*等
	洞口工程	洞口开挖，洞口边仰坡防护，洞门和翼墙的浇（砌）筑，截水沟、洞口排水沟等
	洞身开挖	洞身开挖*（分段）等
	洞身衬砌	（钢纤维）喷射混凝土支护，锚杆支护，钢筋网支护，仰拱，混凝土衬砌*，钢支撑，衬砌钢筋等
	防排水	防水层、止水带、排水沟等
	隧道路面	基层*，面层*等
	装饰	装饰工程
	辅助施工措施	超前锚杆、超前钢管等
交通安全设施（每20 km或每标段）	标志*（5～10 km路段）	标志*
	标线、突起路标（5～10 km路段）	标线*，突起路标等
	护栏*、轮廓标（5～10 km路段）	波形梁护栏*，缆索护栏*，混凝土护栏*，轮廓标等
	防眩设施（5～10 km路段）	防眩板、网等
	隔离栅、防落网（5～10 km路段）	隔离栅、防落网等

注：表内标注*号者为主要工程，评分时给予的权值为2；不带*号者为一般工程，权值为1。

想一想

根据表1—1—1、表1—1—2的内容，试着将下列工程名称按照分项工程、分部工程、单位工程来分类汇总：

上部构造预制和安装、路基工程、排水工程、悬臂拼装、浆砌排水沟、盲沟、顶推施工梁、急流槽、桥梁工程、桥面铺装、基础及下部构造、扩大基础、墩台身安装、路基土石方工程、梁板安装、桥面系工程、桥面防水层施工、跌水、交通安全设施、波形梁护栏、护栏、软土地基。

2. 公路工程质量评分方法

施工单位应对各分项工程按《公路工程质量检验评定标准》（JTG F80/1—2004）所列基本要求、实测项目和外观鉴定进行自检，按“分项工程质量检验评定表”及相关施工技术规范提交真实、完整的自检资料，对工程质量进行自我评定。工程监理单位应按规定要求对工程质量进行独立抽检，对施工单位检评资料进行签认，对工程质量进行评定。建设单位根据对工程质量的检查及平时掌握的情况，对工程监理单位所做的工程质量评分及等级进行审定。

工程质量检验评分以分项工程为单元，采用100分制进行。在分项工程评分的基础上，逐级计算各相应分部工程、单位工程、合同段和建设项目评分值。

（1）分项工程质量评分

分项工程质量检验内容包括基本要求、实测项目、外观鉴定和质量保证资料四个部分。只有在其使用的原材料、半成品、成品及施工工艺符合基本要求的规定，且无严重外观缺陷和质量保证资料真实并基本齐全时，才能对分项工程质量进行检验评定。

提 示

涉及结构安全和使用功能的重要实测项目为关键项目（以“△”标识），其合格率不得低于90%（属于工厂加工制造的桥梁金属构件不低于95%，机电工程为100%），且检测值不得超过规定极值，否则必须进行返工处理。

实测项目的规定极值是指任何单个检测值都不能突破的极限值，不符合要求时该实测项目为不合格。

采用统计方法进行评定的关键项目，不符合要求时则该分项工程评为不合格。

分项工程的评分值满分为100分，按实测项目采用加权平均法计算。存在外观缺陷或资料不全时，需予以减分。

$$\text{分项工程得分} = \frac{\sum(\text{检查项目得分} \times \text{权值})}{\sum \text{检查项目权值}}$$

$$\text{分项工程评分值} = \text{分项工程得分} - \text{外观缺陷减分} - \text{资料不全减分}$$

1）基本要求检查。分项工程所列基本要求，对施工质量优劣具有关键作用，应按基本要求对工程进行认真检查。经检查不符合基本要求规定时，不得进行工程质量的检验和评定。

2）实测项目计分。对规定检查项目采用现场抽样方法，按照规定频率和下列计分方法对分项工程的施工质量直接进行检测计分。

检查项目除按数理统计方法评定的项目以外，均应按单点（组）测定值是否符合标准要求进行评定，并按合格率计分。

$$\text{检查项目合格率} = \frac{\text{检查合格的点（组）数}}{\text{该检查项目的全部检查点（组）数}} \times 100\%$$

$$\text{检查项目得分} = \text{检查项目合格率} \times 100$$

对于路基路面的压实度、弯沉值、路面结构层厚度、水泥混凝土抗压和抗弯拉强度、半刚性材料强度及路面横向力系数等检查项目，则应按要求采用有关数理统计方法进行评定计分。除路面横向力系数外，其余均为分项工程中的关键项目，不符合要求时该分项工程评为不合格。

3）外观缺陷减分。对工程外表状况应逐项进行全面检查，如发现外观缺陷，应进行减分。对于较严重的外观缺陷，施工单位须采取措施进行整修处理。

4）资料不全减分。分项工程的施工资料和图表残缺，缺乏最基本的数据，或有伪造涂改者，不予检验和评定。资料不全者应予减分，减分幅度可按《公路工程质量检验评定标准》（JTG F80/1—2004）所列各款逐款检查，视资料不全情况，每款减1～3分。

（2）分部工程和单位工程质量评分

分项工程和分部工程分为一般工程和主要（主体）工程，分别给予1和2的权值。进行分部工程和单位工程评分时，采用加权平均值计算法确定相应的评分值。

$$\text{分部(单位)工程评分值} = \frac{\sum[\text{分项(分部)工程评分值} \times \text{相应权值}]}{\sum \text{分项(分部)工程权值}}$$

（3）合同段和建设项目工程质量评分

合同段和建设项目工程质量评分值按《公路工程竣（交）工验收办法》计算。

（4）质量保证资料

施工单位应有完整的施工原始记录、试验数据、分项工程自查数据等质量保证资料，并进行整理分析，负责提交齐全、真实和系统的施工资料和图表。工程监理单位负责提交齐全、真实和系统的监理资料。质量保证资料应包括以下六个方面：

1）所用原材料、半成品和成品质量检验结果。

2）材料配比、拌和加工控制检验和试验数据。

3）地基处理、隐蔽工程施工记录和大桥、隧道施工监控资料。

4）各项质量控制指标的试验记录和质量检验汇总图表。

5）施工过程中遇到的非正常情况记录及其对工程质量影响分析。

6）施工过程中如发生质量事故，经处理补救后，达到设计要求的认可证明文件等。

3. 公路工程质量等级评定办法

公路工程质量评定分为合格和不合格两个等级，应按分项、分部、单位工程和建设项目逐级评定。

（1）分项工程质量等级评定

分项工程评分值不小于75分者为合格，小于75分者为不合格；机电工程、属于工厂加工制造的桥梁金属构件不小于90分者为合格，小于90分者为不合格。

评定为不合格的分项工程，经加固、补强或返工、调测，满足设计要求后，可以重新评定其质量等级，但计算分部工程评分值时按其复评分值的90%计算。

（2）分部工程质量等级评定

所属各分项工程全部合格，则该分部工程评为合格；所属任一分项工程不合格，则该分部工程为不合格。

（3）单位工程质量等级评定

所属各分部工程全部合格，则该单位工程评为合格；所属任一分部工程不合格，则该单位工程为不合格。

（4）合同段和建设项目质量等级评定

合同段和建设项目所属单位工程全部合格，则该建设项目的工程质量评为合格；所属任一单位工程不合格，则该合同段和建设项目的工程质量评为不合格。

任务实施

对任务引入中所描述的江苏省某地区新建二级公路，仅有路基、路面工程，其中路基工程中有路基土石方工程（分项工程仅土方工程1项，该分项工程实测项目得92分，外观扣分2分），涵洞、通道工程得88分（分项工程均合格），排水工程（含浆砌排水沟分项工程和急流槽分项工程，合格）得85分；路面工程中有基层、面层、路肩等工程（分项工程均合格）得90分。现为了保证公路建设质量，对此二级公路各分部工程和单位工程进行评分，并确定其质量等级。

计算过程如下所示：

1. 分部工程

（1）路基土石方工程

土方分项工程得分为 $92-2=90$（分），合格。

所以，该路基土石方分部工程得90分，所属分项工程全合格，该分部工程合格。

（2）涵洞、通道工程：88分，所属分项工程全合格，该分部工程合格。

（3）排水工程：85分，所属分项工程全合格，该分部工程合格。

（4）路面工程：90分，所属分项工程全合格，该分部工程合格。

2. 单位工程

（1）路基工程得分

$\frac{90\times2+88\times1+85\times1}{4}=88.25$（分），所属分部工程全合格，该单位工程合格。

路基土方工程属于主要工程，其权值为2；涵洞、通道工程为一般工程，其权值为1；

排水工程为一般工程，其权值为1。

（2）路面工程：90分，所属分部工程全合格，该单位工程合格。

因此该新建二级公路，路基、路面工程均合格。

阅读材料

《公路工程质量检验评定标准》（JTG F80/1—2004）

思考与练习

1．简述工程质量评分方法及等级评定方法。

2．软土地基属于主要工程还是一般工程？权值是多少？

3．某一级公路分部工程项目C，包含A和B两个分项工程，两个分项工程的权值分别为2和1，两者的实测项目得分见表1—1—3。

表1—1—3

分项工程A	实测项目	A1	A2	A3	A4	A5	A6	A7	扣分和减分
	工程实测得分	95	93	90	89	88	85	90	2
	规定权值	3	3	2	2	2	2	1	
分项工程B	实测项目	B1	B2	B3	B4	B5	B6		扣分和减分
	工程实测得分	96	80	76	75	85	83		3
	规定权值	3	1	1	1	1	1		

实测项目B1的得分值是在分项工程B第一次实测计算得分评定为不合格后，进行返工处理满足设计要求后测得的分值，试计算分部工程C的得分值并评定其质量等级。

任务二　试验检测数据处理

学习目标

- 了解检测数据的修约原则。
- 熟知数据统计特征与概率分布特征。
- 了解可疑数据的取舍方法。

工作任务

在对公路质量进行检测过程中，测得的数据有的位数很多，不便于后期统计计算；有的由于工程对基础数据有不同的精度要求，这时候也需要按照一定规则对数据先进行处理后，再分析计算，最后得到的值最接近原数值。

下面有一组检测数据，请对这组数据进行修约：

17.353 8（保留两位小数）；255.557（保留整数）；22.754 6（保留一位小数）；249.996 8（保留两位小数）；20.050 000 1（保留一位小数）；16.687 5（保留三位小数）；18.45（保留一位小数）；10.35（保留一位小数）。

在进行具体的数学运算前，通过省略原数值的最后若干位数字，调整保留的末位数字，使最后所得到的值最接近原数值的过程称为数值修约。

除了对试验数据进行修约外，有时还会研究数据的差异性、规律性和随机性，并对可疑数据进行处理，这时需要了解数据的统计特征、概率分布及可疑数据的取舍方法。

相关理论

一、检测数据的修约原则

指导数字修约的具体规则称为数值修约规则。数值修约时应首先确定修约间隔和进舍规则。一经确定，修约值必须是修约间隔的整数倍，然后指定表达方式，即选择根据修约间隔保留到指定位数。科技工作中测定和计算得到的各种数值，除另有规定者外，修约时应按照国家标准文件《数值修约规则》进行。

1．修约的相关术语

（1）修约间隔

修约间隔是确定修约保留位数的一种方式。修约间隔的数值一经确定，修约值应为该数值的整数倍。

例如：指定修约间隔为0.1，修约值即应在0.1的整数倍中选取，相当于将数值修约到一位小数。

例如：指定修约间隔为100，修约值即应在100的整数倍中选取，相当于将数值修约到“百”数位。

例如：按0.5单位修约（半个单位修约）是指修约间隔为指定数位的0.5个单位，即修约到指定数位的0.5个单位。

例如：按0.2单位修约是指修约间隔为指定数位的0.2单位，即修约到指定数位的0.2单位。

（2）有效位数

有效位数是指数字的位数。对以若干个零结尾的整数值，从非零数字最左一位向右数得到的位数减去无效零，即仅为定位用的个数；对其他十进位数，从非零数字最左一位向右数得的位数，即为有效位数。

例如：3.3 有两位有效数字，3.33 有三位有效数字，0.038 有两位有效数字，0.030 80 有四位有效数字。

2．一般常用的数值修约规则

（1）拟舍去的数字中，其最左面的第一位数字小于 5 时，则舍去，留下的数字不变。

例如：将 24.241 2 修约为只留一位小数时，其拟舍去的数字中最左面的第一位数字是 4，则可舍去，结果成 24.2。

（2）拟舍去的数字中，其最左面的第一位数字大于 5 时，则进 1，即所留下的末位数字加 1。

例如：将 26.762 1 修约为只留一位小数时，其拟舍去的数字中最左面的第一位数字是 6，则应进 1，结果成 26.8。

（3）拟舍去的数字中，其最左面的第一位数字等于 5 时，而后面的数字并非全部为 0 时，则进 1，即所留下的末位数字加 1。

例如：将 15.050 001 修约为只留一位小数时，其拟舍去的数字中最左面的第一位数字是 5，5 后面的数字还有 0 001，故进 1，结果为 15.1。

（4）拟舍去的数字中，其最左面的第一位数字等于 5 时，而后面无数字或全部为 0 时，所保留的数字末位如为奇数（1、3、5、7、9）则进 1，如为偶数（0、2、4、6、8）则舍去。

例如：将下列各数字修约为只留一位小数时，其拟舍去的数字中最左面的第一位数字是 5，5 后面无数字，根据所留末位数的奇偶关系，结果为：

21.05→21.0　（因为“0”是偶数）

21.15→21.2　（因为“1”是奇数）

21.25→21.2　（因为“2”是偶数）

21.45→21.4　（因为“4”是偶数）

（5）0.5 单位修约时，将拟修约数值乘以 2，按指定位数依进舍规则修约，所得数值再除以 2。

例如：将下列数字修约到“个”位数的 0.5 单位（或修约间隔 0.5）。

拟修约数字	乘 2	2A 修约值（修约间隔 1）	A 修约值（修约间隔 0.5）
20.25	40.50	40	20.0
24.38	48.76	49	24.5

（6）0.2 单位修约时，将拟修约数值乘以 5，按指定位数依进舍规则修约，所得数值再除以 5。

例如：将下列数字修约到“百”位数的0.2单位（或修约间隔20）。

拟修约数字	乘5	5A修约值（修约间隔为100）	A修约值（修约间隔20）
750	3 750	3 800	760
673	3 365	3 400	680

（7）拟舍去的数字并非单独的一个数字时，不对该数值连续进行修约，应按拟舍取的数字中最左面的第一位数字的大小，照上述各条一次修约完成。

例如：将27.454 6修约成整数时，不应按27.454 6→27.455→27.46→27.5→28进行，而应按27.454 6→27进行修约。

（8）负数修约时，先将它的绝对值按上述规定的方式进行修约，然后在修约值前面加负号。

例如：将下列数字修约成两位有效数字

-365　　　　修约为 -36×10

-0.036 5　　修约为 -0.036

提 示

上述数值修约规则（有时称为“奇升偶舍法”）与以往用的“四舍五入”法的区别在于，用“四舍五入”法对数值进行修约，从很多修约后的数值中得到的均值偏大，用上述修约规则，进舍的状况具有平衡性，进舍误差也具有平衡性，若干数值经过这种修约后，修约值之和变大的可能性与变小的可能性是一样的。

为便于记忆，将上述规则归纳为以下几句口诀：四舍六入五考虑，五后非零则进一，五后为零视奇偶，奇升偶舍要注意，修约一次要到位。

知识拓展

在具体实施中，有时测试与计算部门先将获得的数值按指定的修约位数多一位或几位报出，而后由其他部门判定。为避免产生连续修约的错误，应按下述步骤进行。

1. 报出数值最右的非零数字为5时，应在数值后面加“+”或“-”或不加符号，以分别表明已进行过舍、进或未舍未进。

例如：4.50（+）表示实际值大于4.50，经修约舍弃为4.50；4.50（-）表示实际值小于4.50，经修约进“1”成为4.50。

2. 如果判定报出值需进行修约，当拟舍弃数字的最左一位数字为5，且后面无数字或皆为零时，数值后面有“+”则进1，有“-”则舍去。其他则仍按修约规则进行修约。

例如：将下列数字修约到个位数后进行判定（报出值多留1位到小数点后1位）。

实测值	报出值	修约值
15.454 6	15.5（-）	15
16.520 3	16.5（+）	17
17.500 0	17.5	18

二、数据统计特征

工程质量数据的统计特征量分为两类：一类表示统计数据的差异性，即工程质量的波动性，主要有极差、标准偏差、变异系数等；另一类表示统计数据的规律性，主要有算术平均值、中位数、加权平均值等。

1. 算术平均值

算术平均值表示一组数据集中位置最有用的统计特征量，经常用样本的算术平均值来代表总体的平均水平。样本的算术平均值用 $\bar{x}$ 表示。如果 n 个样本数据为 x_1、x_2、…、x_n，那么，样本的算术平均值为：

$$\bar{x} = \frac{1}{n}(x_1 + x_2 + \cdots + x_n) = \frac{1}{n}\sum_{i=1}^{n} x_i \qquad (1—2—1)$$

【例 1—2—1】 某路段沥青混凝土面层抗滑性能检测中，摩擦因数的检测值（共 10 个测点）分别为 54、56、61、55、48、50、58、60、57、53（摆值）。求摩擦因数的算术平均值。

解：由式（1—2—1）可知，摩擦因数的算术平均值为：

$$\overline{F_B} = \frac{54+56+61+55+48+50+58+60+57+53}{10} = 55.2(\text{摆值})$$

2. 中位数

在一组数据 x_1、x_2、…、x_n 中，按其大小次序排序以排在正中间的一个数表示总体的平均水平，称为中位数，或称中值，用 $\tilde{x}$ 表示。n 为奇数时，正中间的数只有一个；n 为偶数时，正中间的数有两个，取这两个数的平均值作为中位数，即：

$$\tilde{x} = \begin{cases} x_{\frac{n+1}{2}} & (n\text{ 为奇数}) \\ \frac{1}{2}(x_{\frac{n}{2}} + x_{\frac{n}{2}+1}) & (n\text{ 为偶数}) \end{cases} \qquad (1—2—2)$$

【例 1—2—2】 检测值同例 1—2—1，求中位数。

解：检测值按大小次序排列为：61、60、58、57、56、55、54、53、50、48（摆值），则中位数为：

$$\tilde{F}_B = \frac{F_{B(5)} + F_{B(6)}}{2} = \frac{56+55}{2} = 55.5(\text{摆值})$$

3. 极差

在一组数据中最大值与最小值之差，称为极差，记作 R。

$$R = x_{\max} - x_{\min} \tag{1—2—3}$$

例 1—2—1 中的检测数据的极差为：

$$R = F_{B\max} + F_{B\min} = 61 - 48 = 13(\text{摆值})$$

极差没有充分利用数据的信息，但计算十分简单，仅适用于样本容量较小（$n<10$）的情况。

4. **标准偏差**

标准偏差有时也称标准离差、标准差或均方差，它是衡量样本数据波动性（离散程度）的指标。在质量检验中，总体的标准偏差（σ）一般不易求得。样本的标准差 S 按式（1—2—4）计算：

$$S = \sqrt{\frac{(x_1 - \bar{x})^2 + (x_2 - \bar{x})^2 + \cdots + (x_i - \bar{x})^2}{n-1}} = \sqrt{\frac{\sum_{i=1}^{n}(x_i - \bar{x})^2}{n-1}} \tag{1—2—4}$$

$$= \sqrt{\frac{1}{n-1}\left(\sum_{i=1}^{n} x_i^2 - n\bar{x}^2\right)}$$

【例 1—2—3】 仍用例 1—2—1 中的数据，求样本标准偏差 S。

解： 由式（1—2—4）可知，样本标准偏差为：

$$\begin{aligned} S = &\left\{\frac{1}{10-1}\times[(54-55.2)^2 + (56-55.2)^2 + (61-55.2)^2\right.\\ &+ (55-55.2)^2 + (48-55.2)^2 + (50-55.2)^2 + (58-55.2)^2\\ &\left.+ (60-55.2)^2 + (57-55.2)^2 + (53-55.2)^2]\right\}^{1/2}\\ = &\ 4.13(\text{摆值}) \end{aligned}$$

5. **变异系数**

标准偏差是反映样本数据的绝对波动状况。当测量较大的量值时，绝对误差一般较大；测量较小的量值时，绝对误差一般较小。因此，用相对波动的大小，即变异系数更能反映样本数据的波动性。

变异系数用 C_V 表示，是标准差 S 与算术平均值的比值，即：

$$C_V = \frac{S}{\bar{x}} \times 100\% \tag{1—2—5}$$

【例 1—2—4】 若甲路段沥青混凝土面层的摩擦因数算术平均值为 55.2（摆值），标准偏差为 4.13（摆值）；乙路段摩擦因数算术平均值为 60.8（摆值），标准偏差为 4.27（摆值），则两路段的变异系数为：

$$\text{甲路段：}\quad C_V = \frac{4.13}{55.2} \times 100\% = 7.48\%$$

$$\text{乙路段：}\quad C_V = \frac{4.27}{60.8} \times 100\% = 7.02\%$$

从标准偏差看，$S_{甲} < S_{乙}$。但从变异系数分析，$C_{V甲} > C_{V乙}$，说明甲路段的摩擦因数相对波动比乙路段的大，面层抗滑稳定性较差。

三、数据的分布特征

试验检测数据属于随机变量，而随机变量具有一定的规律性或分布形式，这种规律性一般用概率分布来描述。概率分布的曲线形式很多，在公路工程质量控制和评价中，常用到正态分布和 t 分布。

1．正态分布

正态分布是应用最多、最广泛的一种概率分布，而且是其他概率分布的基础。其曲线形状如图 1—2—1 所示。

平均值 μ 是 $f(x)$ 曲线的位置参数，它决定曲线最高点的横坐标。标准偏差 σ 是 $f(x)$ 曲线的形状参数，它的大小反映了曲线的宽窄程度。σ 越大，曲线低而宽，说明观测值落在 μ 附近的概率越小，观测值越分散。σ 越小，曲线高而窄，观测值落在 μ 附近的概率越大，观测值越集中。

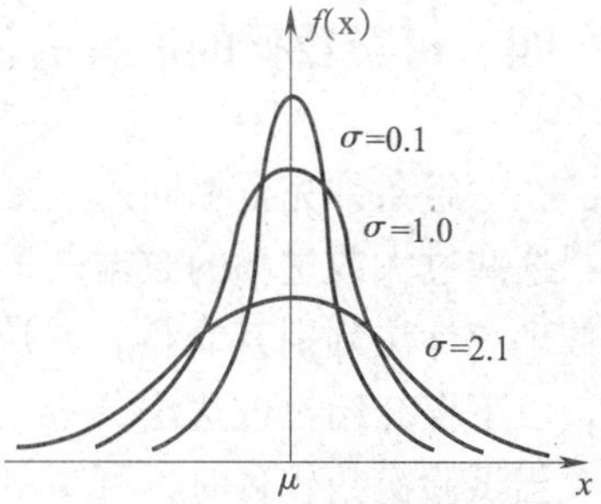

图 1—2—1　正态分布曲线

2．t 分布

正态分布适用于样本较大的统计数据，对小样本统计数据，无法应用正态分布的理论来直接处理，需要用类似正态分布的 t 分布。

当随机变量 x 服从自由度为 n 的 t 分布时，记作 $x \sim t(n)$，其分布图形如图 1—2—2 所示。

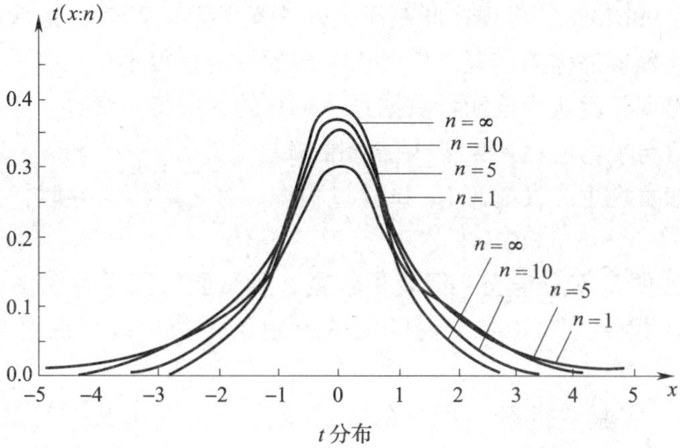

图 1—2—2　t 分布曲线

在施工质量评价中，通常在总体标准偏差 σ 未知时，利用样本标准偏差 S 代替总体标准偏差 σ 来估计平均值置信区间。计算一个评定路段的测定值代表值时，对双侧检验的指标，按式（1—2—6）计算；对单侧检验指标，按式（1—2—7）计算。

$$x' = \bar{x} \pm \frac{t_{\alpha/2}}{\sqrt{n}} \cdot S \qquad (1—2—6)$$

$$x' = \bar{x} \pm \frac{t_{\alpha}}{\sqrt{n}} \cdot S \qquad (1—2—7)$$

式中 x'——一个评定路段内测定值的代表值；

$\bar{x}$——一个评定路段内测定值的算术平均值；

t_{α} 或 $t_{\alpha/2}$——t 分布概率系数表中随自由度和置信水平（保证率）而变化的参数，见附表 A t 分布概率系数表。

四、可疑数据的取舍方法

在一组条件完全相同的重复试验中，个别的测量值可能会出现异常。如测量值过大或过小，这些过大或过小的数据是不正常的，或称为可疑数据。因此，在进行数据分析之前，应用数理统计法判别其真伪，并决定取舍。常用方法有拉依达法、肖维纳特法、格拉布斯法等，以下仅介绍拉依达法。

当试验次数较多时，可简单地用 3 倍标准差（3S）作为确定可疑数据取舍的标准。所以拉依达法也称 3 倍标准偏差法，简称 3S 法。当某一测量数据 x_i 与其测量结果的算术平均值 $\bar{x}$ 之差大于 3 倍标准偏差时，用公式表示为：

$$|x_i - \bar{x}| > 3S \qquad (1—2—8)$$

则该测量数据应舍弃。

取 3S 的理由是：根据随机变量的正态分布规律，在多次试验中，测量值落在 $\bar{x}-3S$ 与 $\bar{x}+3S$ 之间的概率为 99.73%，出现在此范围之外的概率为 0.27%，也就是在近 400 次试验中才能遇到一次，这种事件称为小概率事件，出现的可能性很小，几乎是不可能的，因而在实际试验中，一旦出现，就认为该测量数据是不可靠的，应将其舍弃。

另外，当测量值与平均值之差大于 2 倍标准偏差（即 $|x_i - \bar{x}| > 2S$）时，则该测量值应保留，但需存疑。如发现生产（施工）、试验过程中，有可疑的变异时，该测量值则应予舍弃。

拉依达法简单方便，不需查表，但要求较宽，当试验检测次数较多或要求不高时可以采用，当试验检测次数较少时（如 $n<10$），在一组测量值中即使混有异常值，也无法取舍。

【例 1—2—5】 实验室进行通配比的混凝土抗压强度试验，其试验结果为：13.6、24.0、26.5、24.6、25.2、26.7、26.1、52.4、26.0、25.6（MPa），试用拉依达法判别其取舍。

解：分析得 $x_{min}=13.6$（MPa）和 $x_{max}=52.4$（MPa）最可疑。首先判别 x_{min} 和 x_{max}。

经计算 $\bar{x}=27.07$（MPa），$S=9.699\ 834$（MPa），由于

$$|x_{max} - \bar{x}| = |52.4 - 27.07| = 25.33 < 3S = 29.099\ 5,\ 25.33 > 2S = 19.399\ 67$$

$$|x_{\min} - \bar{x}| = |13.6 - 27.07| = 13.47 < 3S = 29.099\,5,\ 13.47 < 2S = 19.399\,67$$

根据以上计算可知，因最大值52.4与最小值13.6均未超过平均值的3倍标准偏差，故上述测量数据中所有数据均不能舍弃；但最大值52.4与平均值之差大于2倍标准偏差，则该测量值保留但需存疑。

任务实施

对于工作任务中修约的检测数据见表1—2—1。

表1—2—1　　修约的检测数据

拟修约数值	修约值	拟修约数值	修约值
17.353 8（保留两位小数）	17.35	20.050 000 1（保留一位小数）	20.1
255.557（保留整数）	256	16.687 5（保留三位小数）	16.688
22.754 6（保留一位小数）	22.8	18.45（保留一位小数）	18.4
249.996 8（保留两位小数）	250.00	10.35（保留一位小数）	10.4

阅读材料

1. 《数值修约规则与极限数值的表示和判定》（GB/T 8170—2008）
2. 《公路工程质量检验评定标准》（JTG F80/1—2004）

思考与练习

一、判断题

1. 如指定修约间隔为10，修约值即应在10的整数倍中选取，相当于将数值修约到“十”数位。（　）

2. 25 000，若有两个无效零，则为三位有效位数，应写为250×10^2；若有三个无效零，则为两位有效位数，应写为25×10^3。（　）

3. 3.2、0.32、0.032、0.003 2、0.032 0均为两位有效位数。（　）

4. 532.490为六位有效位数，10.00为四位有效位数。（　）

5. 在具体实施中，有时测试与计算部门先将获得的数值按指定的修约位数多一位或几位报出，而后由其他部门判定。（　）

6. 16.50（+）表示实际值大于16.50，经修约舍弃成为16.50；16.50（−）表示实际值小于16.50，经修约进1成为16.50。（　）

二、填空题

1. 拟舍弃数字的最左一位数字小于5时，则________。

（1）将10.149 8修约为一位小数，得________。

（2）将10.149 8修约为两位有效位数，得________。

2. 拟舍弃数字的最左一位数字大于5；或者是5，而其后跟有并非全部为0的数字时，则____________。

（1）将1 169修约到“百”数位，得____________。

（2）将1 169修约成三位有效位数，得________（特定时可写为________）。

（3）将11.502修约到个数位，得________。

3. 拟舍弃数字的最左一位数字为5，而右面无数字或皆为0时，若所保留的末位数字为奇数（1，3，5，7，9）则________，为偶数（2，4，6，8，0）则________。

4. 修约间隔为0.1（或10^{-1}）。

拟修约数值	修约值
2.050	(　　)
0.350	(　　)

5. 修约间隔为1 000（或10^3）。

拟修约数值	修约值
4 500	(　　)
1 500	(　　)

6. 将下列数字修约成两位有效位数。

拟修约数值	修约值
-0.032 5	(　　)
-32 500	(　　)

三、计算题（写出具体步骤）

1. 将下列数字修约到个数位的0.5单位。

（1）80.25　　（2）80.38　　（3）-80.75

2. 将下列数字修约到“百”数位的0.2单位（或修约间隔为20）。

（1）630　　（2）642　　（3）-830

3. 某路段沥青混凝土面层抗滑性能检测，摩擦因数的检测值（共10个测点）分别为58、56、60、53、48、54、50、61、57、55，求摩擦因数的平均值、中位数、极差、标准偏差、变异系数。

任务三　路基路面现场测试随机选点

学习目标

- 了解总体与样本的概念。
- 了解抽样检验的条件与方法。
- 能够进行路基路面现场测试随机选点。

工作任务

江苏省某地区新建二级公路，按照有关规范规定，拟从 K46 + 000 ~ K47 + 000 的 1 km 检测路段中（路面宽度 10 m），选择 20 个断面测定路面宽度、高程、横坡等外形尺寸，选择 6 个测点进行钻孔取样检验压实度、沥青用量和矿料级配等，需要采用随机选点方法来确定断面桩位、钻孔位置。

随机取样选点方法，是在路基路面现场测定时按数理统计原理决定测定区间、测定断面、测点位置的方法，主要目的是为了避免取样的位置带有倾向性和主观性，它适用于路基路面各个层次及各种现场测定时使用。随机选点方法也是公路工程现场测试必备的技能。

相关理论

工程质量的评价是以试验检测数据为依据的，试验检测采集得到的原始数据种类多、数量大，有时杂乱无章，甚至还有错误。因此，必须对原始数据进行分析处理，才能得到可靠的试验检测结果。

一、总体与样本

在工程质量检验中，除特殊项目外，大多数采用抽样检验，这就涉及总体与样本的概念。

在数理统计学中，把所研究的全部元素组成的集合称为总体，而把组成总体的每个元素称为个体。

小实验

某超市进了一批苹果，超市经理从中任意选取了 10 个苹果，编上号并称出质量，得到的数据见表 1—3—1。

表 1—3—1　　苹果质量抽样数据

苹果编号	1	2	3	4	5	6	7	8	9	10
质量（g）	180	150	210	200	198	188	200	205	220	194

利用以上数据，就可以估计出这批苹果的平均质量及苹果的大小是否均匀。

在上面的实验中，这批苹果的质量是研究对象的总体，每个苹果的质量是研究对象的个体。

想一想

我们经常用灯泡的使用寿命来衡量灯泡的质量，指出在鉴定一批灯泡的质量中的总体与个体。

研究总体离不开研究个体，但在许多实际问题中，不可能对所有个体逐一进行研究，而只能从总体中抽取一部分个体进行观察（或试验），根据对这部分个体的观察结果来推断总体的分布情况。

一般来说，如果从总体中按一定规则抽取 n 个个体进行观察（或试验），则称这 n 个个体为总体的一个样本；样本中所含个体的数目 n 称为样本容量，抽取一个样本的过程称为抽样。

以上述小实验为例，超市经理抽查的苹果质量的样本是 10 个苹果的平均质量，样本容量为 10。

二、抽样检验的条件与方法

抽样检验又称抽样检查，是从一批产品中随机抽取少量产品（样本）进行检验，据以判断该批产品是否合格的统计方法和理论。

提示

样本的选取应注意以下问题：

一是要留意样本在总体中是否具有代表性；二是样本容量必须足够大；三是注意选择样本时避免遗漏某一群体。

为使抽样检验对判定质量提供准确的信息，必须注意抽样检验应具备的条件。

1. 要明确批的划分

要注意使同批产品在原材料、工艺条件、生产时间等方面具备基本相同的条件。例如抽样检验水泥、沥青等物品的质量特性时，应将相同厂家、相同品种或标号的产品作为一个批，而不能将不同生产厂家和不同牌号的水泥或沥青划在一个批内。

2. 必须抽样能代表批的样本

由于抽样检验是以样本检验结果来推断批的质量，故样本的代表性尤为重要。为使所抽取的样本能成为批的可靠代表，常采用随机抽样的方法，例如有一批产品，共100箱，每箱20件，从中选择200个样品，一般有以下几种抽样方法：

第一，从整批中，任意抽取200件。

第二，将整批先分成10组，每组为10箱，然后分别从每组中任意抽取20件。

第三，在整批中，分别从每箱中任意抽取2件。

第四，从整批中任意抽取10箱，对这10箱进行全数检验。

上述四种方法，分别称为单纯随机抽样、系统抽样、分层抽样、密集群抽样。一次随机抽样的方法有多种，适合于公路工程质量检验的随机抽样方式一般有以下三种：

（1）单纯随机抽样

在总体中，直接抽取样本的方法即为单纯随机取样。这是一种完全随机化的抽样方法，它适用于对总体缺乏基本了解的场合。随机取样并不意味着随便、任意地取样，随机取样可利用随机表或随机数骰子等工具进行抽样，它可以保证总体每个单位出现的概率相同。

（2）分层抽样

分层抽样是将工程或工序分成若干层，然后可从所有分层中按一定比例取样。一项工程或工序是由若干不同的班组施工的，例如有两台搅拌机同时拌制原材料相同的同强度混凝土，为检验混凝土生产质量，采用抽样方法时，应注意对两台搅拌机分别取样，这样便于了解不同“层”的产品质量特性，研究各层造成不良品率的原因。

（3）系统取样

有系统地将总体分成若干部分，然后从每一个部分抽取一个或若干个个体，组成样本。这一方法称为系统取样。在工程质量控制中，系统抽样的实现主要有三种方式：

1）将比较大的工程分为若干部分，再根据样本容量的大小，在每部分按比例进行单纯随机抽样，将各部分抽取的样品组合成一个样本。

2）间隔定时法。每隔一定的时间，从工作面抽取一个或若干个样品。该方法适合于工序质量控制。

3）间隔定量法。每隔一定数量的产品，抽取一个或若干个样品。该方法主要适合于工序质量控制。

三、现场测试随机选点方法

为了公正、合理地反映工程质量状况，取样的位置不应带有任何倾向性，应该根据随机数表确定现场取样的具体位置，详见《公路路基路面现场测试规程》（JTG E60—2008）。

应用随机数表确定现场取样位置时，应事先准备好编号从 1 ~ 28 的共 28 块硬纸片，并将其装入布袋中。下面分“测定区间或测定断面”和“测点位置”两种情况加以讨论。

1. 测定区间或测定断面确定方法

（1）根据路面施工或验收、质量评定方法等有关规范决定需检测的路段。它可以是一个作业段、一天完成的路段或路线全程，在路基路面工程检查验收时，通常以 1 km 为一个检测路段，此时检测路段的确定也按本方法的步骤进行。

（2）将确定的测试路段划分为一定长度的区间或按桩号间距（一般为 20 m）划分为若干个断面，将其编号为第 n 个区间或第 n 个断面，其总的区间数或断面数为 T。现将从总断面数 T 中找出 N 个断面来检测。

（3）从布袋中随机摸出一块硬纸片，硬纸片上的号数即随机数表（详见附表 B）上的栏号，从 1 ~ 28 栏中选出该栏号的一栏。

（4）按照测定区间数、断面数的频度要求（A 列中的数据是指 30 个断面的编号），依次找出与 A 列中 01、02、…、N 对应的 B 列中的值，共 N 对对应的 A、B 值。

（5）将 N 个 B 值与总的区间数或断面数 T 相乘，四舍五入成整数，即得到 N 个断面的编号，与 A 列的 1、2、…、N 对应。

2. 测点位置确定方法

（1）从布袋中任意取出一块硬纸片，纸片上的号数即为随机数表中的栏号。从 1 ~ 28 栏中选出该栏号的一栏。

（2）按照测点数的频度要求（总的取样数为 N）依次找出栏号的取样位置数，每个栏号均有 A、B、C 三列。根据检验数量 N（当 N 大于 30 时应分次进行），在所定栏号的 A 列找出等于所需取样位置数的全部数，如 01、02、…、N。

（3）确定取样位置的纵向距离，找出与 A 列中相对应的 B 列中的数值，以此数乘以检测区间的总长度，并加上该段的起点桩号，即得出取样位置距该段起点的距离或桩号。

（4）确定取样位置的横向距离，找出与 A 列中相对应的 C 列中的数值，以此数乘以检查路面的宽度，再减去宽度的一半，即得出取样位置离路面中心线的距离。如差值是正值（+），表示在中心线的右侧；如差值是负值（-），表示在中心线的左侧。

任务实施

1. 测定区间或断面选择

根据工作任务的描述，拟从 K46 +000 ~ K47 +000 的 1 km 检测路段中选择 20 个断面测定路面宽度、高程、横坡等外形尺寸，断面决定方法如下：

（1）1 km 总长的断面数，$T = 1\,000/20 = 50$ 个，编号 1、2、…、50。

（2）从布袋中摸出一块硬纸片，其编号为 12，即使用随机数表 1—3—2 的第 12 栏。

表 1—3—2　　一般取样的随机数表

栏号 11			栏号 12			栏号 13			栏号 14			栏号 15		
A	B	C	A	B	C	A	B	C	A	B	C	A	B	C
27	0.074	0.779	16	0.078	0.987	03	0.033	0.091	26	0.035	0.175	15	0.023	0.979
06	0.084	0.396	23	0.087	0.056	07	0.047	0.391	17	0.089	0.363	11	0.118	0.465
24	0.098	0.524	17	0.096	0.076	28	0.064	0.113	10	0.149	0.681	07	0.134	0.172
10	0.133	0.919	04	0.153	0.163	12	0.066	0.360	28	0.238	0.075	01	0.139	0.230
15	0.187	0.079	10	0.254	0.834	26	0.076	0.552	13	0.244	0.767	16	0.145	0.122
17	0.227	0.767	06	0.284	0.628	30	0.087	0.101	24	0.262	0.366	20	0.165	0.520
20	0.236	0.571	12	0.305	0.616	02	0.127	0.187	08	0.264	0.651	06	0.185	0.481
01	0.245	0.988	25	0.319	0.901	06	0.144	0.068	18	0.285	0.311	09	0.211	0.316
04	0.317	0.291	01	0.320	0.212	25	0.202	0.674	02	0.340	0.131	14	0.248	0.348
29	0.350	0.911	08	0.416	0.372	01	0.247	0.025	29	0.353	0.478	25	0.249	0.890
26	0.380	0.104	13	0.432	0.556	23	0.253	0.323	06	0.359	0.270	13	0.252	0.577
28	0.425	0.864	02	0.489	0.827	24	0.320	0.651	30	0.387	0.248	30	0.273	0.088
22	0.487	0.526	29	0.503	0.787	10	0.328	0.365	14	0.392	0.694	18	0.277	0.689
05	0.552	0.571	15	0.518	0.717	27	0.338	0.412	03	0.408	0.077	22	0.372	0.958
14	0.564	0.357	28	0.524	0.998	13	0.356	0.991	27	0.440	0.280	10	0.461	0.075
11	0.572	0.306	03	0.542	0.352	16	0.401	0.792	22	0.461	0.830	28	0.519	0.536
21	0.594	0.197	19	0.585	0.462	17	0.423	0.117	16	0.527	0.003	17	0.520	0.090
09	0.607	0.524	05	0.695	0.111	21	0.481	0.838	20	0.531	0.486	03	0.523	0.519
19	0.650	0.572	07	0.733	0.838	08	0.560	0.401	25	0.678	0.360	26	0.573	0.502
18	0.664	0.101	11	0.744	0.948	19	0.564	0.190	21	0.725	0.014	19	0.634	0.206
25	0.674	0.428	18	0.793	0.748	05	0.571	0.054	05	0.787	0.595	24	0.635	0.810
02	0.697	0.674	27	0.802	0.967	18	0.587	0.584	15	0.801	0.927	21	0.679	0.841
03	0.767	0.928	21	0.826	0.487	15	0.604	0.145	12	0.836	0.294	27	0.712	0.368
16	0.809	0.529	24	0.835	0.832	11	0.641	0.298	04	0.854	0.982	05	0.780	0.497
30	0.838	0.294	26	0.855	0.142	22	0.672	0.156	11	0.884	0.928	23	0.861	0.106
13	0.845	0.470	14	0.861	0.462	20	0.674	0.887	19	0.886	0.832	12	0.865	0.377
08	0.855	0.524	20	0.874	0.625	14	0.752	0.881	07	0.929	0.932	29	0.882	0.635
07	0.867	0.718	30	0.929	0.056	09	0.774	0.560	09	0.932	0.206	08	0.902	0.020
12	0.881	0.722	09	0.935	0.582	29	0.921	0.752	01	0.970	0.692	04	0.951	0.482
23	0.937	0.872	22	0.947	0.797	04	0.959	0.099	23	0.973	0.082	02	0.977	0.172

注：此表共28个栏号，第1~10栏、第16~28栏号中的A、B、C值可见《公路路基路面现场测试规程》（JTG E60—2008），或详见附表B

（3）由于需要找出20个断面，所以从第12栏 A 列中挑出小于等于20所对应的 B 列数值，将 B 与 T 相乘，四舍五入得到20个编号（断面号列）。此20个编号即代表抽样的20个断面的顺序号，如编号为4，代表1 km被分为50段总共50个编号中的第四个编号的断面，其桩号为K46 + 080（20 m × 4 = 80 m）。以此类推，得到20个断面的桩号，见表1—3—3最右侧一列。

表1—3—3中最右侧一列即为工作任务中抽样的20个检测断面桩号。

表1—3—3　　路面宽度、高程、横坡检测断面随机选点计算表

断面编号	12栏 A 列	B 列	$B \times T$	断面号	桩号
1	16	0.078	3.9	4	K46 + 080
2	17	0.096	4.8	5	K46 + 100
3	4	0.153	7.65	8	K46 + 160
4	10	0.254	12.7	13	K46 + 260
5	6	0.284	14.2	14	K46 + 280
6	12	0.305	15.25	15	K46 + 300
7	1	0.32	16	16	K46 + 320
8	8	0.416	20.8	21	K46 + 420
9	13	0.432	21.6	22	K46 + 440
10	2	0.489	24.45	24	K46 + 480
11	15	0.518	25.9	26	K46 + 520
12	3	0.542	27.1	27	K46 + 540
13	19	0.585	29.25	29	K46 + 580
14	5	0.695	34.75	35	K46 + 700
15	7	0.733	36.65	37	K46 + 740
16	11	0.744	37.2	37	K46 + 760
17	18	0.793	39.65	40	K46 + 800
18	14	0.861	43.05	43	K46 + 860
19	20	0.874	43.7	44	K46 + 880
20	9	0.935	46.75	47	K46 + 940

上述表中断面编号为15、16的断面号均为37，这时把断面编号为16的断面号设为38，桩号即为K46 + 760。

想一想

若你从布袋中摸出的硬纸片编号为14，怎么来确定检测断面桩号呢？

2. 测点位置选择

根据工作任务的描述，检查验收时拟在K46+000～K47+000的1 km检测路段中（路面宽度10 m）选择6个测点进行钻孔取样检验压实度、沥青用量和矿料级配等，钻孔位置决定方法如下：

（1）选定的随机数栏为栏号12。

（2）栏号12下方*A*列中从上至下小于等于6的数为04、06、01、02、03及05。

（3）随机数表中栏号12的*B*列中与这六个数相应的数为0.153、0.284、0.320、0.489、0.542及0.695。

（4）取样路段长度1 000 m，计算得出6个乘积（取样位置与该段起点的距离）分别为153 m、284 m、320 m、489 m、542 m及695 m。

（5）随机数表中栏号12的*C*列中与*A*列数值相应的数为0.163、0.628、0.212、0.827、0.352及0.111。

（6）路面宽度为10 m，计算得出6个乘积分别是1.63 m、6.28 m、2.12 m、8.27 m、3.52 m及1.11 m，再减去路面宽度的一半，6个取样的横向位置分别是左3.37 m、右1.28 m、左2.88 m、右3.27 m、左1.48 m及左3.89 m，将上述计算结果列于表1—3—4。

表1—3—4　　钻孔位置随机取样选点计算表

栏号12		取样路段长1 000 m			路面宽度10 m		测点数6个
测点编号	*A*列	*B*列	距起点距离（m）	桩号	*C*列	距路边缘距离（m）	距中线位置（m）
NO.1	4	0.153	153	K46+153	0.163	1.63	左3.37
NO.2	6	0.284	284	K46+284	0.628	6.28	右1.28
NO.3	1	0.320	320	K46+320	0.212	2.12	左2.88
NO.4	2	0.489	489	K46+489	0.827	8.27	右3.27
NO.5	3	0.542	542	K46+542	0.352	3.52	左1.48
NO.6	5	0.695	695	K46+695	0.111	1.11	左3.89

想一想

若你从布袋中摸出的硬纸片编号为14，怎么来确定检测钻孔位置呢？

知识拓展

上述任务中若取40个断面检测，那么怎么来确定断面桩号呢？

在附表B中A列只有30行，当总的取样数N大于30时应分次进行。例如在K46+000~K47+000的1 km检测路段中选择40个断面测定路面宽度、高程、横坡等外形尺寸，可以先将1 000 m分成两段，第一段为K46+000~K46+500，第二段为K46+500~K47+000，然后分别从这两段中各确定20个桩号。

阅读材料

《公路工程质量检验评定标准》(JTG F80/1—2004)

思考与练习

1. 什么是总体、样本？
2. 简述路基路面现场测试随机选点方法。
3. 质量数据的统计特征量有哪些？

模块二

路基路面几何尺寸及路面结构层厚度检测

任务一　路基路面几何尺寸检测

学习目标

- 熟悉检测路基路面几何尺寸的目的及意义。
- 熟悉路基路面几何尺寸的定义。
- 掌握路基路面几何尺寸的检测方法。

工作任务

江苏省某地区某路段二级公路沥青混凝土路面桩号为 K0 + 100 ~ K0 + 600，现要求分别对其路面宽度、路面中线偏位、纵断面高程、横坡进行检测。

相关理论

一、检测路基路面几何尺寸的目的及意义

路基路面几何尺寸检测工作是公路工程施工技术管理的一个重要组成部分，也是公路工程施工质量控制和竣工验收评定工作中不可缺少的一个主要环节。按照交通行业标准《公路工程质量检验评定标准》（JTG F80/1—2004），路基路面几何尺寸检测指标包括宽度、中

线偏位、纵断面高程及横坡等。

几何尺寸检测、检查及评定应贯穿于公路施工的整个过程，而不仅限于竣工验收评定阶段，以保证路基路面结构物从设计转化为实体工程过程中，平面位置、高程及其他尺寸满足设计、规范及合同规定的各项要求。

二、路基路面几何尺寸的定义

1. 路基路面宽度

路基宽度是指一个横断面上两路肩外缘之间的宽度（见图 2—1—1、图 2—1—2），一般为车道宽度与路肩宽度之和，以 m 计。当设有中间带、加（减）速车道、爬坡车道、紧急停车带、错车道时，应计入这些部分的宽度。

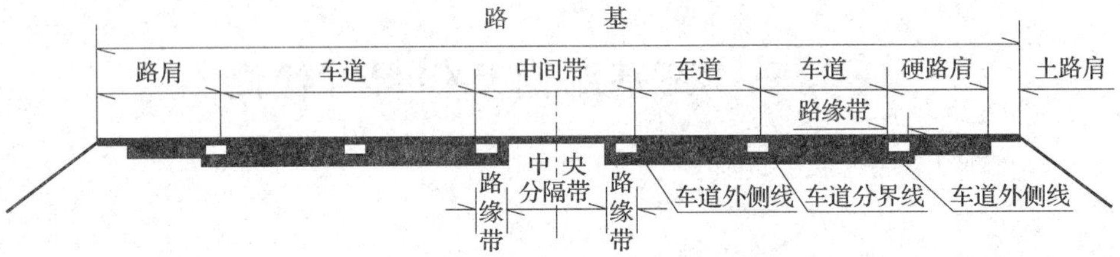

图 2—1—1　高速公路、一级公路路基标准横断面

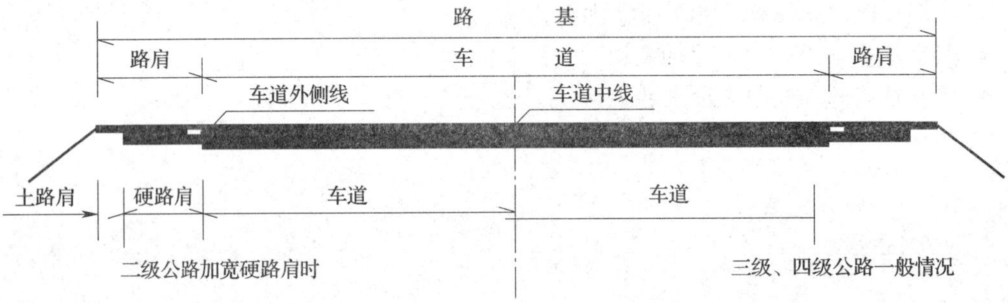

图 2—1—2　二级、三级、四级公路路基标准横断面

路面宽度包括行车道、路缘带、变速车道、爬坡车道、硬路肩和紧急停车带的宽度，以 m 计。

2. 路面中线偏位

路面中线偏位是指路面中心线偏离设计中心线的距离，以 mm 计。

3. 纵断面高程

公路纵断面高程是指沿路线中线用水准测量的方法测量出来的中桩地面高程。

4. 横坡

路基横坡是指路槽中心线与路槽边缘两点高程差与水平距离的比值，以百分率表示。路面横坡对无中央分隔带的道路是指路拱表面直线部分的坡度，对有中央分隔带的道路是指路面与中央分隔带交界处及路面边缘与路肩交界处两点的高程差与水平距离的比值，以百分率表示。

三、几何尺寸项目检测要求及评定方法

1. 几何尺寸项目检测要求

几种常见的路基路面几何尺寸检测项目及要求列于表2—1—1，其他结构层检测项目及要求参见《公路工程质量检验评定标准》（JTG F80/1—2004）。

表2—1—1　　几何尺寸检测项目及要求

结构名称	检测项目	规定值或容许偏差		检测方法和频率	权值
		高速、一级公路	其他公路		
土方路基	纵断面高程（mm）	+10，－15	+10，－20	水准仪：每200 m测4个断面	2
	中线偏位（mm）	50	100	经纬仪：每200 m测4个点，弯道加HY、YH 2个点	2
	宽度（mm）	不小于设计要求		米尺：每200 m测4处	2
	横坡（%）	±0.3	±0.5	水准仪：每200 m测4个断面	1
	边坡	符合设计要求		每200 m测4处	1
水泥混凝土面层	纵断面高程（mm）	±10	±15	水准仪：每200 m测4个断面	1
	宽度（mm）	±20		尺量：每200 m测4个断面	1
	中线偏位（mm）	20		经纬仪：每200 m测4处	1
	横坡（%）	±0.15	±0.25	水准仪：每200 m测4个断面	1
沥青混凝土面层	纵断面高程（mm）	±15	±20	水准仪：每200 m测4个断面	1
	中线偏位（mm）	20	30	经纬仪：每200 m测4个点	1
	宽度（mm） 有侧石	±20	±30	尺量：每200 m测4个断面	1
	宽度（mm） 无侧石	不小于设计值			
	横坡（%）	±0.3	±0.5	水准仪：每200 m测4处	1

2. 路基路面几何尺寸评定方法

评定路基路面宽度、纵断面高程、中线偏位、横坡几个指标时，根据检测结果及评定要求，统计出测点数、合格点数、不合格点数，最终计算合格率。合格率为合格点数与总点数的比值，以百分率表示。

想一想

当路面有路拱横坡时，测定路面宽度是测定路面水平宽度还是紧贴路面测定路面的斜面

宽度呢？

任务实施

任务引入所描述的江苏省某地区某路段二级公路沥青混凝土路面，桩号为 K0＋100～K0＋600，对其路面宽度、路面中线偏位、纵断面高程、路面横坡（路基路面几何尺寸）进行检测，按照以下流程进行：

准备仪具与材料→准确恢复路面桩号，标记测定断面→现场检测，计算，对各检测指标合格率进行评定。

1．准备仪具与材料

几何尺寸检测所用的仪具与材料有经纬仪或全站仪、精密水准仪、塔尺、钢卷尺、粉笔等。

2．准确恢复路面桩号，标记测定断面

（1）在路基或路面上准确恢复桩号。

（2）根据有关施工规范或《公路工程质量检验评定标准》（JTG F80/1—2004）的要求，按随机取样的方法，在一个检测路段内选取测定的断面位置及里程桩号，在测定断面做出标记。通常将路面宽度、横坡、高程及中线平面偏位选取在同一断面位置，且宜在整数桩号上测定。

（3）根据道路设计的要求，确定路基路面各部分设计宽度的边界位置，在测定位置上用粉笔做出标记。

（4）根据道路设计的要求，确定设计高程的纵断面位置，在测定位置上用粉笔做出记号。

（5）根据道路设计的要求，在与中线垂直的横断面上确定成型后路面的实际中线位置。

（6）根据道路设计的路拱形状，确定曲线与直线部分的交界位置及路面与路肩（或硬路肩）的交界处，作为横坡检测的标准；当有路缘石或中央分隔带时，以两侧路缘石边缘为横坡测定的基准点，用粉笔做出标记。

3．现场检测，计算，对各检测指标合格率进行评定

（1）路基路面宽度检测与评定

1）检测方法与步骤。用钢卷尺沿中心线垂直方向水平量取路基路面各部分的宽度，以 m 计。对高速公路、一级公路，精确至 0.005 m；对于其他公路，准确至 0.01 m。

测量时尺子应保持水平，不得将尺子紧贴路面量取，也不得使用皮尺，必须使用钢卷尺（见图 2—1—3）。

图 2—1—3　路面宽度检测

2）计算。各测定断面的实测宽度 B_{1i} 与设计宽度 B_{0i} 之差 ΔB_i 的计算如下：

$$\Delta B_i = B_{1i} - B_{0i} \quad (2—1—1)$$

式中　ΔB_i——各断面的实测宽度和设计宽度的差值，m；

B_{1i}——各断面的实测宽度，m；

B_{0i}——各断面的设计宽度，m。

3）检测结果。路面宽度检测结果见表 2—1—2。

表 2—1—2　　路面宽度检测记录表

抽检段落：K0 + 100 ~ K0 + 600　　　　施工单位：

公路等级	二级	结构层次	沥青混凝土面层		有无侧石	有
桩号	设计（m）		实测（m）		偏差（m）	
	左	右	左	右	左	右
K0 + 100	/	11.25	/	11.27	/	0.02
K0 + 150	/	11.25	/	11.27	/	0.02
K0 + 200	/	11.25	/	11.26	/	0.01
K0 + 250	/	11.25	/	11.27	/	0.02
K0 + 300	/	11.25	/	11.28	/	0.03
K0 + 350	/	11.25	/	11.29	/	0.04
K0 + 400	/	11.25	/	11.28	/	0.03
K0 + 450	/	11.25	/	11.26	/	0.01
K0 + 500	/	11.25	/	11.26	/	0.01
K0 + 550	/	11.25	/	11.24	/	-0.01
K0 + 600	/	11.25	/	11.23	/	-0.02
统计	测点数	合格点数	不合格点数	合格率（%）		允许偏差（mm）
	11	10	1	90.91		±30

检测：　　　年　月　日　复核：　　　年　月　日

4）结果评定。按照宽度的允许偏差进行评定，表2—1—2中一共检测11个点，其中1个点超过允许偏差，则合格点数为10个点，合格率为合格点数与总点数比值的百分率，为90.91%。

（2）中线偏位检测及评定

1）检测方法

①有中线坐标的道路。首先从设计资料中查出待测点P的设计坐标，用经纬仪对该设计坐标进行放样，并在放样点P'做好标记，量取PP'的长度，即为中线平面偏位Δ_{CL}，以mm表示。对高速公路、一级公路，准确至5 mm；对于其他等级公路，准确至10 mm。

②无中桩坐标的低等级道路。应首先恢复交点或转点，实测偏角和距离，然后采用链距法、切线支距法或偏角法等传统方法敷设道路中线的设计位置，量取设计位置与施工位置之间的距离，即为中线平面偏位Δ_{CL}，以mm表示，准确至10 mm。

2）检测步骤

①用钢卷尺在与中线垂直的横断面上确定成型后路面的实际中点位置，记为P'点。

②采用经纬仪、全站仪将设计资料中的中点坐标放样，记为P点。

③用钢卷尺量取PP'两点间的距离，以mm计。

3）检测结果。路面中线偏位检测结果见表2—1—3。

表2—1—3　　路面中线偏位检测记录表

抽检段落：K0+100～K0+600　　施工单位：

公路等级	二级		结构层次	沥青混凝土面层	
桩号	偏位 Δ_{CL}（mm）	超过允许偏差（mm）	桩号	偏位 Δ_{CL}（mm）	超过允许偏差（mm）
K0+100	32	2	K0+400	34	4
K0+150	33	3	K0+450	26	/
K0+200	28	/	K0+500	28	/
K0+250	25	/	K0+550	25	/
K0+300	23	/	K0+600	22	/
K0+350	17	/	/	/	/
统计	测点数	合格点数	不合格点数	合格率（%）	允许偏差（mm）
	11	8	3	72.73	30

检测：　　年　月　日　　复核：　　年　月　日

4）结果评定。按照中线偏位的允许偏差进行评定，表2—1—3中一共检测11个点，其中3个点超过允许偏差，则合格点数为8个点，合格率为合格点数与总点数比值的百分率，为72.73%。

（3）纵断面高程检测与评定

1）检测方法与步骤

①将精密水准仪架设在路上平顺处调平，将塔尺竖立在中线的测定位置上（见图

2—1—4），以路线附近的水准点高程为基准，测记测定点的高程读数，以 m 计，准确至 0.001 m。

图 2—1—4　塔尺竖立位置

②连续测定全部测点，并与水准点闭合。

2）计算。按式（2—1—2）计算各个断面的实测高程 h_{1i} 与设计高程 h_{0i} 之差。

$$\Delta h_i = h_{1i} - h_{0i} \tag{2—1—2}$$

式中　Δh_i——各个断面的纵断面高程和设计高程的差值，m；

h_{1i}——各个断面的纵断面实测高程，m；

h_{0i}——各个断面的纵断面设计高程，m。

3）检测结果。路面纵断面高程检测结果见表 2—1—4。

表 2—1—4　　路面纵断面高程检测记录表

抽检段落：K0 +100 ~ K0 +600　　施工单位：

公路等级		二级	结构层次	沥青混凝土面层
桩号	左 1.5 m 中桩			
	设计（m）	实测（m）	偏差（m）	超过允许偏差（mm）
K0 +100	53.160	53.182	0.022	2
K0 +150	52.503	52.522	0.019	/
K0 +200	51.888	51.903	0.015	/
K0 +250	51.322	51.319	−0.003	/
K0 +300	50.806	50.795	−0.011	/
K0 +350	50.340	50.325	−0.015	/
K0 +400	49.924	49.900	−0.024	4

续表

公路等级	二级		结构层次	沥青混凝土面层	
桩号	左 1.5 m 中桩				
	设计（m）	实测（m）	偏差（m）	超过允许偏差（mm）	
K0+450	49.524	49.501	-0.023	3	
K0+500	49.124	49.108	-0.016	/	
K0+550	48.724	48.709	-0.015	/	
K0+600	48.324	48.307	-0.017	/	
统计	测点数	合格点数	不合格点数	合格率（%）	允许偏差（mm）
	11	8	3	72.73	±20

检测：　　　　　年　　月　　日　　　复核：　　　　　年　　月　　日

4）结果评定。按照纵断面高程的允许偏差进行评定，表 2—1—4 中一共检测 11 个点，其中 3 个点超过允许偏差，则合格点数为 8 个点，合格率为合格点数与总点数比值的百分率，为 72.73%。

（4）横坡检测与评定

1）检测方法与步骤

①对无中央分隔带的路面，测定横坡时，将精密水准仪架设在路面平顺处调平，将塔尺分别竖立在路拱曲线与直线部分的交界位置 d_1 处以及路面与路肩（或硬路肩）交界位置 d_2 处（见图 2—1—5），d_1 和 d_2 必须在同一横断面上。测量 d_1 与 d_2 处的高程，记录高程读数，以 m 计，准确至 0.001 m。

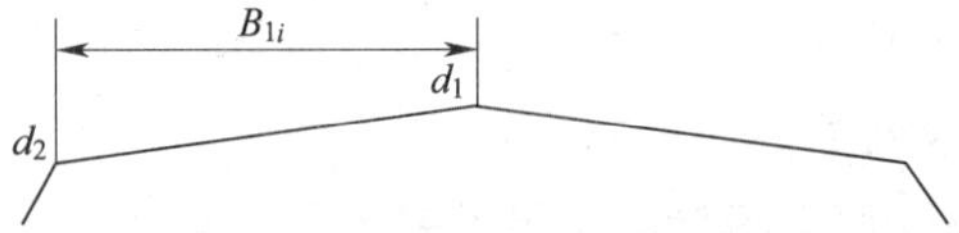

图 2—1—5　无中央分隔带时横坡测点示意图

②对设有中央分隔带的路面，测定横坡时，将精密水准仪架设在路面平顺处调平，将塔尺分别竖立在路面与中央分隔带分界的路缘带边缘 d_1 处以及路面与路肩（或外侧路缘石边缘）交界位置 d_2 处（见图 2—1—6），d_1 和 d_2 测点必须在同一横断面上。测量 d_1 和 d_2 处的高程，记录高程读数，以 m 计，准确至 0.001 m。

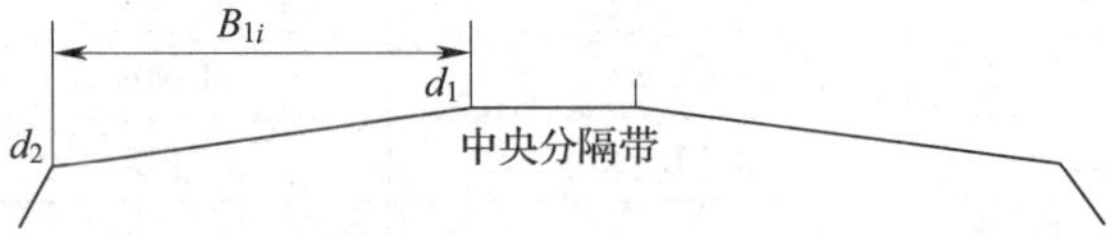

图 2—1—6　设有中央分隔带时横坡测点示意图

③用钢卷尺测量两测点的水平距离 B_{1i}，以 m 计。对于高速公路及一级公路，准确至 0.005 m；对于其他等级公路，准确至 0.01 m。

2）计算。各测点断面的横坡 i_{1i} 按式（2—1—3）计算，准确至一位小数。按式（2—1—4）计算实测横坡 i_{1i} 与设计横坡 i_{0i} 之差 Δi_i。

$$i_{1i} = \frac{d_{1i} - d_{2i}}{B_{1i}} \times 100\% \qquad (2—1—3)$$

$$\Delta i_i = i_{1i} - i_{0i} \qquad (2—1—4)$$

式中 i_{1i}——各测定断面的横坡；

d_{1i}，d_{2i}——各断面测点 d_1 及 d_2 处的高程读数，m；

B_{1i}——各断面测点 d_1 与 d_2 之间的水平距离，m；

Δi_i——各断面的横坡和设计横坡的差值；

i_{0i}——各断面的设计横坡。

3）检测结果。路面横坡检测结果见表 2—1—5。

表 2—1—5 **路面横坡检测记录表**

抽检段落：K0+100～K0+600 施工单位：

公路等级	二级		结构层次		沥青混凝土面层	
桩号	设计横坡（%）		实测横坡（%）		偏差（%）	
	左	右	左	右	左	右
K0+100	-2.00	/	-1.88	/	0.12	/
K0+150	-2.00	/	-1.78	/	0.22	/
K0+200	-2.00	/	-1.82	/	0.18	/
K0+250	-2.00	/	-1.87	/	0.13	/
K0+300	-2.00	/	-1.76	/	0.24	/
K0+350	-2.00	/	-2.15	/	-0.15	/
K0+400	-1.18	/	-1.07	/	0.11	/
K0+450	0.55	/	0.39	/	-0.16	/
K0+500	2.00	/	2.32	/	0.32	/
K0+550	2.00	/	1.65	/	-0.35	/
K0+600	2.00	/	2.14	/	0.14	/
统计	测点数	合格点数	不合格点数	合格率	允许偏差	
	11	9	2	81.82%	±0.3%	

4）结果评定。按照横坡的允许偏差进行评定，表 2—1—5 中一共检测 11 个点，其中 2 个点超过允许偏差，则合格点数为 9 个点，合格率为合格点数与总点数比值的百分率，为 81.82%。

阅读材料

路基路面的几何尺寸，即宽度、纵断面高程、横坡及中线偏位等是施工质量竣工验收的规定项目。路基路面宽度的测定方法看起来很简单，但对宽度的定义则各有各的理解，尤其是当路面有路拱横坡时，路面宽度必须是水平宽度，如果尺子贴地面测量，测定的是斜面，这是不正确的。另外，测定时不得使用皮尺，必须使用钢卷尺。

现在道路设计时对纵断面高程规定的断面位置并不统一，有的以中线位置为设计断面，有的以路基边缘为设计断面，对有无中央分隔带的情况也不一致，为此不规定测定断面的位置，仅规定按照道路设计标准决定测定断面位置。

高程检测的关键在于测定高程的位置是否准确。在路基测定时，施工桩号尚在，还比较容易保证准确性。但在路面竣工以后及旧路调查时，桩号已经没有了，或者已成了新桩号，如果桩号位置恢复得不准确，将无法检验高程测定值是否符合要求。例如，对纵坡5%的路段，桩号相差1 m，高程相差5 cm，便已超过了竣工验收的允许差。所以，在检测时恢复桩号要准确，用最新的全站仪测量可以做到，但对于普通经纬仪，尤其是在山区公路上就困难了，这一点应特别注意。

路基路面在中心线处建有路拱时，横坡的测定变得很困难，因为路拱是一条曲线，设计横坡是指直线部分的横坡。测量时路基横坡是指路槽顶面的横坡，路面横坡是路面中心线与路面边缘高程之差对距离的比值。由于路拱断面往往并非一条直线，故测定时仅仅是平均横坡，与设计横断面形状的横坡将有所不同，这一点在比较时应该注意。即可将设计横坡按设计横断面图进行计算，换算成设计的平均横坡，然后计算实测横坡与设计横坡之差。

思考与练习

1. 水泥混凝土路面和沥青混凝土路面有哪些几何尺寸检测项目？
2. 检测路基路面宽度时有哪些注意事项？
3. 在检测路面横坡时，有中央分隔带路面与无中央分隔带路面有什么不同？

任务二　路面结构层厚度检测

学习目标

- 了解路面结构层厚度检测的目的及意义。
- 掌握路面结构层厚度的检测方法及步骤。
- 了解路面厚度规定值允许偏差。

工作任务

江苏省某地区某路段三级公路水泥混凝土路面，桩号 K0 + 100 ~ K0 + 600，现对其路面结构层厚度进行检测。

相关理论

一、路面结构层厚度检测的目的及意义

在路面工程中，各个层次的厚度是和道路整体强度密切相关的。在路面设计中，不管是刚性路面还是柔性路面，其最终要决定的都是各个层次的厚度，只有在保证厚度的情况下，路面的各个层次及整体强度才能得到保证。除了能保证强度外，严格控制各结构层的厚度，还能对路面的标高起到一定控制作用，是一个非常重要的指标。所以在《公路工程质量检验评定标准》（JTG F80/1—2004）中，路面各个层次的厚度的分值较高。

二、路面结构层厚度的检测方法及适用范围

路面结构层厚度检测一般与压实度检测同时进行（在模块三讲解），当用灌砂法进行压实度检测时，可量取挖坑灌砂深度即为结构层厚度。当用钻芯取样法检测压实度时，可直接量取芯样高度即为结构层厚度。采用水准仪法时，即在同一测点量出结构层底面及顶面的高程，然后求其差值，这种方法不必破坏路面，测试精度高。目前，国内外还用雷达法、超声波等方法检测路面结构层厚度。

路面各结构层厚度的检测方法与结构层的层位和种类有关（见表 2—2—1）。

表 2—2—1　　路面结构层厚度的检测方法

试验方法	简要说明	适用范围
挖坑法	挖坑法是指量取挖坑后结构层深度来确定结构层厚度的方法	适用于在现场测定基层或砂石路面的厚度，对于石灰土、水泥土（底）基层、未达到终凝状态的水泥稳定粒料类基层、砂石路面也适用
钻芯取样法	钻芯取样法是指通过钻芯机将结构层芯样从路面上取出，直接量取芯样高度为结构层厚度的方法	适用于沥青面层及水泥混凝土路面板的厚度，对于水泥混凝土面层、沥青混凝土面层、硬化后的水泥稳定粒料类基层也适用

三、路面厚度规定值或允许偏差

按照《公路工程质量检验评定标准》（JTG F80/1—2004）的规定，几种常见路面结构层厚度规定值或允许偏差列于表 2—2—2 中。

表 2—2—2　　几种常见路面结构层厚度的规定值或允许偏差

<table>
<tr><th rowspan="2">类型与层位</th><th rowspan="2" colspan="2">检查项目</th><th colspan="2">规定值或允许偏差</th><th rowspan="2">检查频率</th><th rowspan="2">权值</th></tr>
<tr><th>高级公路　一级公路</th><th>其他公路</th></tr>
<tr><td rowspan="2">水泥混凝土面层</td><td rowspan="2">板厚度（mm）</td><td>代表值</td><td colspan="2">-5</td><td rowspan="2">每 200 m 每车道 2 处</td><td rowspan="2">3</td></tr>
<tr><td>合格值</td><td colspan="2">-10</td></tr>
<tr><td rowspan="2">沥青混凝土面层</td><td rowspan="2">厚度（mm）</td><td>代表值</td><td>总厚度：设计值的 -8%
上面层：设计值的 -10%</td><td>-8% H</td><td rowspan="2">双车道每 200 m 测 1 处</td><td rowspan="2">3</td></tr>
<tr><td>合格值</td><td>总厚度：设计值的 -10%
上面层：设计值的 -20%</td><td>-15% H</td></tr>
<tr><td rowspan="2">石灰土、水泥土基层</td><td rowspan="2">厚度（mm）</td><td>代表值</td><td>—</td><td>-10</td><td rowspan="8">每 200m 每车道 1 点</td><td rowspan="2">2</td></tr>
<tr><td>合格值</td><td>—</td><td>-20</td></tr>
<tr><td rowspan="2">石灰土、水泥土底基层</td><td rowspan="2">厚度（mm）</td><td>代表值</td><td>-10</td><td>-12</td><td rowspan="2">2</td></tr>
<tr><td>合格值</td><td>-25</td><td>-30</td></tr>
<tr><td rowspan="2">水泥稳定粒料基层</td><td rowspan="2">厚度（mm）</td><td>代表值</td><td>-8</td><td>-10</td><td rowspan="2">3</td></tr>
<tr><td>合格值</td><td>-15</td><td>-20</td></tr>
<tr><td rowspan="2">水泥稳定粒料底基层</td><td rowspan="2">厚度（mm）</td><td>代表值</td><td>-10</td><td>-12</td><td rowspan="2">3</td></tr>
<tr><td>合格值</td><td>-25</td><td>-30</td></tr>
</table>

任务实施

对任务引入中所描述的对江苏省某地区某路段三级公路水泥混凝土路面，桩号 K0 + 100 ~ K0 + 600，对其路面厚度进行检测，根据路面结构层厚度各检测方法的适用范围，水泥混凝土路面厚度检测应采用钻芯取样法，需按照如下流程进行：

准备仪具与材料→标记测点位置，现场取芯→量取厚度→用相同材料补填坑洞→计算→合格率评定。

1．准备仪具与材料

（1）取样用路面取芯钻机及钻头、冷水机。钻头的标准直径为 100 mm，若芯样仅供测量厚度，不做其他试验时，对沥青面层与水泥混凝土板也可用直径 50 mm 的钻头；对基层材料有可能损坏试件时，也可用直径 150 mm 的钻头，但钻孔深度均必须达到层厚。

（2）量尺包括钢直尺、钢卷尺、卡尺。

（3）补坑材料与检查层位的材料相同。

（4）补坑用具为夯、热夯、水等。

（5）其他包括搪瓷盘、棉纱等。

2．标记测点位置，现场取芯

（1）按规范要求，随机选点决定钻孔检查的位置。如为旧路，测点有坑洞等显著缺陷或接缝处时，可在其旁边检测。

（2）将取样位置清扫干净，用粉笔对钻孔位置做出标记。

（3）用钻机在取样地点垂直对准路面放下钻头，牢固安放钻机，使其在运转过程中不得移动。

（4）开放冷却水，启动电动机，徐徐压下钻杆，钻取芯样，但不得使劲下压钻头。待钻透全厚度后，上抬钻杆，拔出钻头，停止转动，不使芯样损坏，取出芯样。沥青混合料芯样及水泥混凝土芯样可用清水漂洗干净备用，如图 2—2—1 所示。

图 2—2—1　取芯机钻孔

3．量取厚度

（1）清除底面灰尘，找出与下层的分界面。

（2）用钢直尺或卡尺沿圆周对称的十字方向四处量取表面至上下层界面的高度，取其平均值，即为该层的厚度，精确至 1 mm。

提 示

在沥青路面施工过程中，当沥青混合料尚未冷却时，可根据需要随机选择测点，用大旋具插入沥青层底面深度后用尺读数，量取沥青层的厚度，以 mm 计，准确至 1 mm。

4．用相同材料补填坑洞

用钻孔取芯法测定路面结构层厚度后，所有钻孔均应仔细填好，要用取样层的相同材料来填补试坑或钻孔。补填如有疏忽，易成为隐患导致开裂，填补挖坑、钻孔的步骤如下：

（1）适当清理坑中残留物，将钻孔时留下的积水用棉纱吸干。

（2）对无机结合料稳定层及水泥混凝土路面板，按相同配比用新拌的材料分层填补并用小锤压实。水泥混凝土中宜掺加少量快凝早强的外掺剂。

（3）对无结合料粒料基层，可用挖坑时取出的材料，适当加水充分拌和后分层填补，并用小锤压实。

（4）对正在施工的沥青路面，用相同级配的热拌沥青混合料分层填补并用加热铁锤或热夯压实。旧路钻孔也可用乳化沥青混合料修补。

（5）所有补坑结束时，宜比原面层略鼓出少许，用重锤或压路机压实平整。

5. 计算

（1）记录检测结果

某三级公路路段水泥混凝土路面厚度检测结果见表2—2—3。

表2—2—3　路面厚度检测记录表

抽检段落：K0+100~K0+600　施工单位：

结构层次	水泥混凝土路面		
起止桩号	K0+100~K0+600	检测方法	钻芯取样法
桩号	距中桩距离（m）	厚度（mm）	
K0+100（左幅）	2	200	
K0+150（右幅）	5	204	
K0+200（左幅）	10	205	
K0+250（右幅）	2	203	
K0+300（左幅）	5	203	
K0+350（右幅）	10	201	
K0+400（左幅）	2	200	
K0+450（右幅）	5	205	
K0+500（左幅）	10	203	
K0+550（右幅）	2	205	
K0+600（左幅）	5	200	
设计厚度：200	代表值允许偏差：-5	极值允许偏差：-10	

（2）计算厚度代表值

路面厚度是关系工程质量和造价的重要指标，考虑正常施工条件下的厚度偏差情况，对路段内路面结构层厚度按代表值和单个合格值的允许偏差进行评定，一般按下列步骤进行。

厚度代表值为厚度的算术平均值的下置信界限值，按式（2—2—1）计算。

$$X_L = \overline{X} - \frac{t_\alpha}{\sqrt{n}} S \qquad (2—2—1)$$

式中 X_L——厚度代表值（算术平均值的下置信界限）；

$\bar{X}$——厚度平均值；

S——标准差；

n——检测数量；

t_α——t 分布在表中随测点和保证率（或置信度 α）而变的系数，查附表 A 可得 $t_\alpha/\sqrt{n}$ 值。

采用保证率如下：

高速公路、一级公路：基层、底基层为 99%，面层为 95%；

其他公路：基层、底基层为 95%，面层为 90%。

6. 合格率评定

（1）当厚度代表值小于设计厚度减代表值允许偏差时，相应分项工程评为不合格。

（2）当厚度代表值大于等于设计厚度减代表值允许偏差时，则按单个检查值的偏差不超过单点合格值来计算合格率。

提 示

沥青面层一般按沥青铺筑层总厚度进行评定，高速公路和一级公路分 2 ~ 3 层铺筑时，还应进行上面层厚度检查和评定。

在表 2—2—3 检测结果中，检测层位置及结构类型为三级公路水泥混凝土路面，故保证率应采用 90%，检测点数为 11 个点，查附表 A 得出 $t_\alpha/\sqrt{n}$ 为 0. 414，经计算厚度平均值 $\bar{X}$ 为 202. 64 mm，标准差 S 为 2. 06 mm，厚度代表值计算如下：

$$X_L = \bar{X} - \frac{t_\alpha}{\sqrt{n}} S = 202.64 - 0.414 \times 2.06 = 201.79(\text{mm})$$

经计算，厚度代表值为 201. 79 mm，大于厚度设计值减允许偏差，故应按单个检查值的偏差不超过单点合格值来计算合格率，经检查，11 个测点均大于合格值减允许偏差，故合格率为 100%。

知识拓展

对于石灰土、水泥土（底）基层、未达到终凝状态的水泥稳定粒料类基层、砂石路面一般采用挖坑法测定结构层厚度，一般与灌砂法检测压实度同时进行，其检测步骤如下：

1. 按规范要求，随机选点决定挖坑检查的位置。如为旧路，测点有坑洞等显著缺陷或接缝处时，可在其旁边检测。

2. 试验地点应选一块约 40 cm × 40 cm 的平坦表面，用毛刷将其清扫干净。

3. 根据材料坚硬程度，选择镐、铲、凿子等适当工具开挖这一层材料，直至层位底面。在便于开挖的前提下，开挖面积应尽量缩小，坑洞大体呈圆形。边开挖边将材料铲出，置于搪瓷盘中。

4. 用毛刷将坑底清扫干净，作为下一层的顶面。

5. 将钢直尺平放横跨于坑的两边（见图2—2—2），用另一把钢直尺或卡尺等量具在坑的中部位置垂直伸至坑底，测量坑底至钢直尺的距离，即为检查层的厚度，以 mm 计，精确至1 mm。

图2—2—2　测量检查层厚度

思考与练习

1. 路面结构层厚度检测方法有哪些？

2. 某段高速公路路面水泥稳定粒料基层厚度检测结果见表2—2—4，设计厚度为200 mm，试对该路段基层厚度进行评价。

表2—2—4　　水泥稳定粒料基层厚度检测结果

序号	1	2	3	4	5	6	7	8	9	10	11	12	13	14	15
厚度（mm）	201	199	205	202	203	194	200	204	198	206	204	184	202	205	203

模块三

路基路面压实度检测

任务一　认知压实度检测方法

学习目标

- 熟悉路基路面压实的作用。
- 熟悉路基路面压实度的概念和计算公式。
- 掌握室内标准密度的确定方法。
- 掌握现场密度试验检测方法。

小资料

路基路面压实质量是公路工程施工质量管理重要的指标之一，压实度越高，密实度越大，材料整体性能就越好。大量工程实践表明，只有对路基、路面结构层进行充分压实，才能保证路基路面的强度、刚度及路面的平整度；若压实不足，则路面容易产生车辙、裂缝、沉陷及整个路面的剪切破坏，如图3—1—1所示。

路基路面压实度检测是工程现场经常要做的一个检测项目，是确定路基路面密实度的一种方法。但是现场测定压实度的方法有很多，怎样选用合适的方法呢？下面来了解路基路面现场测定压实度常用的方法。

车辙

裂缝

沉陷

图 3—1—1　压实不足引起的路面损坏现象

工作任务

江苏省某地区在建二级公路，面层为沥青混凝土，路基填土高度为 0.5 m，路基土为粉质中液限黏土，底基层为碎石土，基层为水泥稳定碎石。现在路基已经完成第一层填土，填土碾压完毕后，进行下一层填土施工前必须确认该层路基压实度是否合格，试选择合适的现场密度试验检测方法。

相关理论

一、路基路面压实的作用

压实是路基、路面施工的重要环节，是确保公路工程施工质量的关键点之一。大量的工程实践表明，压实的作用如下：

1. 使路基土和路面材料的强度大大增加。

2. 压实可以减少路面在行车荷载作用下产生的形变。

3．压实可以增加路基和路面材料的不透水性和强度稳定性，并保证其使用质量。

二、压实度的概念和计算公式

现场压实质量用压实度来衡量，它表征现场压实后的密度状况，压实度越高，密度越大，材料整体性能越好。对于路基、路面半刚性基层及粒料类柔性基层而言，压实度是指工地上实际达到的干密度与室内标准击实试验所得最大干密度的比值，用百分数表示；对沥青面层、沥青稳定基层而言，压实度是指现场达到的密度与室内标准密度的比值，用百分数表示。因此压实度的测定主要包括室内标准密度（最大干密度）确定和现场密度试验。

压实度是公路工程的压实质量控制指标。先取压实前的土样送试验室测定其最佳含水量时的干密度，此为试样最大干密度。在现场测得压实后土样的干密度，用干密度除以最大干密度即是土的压实度。用此数值与标准规定的压实度比较，即可知道土的压实程度是否达到了质量标准。

压实度公式见式（3—1—1）：

$$K = \frac{\rho_d}{\rho_c} \times 100\% \qquad (3—1—1)$$

式中 K——测试地点的施工压实度；

ρ_d——试样的干密度，g/cm^3；

ρ_c——击实试验得到的试样的最大干密度或其他标准密度，g/cm^3。

影响路基压实度的主要因素包括填料（填料的粒径）、含水量、每层压实厚度、压实机具、碾压遍数等。

三、室内标准密度（最大干密度）的确定

室内试验得出的标准密度（最大干密度）是压实度评定的基准值，路面结构层不同，对应的标准密度也不同。路基和路面基层的压实度以室内击实试验得出的最大干密度为标准密度；沥青混合料标准密度以沥青拌和厂每天取样试验的马歇尔试件密度、试验路段的密度、每天实测的最大理论密度其中之一为准。

1．路基土室内标准密度的确定

由于土的性质、颗粒的不同，确定最大干密度的方法也有区别。路基土最大干密度试验方法主要有击实法、振动台法和表面振动压实仪法。各方法的适用范围见表3—1—1，各试验方法的仪器设备、试验步骤等详见《公路土工试验规程》（JTG E40—2007）。

2．路面基层材料室内标准密度的确定

常见的路面基层材料有半刚性基层及粒料基层，粒料基层最大干密度的确定可参照粗粒土和巨粒土的振动法。半刚性材料基层材料按照《公路工程无机结合料稳定材料试验规程》（JTG E51—2009）执行，用标准击实法求得。但当粒料含量高（50%以上）时，击实法得出的最大干密度并不标准，此时应采用更为科学的理论计算法或振动击实法作为标准密度的确定方法。

表 3—1—1　　路基土最大干密度确定方法比较

试验方法	适用范围	土的粒组
轻型、重型击实法	小试筒适用粒径不大于 20 mm 的土 大试筒适用粒径不大于 40 mm 的土	细粒土 粗粒土
振动台法	1. 本试验规定采用振动台法测定无黏性自由排水粗粒土和巨粒土（包括堆石料）的最大干密度 2. 本试验方法适用于通过 0.074 mm 标准筛的干颗粒质量百分数不大于 15% 的无黏性自由排水粗粒土和巨粒土 3. 对于最大颗粒大于 60 mm 的巨粒土，因受试筒容许最大粒径的限制，宜按相似级配法的规定处理	粗粒土 巨粒土
表面振动压实仪法	同上	粗粒土 巨粒土

想一想

为什么当路面基层材料粒料含量高（50% 以上）时，不能采用标准击实法来求最大干密度呢？

（小提示：由于击实筒空间的限制，采用标准击实法不能求得真正的最大干密度。）

3. 沥青混合料室内标准密度的确定

沥青混合料标准密度的确定，按《公路沥青路面施工技术规范》（JTG F40—2004）附录 E 的规定，有三种标准密度：一是当天的马歇尔试验的试件密度；二是试验路段的密度；三是每天实测的最大理论密度。在进行密度试验时应根据混合料本身的特点，根据表 3—1—2 的适用范围选用合适的方法，具体试验见《公路工程沥青及沥青混合料试验规程》（JTG E20—2011）。在进行压实度计算时，可根据实际需要选用其中 1 ~ 2 种作为钻孔法检测压实度的标准密度。

表 3—1—2　　压实沥青混合料密度试验方法及适用范围比较

试验方法	适用范围
水中重法	仅适用于密实的Ⅰ型沥青混凝土试件，不适用于采用了吸水性大的集料的沥青混合料试件
表干法	适用于表面粗糙但较密实的Ⅰ型或Ⅱ型沥青混凝土试件，但不适用于吸水率大于 2% 的沥青混合料试件
蜡封法	适用于吸水率大于 2% 的Ⅰ型或Ⅱ型沥青混凝土试件，以及沥青碎石混合料试件，不能用水中重法或表干法测密度的试件
体积法	适用于空隙率较大的沥青碎石混合料及大空隙透水性开级配沥青混合料试件

知识拓展

沥青混凝土按混合料的密实程度不同，可分为密级配、半开级配和开级配等几类，开级配混合料也称沥青碎石。其中热拌热铺的密级配碎石混合料经久耐用，强度高，整体性好，是修筑高级沥青路面的代表性材料，应用得最广。各国对沥青混凝土制定有不同的规范，我国制定的热拌热铺沥青混合料技术规范，以空隙率10%及以下者称为沥青混凝土，又细分为Ⅰ型和Ⅱ型，Ⅰ型的孔隙率为3%（或2%）~6%，属于密级配型；Ⅱ型为6%~10%，属于半开级配型；空隙率10%以上者称为沥青碎石，属于开级配型。

四、现场密度试验检测方法

现场密度主要检测方法及各方法的适用范围见表3—1—3。本模块仅介绍现场压实度测试的四种方法，即灌砂法、环刀法、核子仪法和钻芯法。

表3—1—3　　现场密度检测方法及适用范围比较

试验方法	实物图	简要说明	适用范围
灌砂法		灌砂法是利用清洁干净的标准砂来置换试洞中的集料，并结合集料的含水量来推算出试样的实测干密度	适用于在现场测定基层（或底基层）、砂石路面及路基土的各种材料压实层的密度和压实度。但不适用于填石路堤等大孔洞或大孔隙材料的压实度检测
环刀法		环刀法是测量现场密度的传统方法，用环刀法测得的密度是环刀内土样所在深度范围内的平均密度	适用于细粒土及无机结合料稳定细粒土的密度测试。但对无机结合料稳定细粒土，其龄期不宜超过2天，且宜用于施工过程中的压实度检测
核子仪法		核子仪法是利用放射性元素（通常是γ射线和中子射线）测定土或路面材料密度和含水量，并计算施工压实度	适用于现场用核子密度仪以散射法或直接透射法测定路基或路面材料的密度和含水率，并计算施工压实度。适用于施工质量的现场快速评定，不宜用作仲裁试验或评定验收试验

续表

试验方法	实物图	简要说明	适用范围
钻芯法		钻芯法是利用检验从压实的沥青路面上钻取的沥青混合料芯样试件的密度，来评定沥青混凝土面层的施工压实度	适用于检测从压实的沥青路面上钻取的沥青混合料芯样试件的密实度，以评定沥青面层的施工压实度，同时适用于龄期较长的无机结合料稳定类基层和底基层的密度检测

提 示

以上四种现场密度试验检测方法各有其适用范围，在实际应用时要严格区分，正确选用，以保证数据的正确性。

任务实施

对任务引入中所描述的江苏省某地区在建二级公路路基填土压实度检测，需按照如下流程进行：

采集试样→室内标准密度检测，确定最大干密度→现场标准密度检测，测定现场密度→把以上两次测得的数值进行比对，计算压实度→最后给出结论，确定压实度是否合格。本任务主要根据现场条件，对压实度检测方法进行选择。

1．室内标准密度检测方法的选择

工作任务中路基土为粉质中液限黏土，根据路基土最大干密度的确定方法（见表3—1—1），可采用标准击实法来得出该路基土的室内标准密度，具体操作方法可详见教材《土质与筑路材料》。

2．现场密度检测方法的选择

由于路基土为粉质中液限黏土，根据表3—1—3，可以采用灌砂法或者环刀法来测定现场密度。

阅读材料

1．《公路土工试验规程》（JTG E40—2007）（重点阅读：T0107—1993 环刀法；T0111—

1993 灌砂法；T0131—2007 击实试验；T0133—1993 表面振动压实仪法；T0132—1993 振动台法）

2.《公路工程沥青及沥青混合料试验规程》（JTG E20—2011）［重点阅读：T0705—2011 压实沥青混合料密度试验（表干法）；T0706—2011 压实沥青混合料密度试验（水中重法）；T0707—2011 压实沥青混合料密度试验（蜡封法）；T0708—2011 压实沥青混合料密度试验（体积法）］

3.《公路工程无机结合料稳定材料试验规程》（JTG E51—2009）（重点阅读：T0804—1994 无机结合料稳定材料击实试验方法）

4.《公路路基路面现场测试规程》（JTG E60—2008）（重点阅读：5 压实度）

5.《公路工程质量检验评定标准》（JTG F80/1—2004）

思考与练习

1. 压实的作用是什么？现场压实质量用什么指标来衡量？
2. 请写出压实度计算公式，并说出公式中各参数的含义。
3. 有哪些路基路面现场密度检测方法？各方法的适用范围是什么？

任务二　灌砂法测定压实度

学习目标

- 熟悉灌砂法的基本原理及适用范围。
- 熟悉灌砂法测定压实度的程序。
- 掌握用灌砂法检测和评定压实度的方法与步骤。

工作任务

浙江省某地区在建一级公路，路基填土为粉质中液限黏土，填土碾压完毕后，需确认该层路基压实度是否合格（该填土路基压实度标准为95%）。根据任务一的结论，可以采用灌砂法或者环刀法来测定现场密度，本任务采用灌砂法检测现场密度。

相关理论

一、灌砂法的基本原理及适用范围

灌砂法是当前最通用的方法，很多工程都把它列为现场测定密度的主要方法。其基本原理是利用粒径0.30~0.60 mm清洁干净的均匀砂，从一定高度自由下落到试洞内，按其单位重不变的原理来测量试洞的容积（即用标准砂来置换试洞中的集料），并结合集料的含水量来推算出试样的实测干密度。灌砂法适用于在现场测定基层（或底基层）、砂石路面及路基上各种材料的压实度，但不适用于填石路堤等有大孔洞或大孔隙材料的压实度检测。同时灌砂法需要携带较多量的砂，而且称量次数较多，因此它的测试速度较慢。

二、灌砂法测定压实度的程序

灌砂法测定压实度的程序如图3—2—1所示，首先在试验室测定标准量砂的密度；然后在现场根据随机选点法选定试验地点，按规范挖取一个试洞，称取量砂灌入试洞，用量砂体积置换试洞体积，计算该测点的湿密度和干密度，从而得出该点压实度。

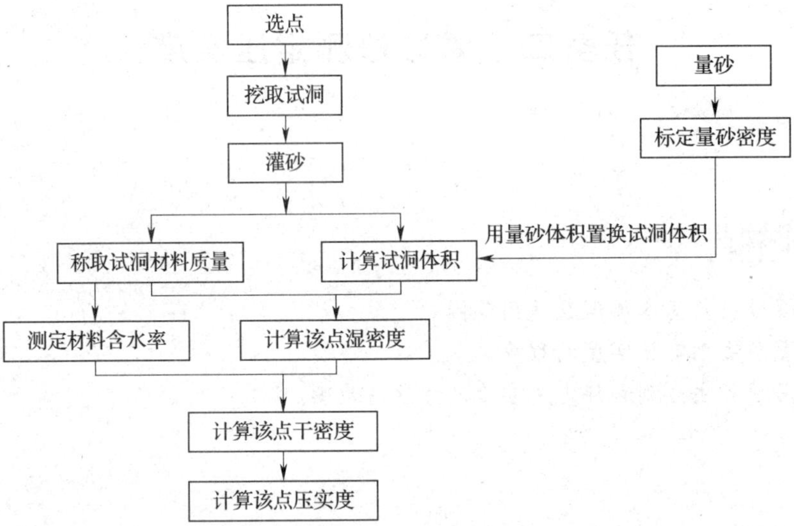

图3—2—1　灌砂法测定压实度的程序

想一想

为什么灌砂法不适用于填石路堤等有大孔洞或大孔隙材料的压实度检测呢？

三、压实度的评定方法

1. 压实度检验评定标准

路基、路面压实度检验评定标准要求见表3—2—1（权值均为3）。

表3—2—1　压实度检验评定要求

工程项目类型			规定值			检查方法和频率
			高速、一级公路	其他公路		
				二级公路	三级、四级公路	
土方路基	零填及挖方（m）	0～0.30	—	—	≥94	按有关方法检查，每200 m每个压实层测4处
		0～0.80	≥96	≥95	—	
	填方（m）	0～0.80	≥96	≥95	≥94	
		0.80～1.50	≥94	≥94	≥93	
		>1.50	≥93	≥92	≥90	
级配碎（砾）石	基层	代表值	98	98		按有关方法检查，每200 m每车道2处
		极值	94	94		
	底基层	代表值	96	96		
		极值	92	92		
水泥土、石灰土、石灰粉煤灰土	基层	代表值	—	95		按有关方法检查，每200 m每车道2处
		极值	—	91		
	底基层	代表值	95	93		
		极值	91	89		
石灰稳定粒料	基层	代表值	—	97		按有关方法检查，每200 m每车道2处
		极值	—	93		
	底基层	代表值	96	95		
		极值	92	91		
石灰、粉煤灰稳定粒料、水泥稳定粒料	基层	代表值	98	97		按有关方法检查，每200 m每车道2处
		极值	94	93		
	底基层	代表值	96	95		
		极值	92	91		
沥青混凝土和沥青碎（砾）石面层		试验室标准密度的96%（*98%）； 最大理论密度的92%（*94%） 试验段密度的98%（*99%）				按有关方法检查，每200 m每车道1处

注：表内压实度可选用其中的1个或2个标准评定，选用两个标准时，以合格率低的作为评定结果。带*号者是指SMA路面，其他为普通沥青混凝土路面。

路基、路面压实度以 1 ~3 km 长的路段为检验评定单元，按要求的检测频率（参见表3—2—1）及方法进行现场压实度抽样检查，求算每一测点的压实度 K_i。

知识拓展

SMA（Stone Mastic Asphalt）是沥青玛蹄脂碎石混合料的英文名称的缩写。沥青玛蹄脂碎石混合料是一种由沥青、纤维稳定剂、矿粉及少量细集料组成的沥青玛蹄脂填充间断级配的粗集料骨架间隙而组成的沥青混合料。它是由足够的沥青结合料和具有相当劲度的沥青玛蹄脂胶浆填充在粗集料形成的“石—石嵌挤”结构的空隙中形成的。SMA 起源于 20 世纪 60 年代中期的德国，90 年代末期，在我国的高等级公路沥青路面中开始应用。SMA 具有良好的性能，如高温稳定性、低温抗裂性、水稳定性、良好的耐久性和表面功能（抗滑、车辙小、平整度高、噪声小、能见度好）等。SMA 路面耐久性好，故养护工作少，使用寿命长，综合经济效益和环境效益好。

2．压实度的评定要点

（1）控制平均压实度的置信下限，以保证总体水平。

（2）规定单点极限值不得超出给定值，防止局部隐患。

（3）规定扣分界限以区分质量优劣。

3．压实度的评定方法

（1）压实度代表值计算

检验评定段的压实度代表值 K（算术平均值的下置信界限）为：

$$K = \bar{K} - S \times (t_\alpha / \sqrt{n}) \geq K_0 \qquad (3—2—1)$$

式中 $\bar{K}$——检验评定段内各测点压实度的平均值；

t_α——t 分布表中随测点数和保证率（或置信度 α）而变的系数，见附表 A；采用的保证率：高速公路、一级公路的基层、底基层为 99%，路基、路面面层为 95%；其他公路的基层、底基层为 95%，路基、路面面层为 90%；

S——检测值的均方差；

n——检测点数；

K_0——压实度标准值。

（2）压实度评定

1）路基、基层和底基层。$K \geq K_0$ 且单点压实度 K_i 全部大于等于规定值减 2 个百分点时，评定路段的压实度合格率为 100%；当 $K \geq K_0$，且单点压实度全部大于等于规定极值时，按测定值不低于规定值减 2 个百分点的测点数计算合格率。

$K < K_0$ 或某一单点压实度 K_i 小于规定极值时，该评定路段压实度为不合格，相应分项工程评定为不合格。

路堤施工段较短时，分层压实度应每点均符合要求，且样本数不少于 6 个。

2）沥青面层。当 $K \geq K_0$ 且全部测点大于规定值减 1 个百分点时，评定路段的压实度合格率为 100%；当 $K \geqslant K_0$时，按测定值不低于规定值减 1 个百分点的测点数计算合格率。

$K < K_0$时，评定路段的压实度为不合格，相应分项工程评定为不合格。

任务实施

用灌砂法评定压实度，需按照如下流程进行：

准备仪具与材料→确定室内标准密度（此试验方法在《土质与筑路材料》中讲解，本书中不做介绍）→在试验室测定标准量砂的密度→在现场根据随机选点法选定试验地点，按规范挖取一个试洞→称取量砂灌入试洞，用量砂体积置换试洞体积→计算该测点的湿密度和干密度，计算该测点的压实度（该测点的干密度与最大干密度的比值即为该点压实度）→以要求的检测频率按照以上步骤重复进行挖坑灌砂试验，求算每一测点的压实度 K_i→压实度评定（计算评定段的压实度代表值 K，根据表 3—2—1 要求判断压实度是否合格）。

1. 准备仪具与材料

（1）灌砂筒

有大小两种，根据需要采用。

小资料

按《公路路基路面现场测试规程》（JTG E60—2008），采用挖坑灌砂法测定压实度时，应符合下列规定：

1. 当集料的最大粒径小于 13.2 mm，测定层的厚度不超过 150 mm 时，宜采用 ϕ100 mm 的小型灌砂筒测试。

2. 当集料的最大粒径大于等于 13.2 mm，但不大于 31.5 mm，测定层的厚度超过 150 mm，但不超过 200 mm 时，宜采用 ϕ150 mm 的大型灌砂筒测试。

灌砂筒形式见表 3—2—2，对应尺寸如图 3—2—2a 所示。当尺寸与表中不一致，但不影响使用时，亦可使用。上部为储砂筒，筒底中心有一个圆孔，下部装一个倒置的圆锥形漏斗，漏斗上端开口，直径与储砂筒的圆孔相同。漏斗焊接在一块铁板上，铁板中心有一个圆孔与漏斗上开口相接，在储砂筒筒底与漏斗顶端铁板之间设有开关，开关为一块薄铁板，一端与筒底及漏斗铁板铰接在一起，另一端伸出筒身外，开关铁板上也有一个相同直径的圆孔。

（2）标定罐（见表 3—2—2）

用薄铁板制作的金属罐，上端周围有一罐缘。罐的尺寸示意如图 3—2—2b 所示。

（3）基板（见表 3—2—2）

基板是用薄铁板制作的金属方盘，盘的中心有一个圆孔。

（4）玻璃板

边长为 500 ~ 600 mm 的方形板。

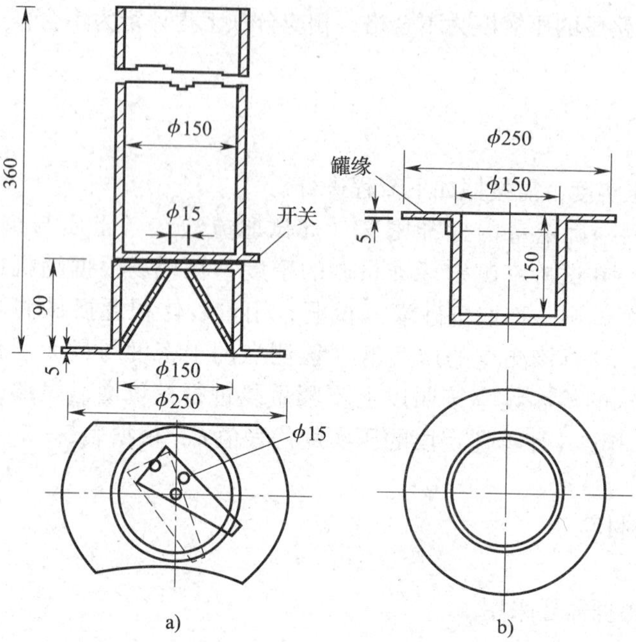

图 3—2—2　灌砂筒及标定罐尺寸示意图（尺寸单位：mm）

a）灌砂筒　b）标定罐

表 3—2—2　**灌砂筒、标定罐及基板的主要尺寸**

名称	实 物 图 片	结　构	小型灌砂筒	大型灌砂筒
储砂筒		直径（mm） 容积（cm³）	100 2 120	150 4 600
流砂孔	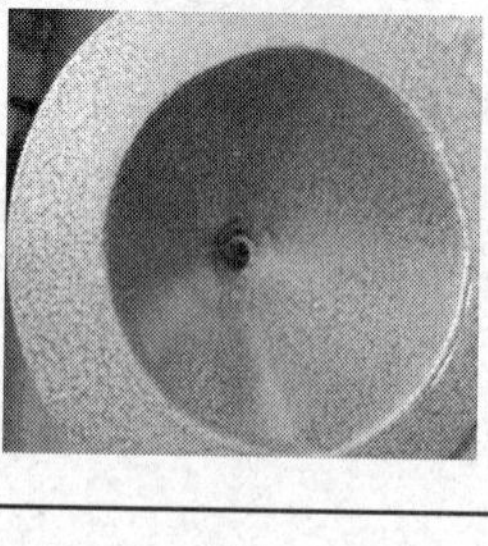	直径（mm）	10	15

续表

名称	实物图片	结构	小型灌砂筒	大型灌砂筒
金属标定罐		内径（mm） 外径（mm）	100 150	150 200
金属方盘基板		边长（mm） 深（mm） 中孔直径（mm）	350 40 100	400 50 150

注：如集料的最大粒径超过31.5 mm，则应相应地增大灌砂筒和标定罐的尺寸；如集料的最大粒径超过53 mm，灌砂筒和现场试洞的直径为200 mm。

（5）试样盘

小筒挖出的试样可以用饭盒存放，大筒挖出的试样可以用300 mm×500 mm×40 mm的搪瓷盘存放。

（6）天平或台秤

称量10~15 kg，感量不大于1 g，用于含水率测定的天平精度，对于细粒土、中粒土、粗粒土宜分别为0.01 g、0.1 g、1.0 g。

（7）含水率测定器具

如铝盒、烘箱等。

（8）量砂

粒径为0.30~0.60 mm清洁干燥的砂，质量为20~40 kg，使用前须洗净、烘干，并放置足够长的时间，使其与空气的湿度达到平衡。

（9）盛砂的容器

塑料桶等。

（10）其他

凿子、旋具、铁锤、长把勺、小簸箕、毛刷等。

2. 确定室内标准密度

采集该公路路基填土试样进行室内击实试验，得到最大干密度（ρ_{dmax}）及最佳含水率（w_0）。

3. 在试验室测定标准量砂的密度

（1）按规定选用适宜的灌砂筒。

（2）标定灌砂筒下部圆锥体内装砂的质量

1）在灌砂筒筒口高度上，向灌砂筒内装砂至距筒顶 15 mm 左右为止，称取装入筒内砂的质量 m_1，准确至 1 g。以后每次标定及试验都应该维持装砂高度与质量不变，如图 3—2—3 所示。

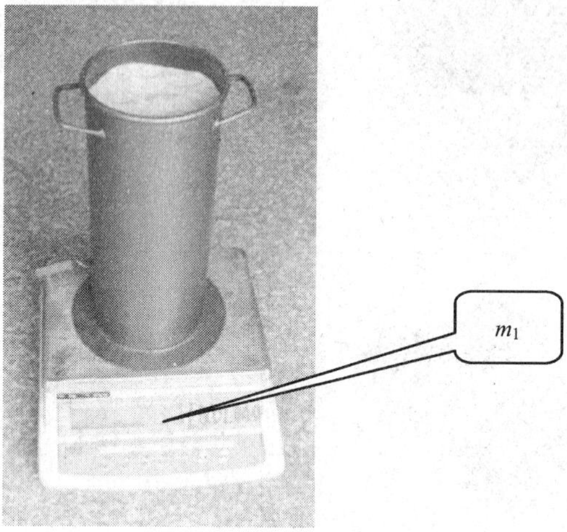

图 3—2—3　称（筒 + 砂）总质量 m_1

筒内砂的高度与筒顶的距离不超过 15 mm，原因是不同砂面高度的砂，其下落速度不同，因而灌进标定罐内砂的密实程度也不同，这就直接影响了量砂的密度。因此，储砂筒中砂面高度必须严格控制。另外，筒内砂的质量准确至 1 g。每次标定及以后的试验都维持这个质量不变。因为标定时，只要砂总重相同，即砂的自重一样，显然其下落速度也能保持一致，从而提高量砂使用的准确性。

2）将开关打开，将灌砂筒筒底的流砂孔、圆锥形漏斗上端开口的圆孔及开关铁板中心的圆孔上下对准重叠在一起，让砂自由流出，并使流出砂的体积与工地所挖试坑内的体积相当（或等于标定罐的容积），然后关上开关，如图 3—2—4 所示。

图 3—2—4　流出砂的体积与工地所挖试坑内的体积相当

想一想

为什么现场试洞深度应尽量与室内标定罐深度一致？

（小提示：量砂的下落速度与深度有关，进而影响试洞内量砂的密实度。）

3）不晃动储砂筒的砂，轻轻地将灌砂筒移至玻璃板上，将开关打开，让砂流出，直至筒内砂不再下流时，将开关关上，并小心地取走灌砂筒，如图 3—2—5 所示。

a)　　　　b)

图 3—2—5　让灌砂筒中砂流出

a）把装有余砂的筒放在玻璃板上　b）小心取下灌砂筒

4）如图 3—2—6 所示，收集并称量留在玻璃板上的砂或称量筒内的砂，准确至 1 g。玻璃板上砂就是填满筒下部圆锥体的砂 m_2。

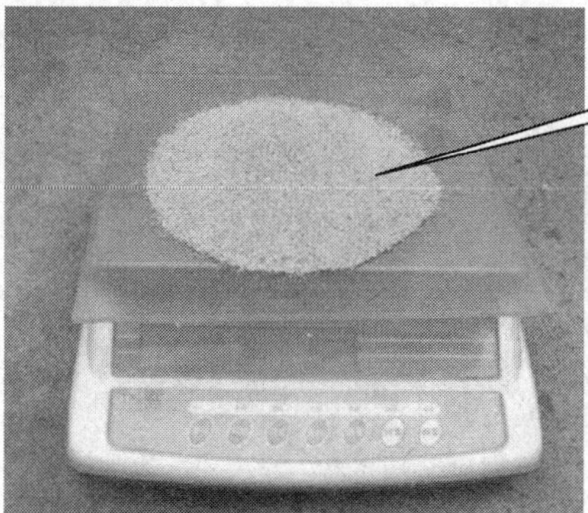

图 3—2—6　称玻璃板上砂的质量 m_2

5）重复上述测量三次，取其平均值。

（3）按下列步骤标定量砂的松方密度 ρ_s（g/cm^3）：

1）用水确定标定罐的容积 V，准确至 1 mL，如图 3—2—7 所示。

2）在储砂筒中装入质量为 m_1 的砂，并将灌砂筒放在标定罐上，将开关打开，让砂流出。在整个流砂过程中，不要碰到灌砂筒，直到储砂筒内的砂不再下流时，将开关关闭，取下灌砂筒，称取筒内剩余砂的质量 m_3，准确至 1 g（见图 3—2—8）。

图 3—2—7　测定标定罐的容积

3）按式（3—2—2）计算填满标定罐所需砂的质量 m_a。

$$m_a = m_1 - m_2 - m_3 \qquad (3—2—2)$$

式中　m_a——标定罐中砂的质量，g；

m_1——装入灌砂筒内的砂及筒的总质量，g；

m_2——灌砂筒下部圆锥体内砂的质量，g；

m_3——灌砂入标定罐后，筒内剩余砂及筒的质量，g。

4）重复上述测量三次，取其平均值。

5）按式（3—2—3）计算量砂的松方密度 ρ_s：

$$\rho_s = \frac{m_a}{V} \qquad (3—2—3)$$

式中　ρ_s——量砂的松方密度，g/cm³；

V——标定罐的体积，cm³。

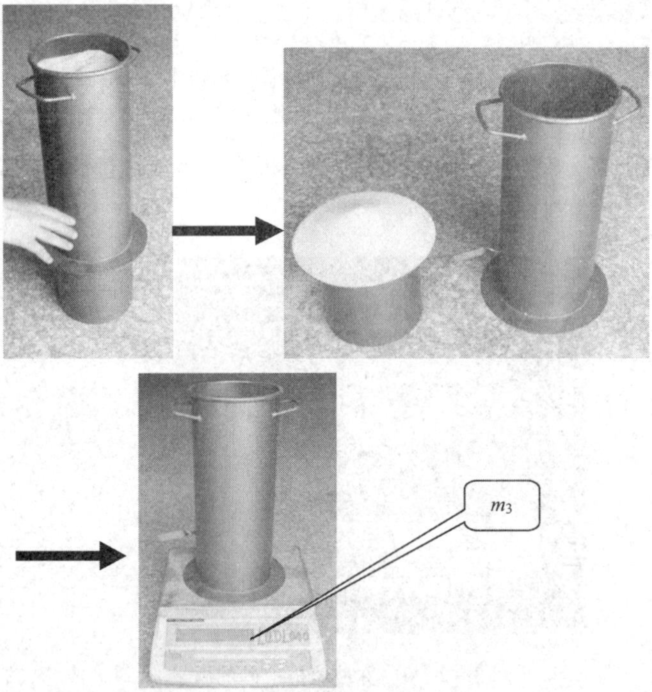

图 3—2—8　筒内剩余砂的质量 m_3

4．称取量砂灌入试洞，用量砂体积置换试洞体积

（1）在测试地点，选一块平坦表面，并将其清扫干净，其面积不得小于基板面积。

（2）将基板放在平坦表面上，当表面粗糙度较大时，则将盛有量砂（m_5）的灌砂筒放在基板中间的圆孔上，将灌砂筒的开关打开，让砂流入基板中间的圆孔上，直到储砂筒内的砂不再下流时关闭开关。取下灌砂筒，并称量筒内砂的质量 m_6，准确至 1 g，如图 3—2—9 所示。

图 3—2—9　现场标定灌砂筒锥体砂的质量

（3）取走基板，并将留在试验地点的量砂收回，重新将表面清扫干净。

想一想

如果在表面粗糙的测点处不做以上步骤而直接凿洞灌砂测得 m_6，对最终测得的结果会有何影响？

（4）将基板放回清扫干净的表面上（尽量放在原处），沿基板中孔凿洞（洞的直径与灌砂筒一致）。在凿洞过程中，应注意不使凿出的材料丢失，并随时将凿松的材料取出装入塑料袋中，不使水分蒸发，也可放入大试验盒内。试洞的深度应等于测定层厚度，但不得有下层材料混入，最后将筒内的全部凿松材料取出。对土基或基层，为防止试样盘内材料的水分蒸发，可分几次称取材料的质量。全部取出材料的总质量为 m_w，准确至 1 g，如图 3—2—10 所示。

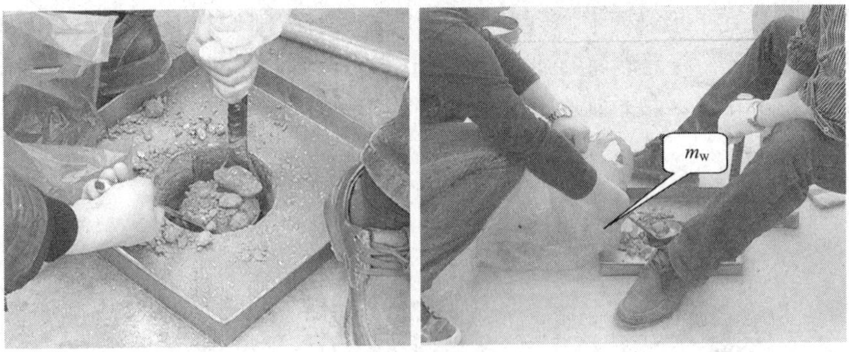

a) b)

图 3—2—10　现场挖坑程序

a）挖试洞　b）凿松的材料装袋

提 示

当需要检测结构层厚度时，应先测量厚度后再进行以上步骤。

（5）从挖出的全部材料中取有代表性的样品，放在铝盒或洁净的搪瓷盘中，测定其含水率（w，以%计）。样品的数量如下：用小型灌砂筒测定时，对于细粒土，不少于 100 g；对于各种中粒土，不少于 500 g。用大型灌砂筒测定时，对于细粒土，不少于 200 g；对于各种中粒土，不少于 1 000 g；对于粗粒土或水泥、石灰、粉煤灰等无机结合料稳定材料，宜将取出的全部材料烘干，且不少于 2 000 g，称其质量 m_d，准确至 1 g。

（6）将基板安放在试坑上，将灌砂筒安放在基板中间（储砂筒内放满砂到要求质量 m_1），使灌砂筒的下口对准基板的中孔及试洞，打开灌砂筒的开关，让砂流入试坑内。在此期间，应注意勿碰动灌砂筒。直到储砂筒内的砂不再下流时，关闭开关，仔细取走灌砂筒，并称量筒内剩余砂的质量 m_4，准确至 1 g，如图 3—2—11 所示。

a) b)

图 3—2—11　现场灌砂程序示意

a）灌砂　b）称筒及余砂质量

（7）如清扫干净的平坦表面粗糙度不大，可以省去（2）和（3）的操作。在试洞挖好后，将灌砂筒直接对准放在试坑上，中间不需要放基板。打开筒的开关，让砂流入试坑内。在此期间，应注意勿碰动灌砂筒。直到储砂筒内的砂不再下流时，关闭开关。仔细取走灌砂筒，并称量筒内剩余砂的质量 m'_4，准确至1 g。

（8）仔细取出试洞内的量砂，以备下次试验时再用。若量砂的湿度已发生变化或量砂中混有杂质，则应该重新烘干、过筛，并放置一段时间，使其与空气的湿度达到平衡后再用。

5. 计算该点的湿密度和干密度，计算该测点的压实度

按式（3—2—4）或式（3—2—5）分别计算填满试坑所用砂的质量 m_b（g）：

（1）灌砂时，试坑上放有基板时：

$$m_b = m_1 - m_4 - (m_5 - m_6) \tag{3—2—4}$$

（2）灌砂时，试坑上不放基板时：

$$m_b = m_1 - m'_4 - m_2 \tag{3—2—5}$$

式中 m_b——填满试坑时所用砂的质量，g；

m_1——灌砂前灌砂筒及砂的总质量，g；

m_2——灌砂筒下部圆锥体内砂的质量，g；

m_4，m'_4——灌砂后，灌砂筒内剩余砂及筒的质量，g；

$m_5 - m_6$——灌砂筒下部圆锥体内及基板和粗糙表面间砂的合计质量，g。

（3）按式（3—2—6）计算试坑材料的湿密度 ρ_w（g/cm^3）：

$$\rho_w = \frac{m_w}{m_b} \times \rho_s \tag{3—2—6}$$

式中 m_w——试坑中取出的全部材料的质量，g；

ρ_s——量砂的松方密度，g/cm^3。

（4）按式（3—2—7）计算试坑材料的干密度 ρ_d（g/cm^3）：

$$\rho_d = \frac{\rho_w}{1 + 0.01w} \tag{3—2—7}$$

式中 w——试坑材料的含水率。

（5）当为水泥、石灰、粉煤灰等无机结合料稳定土的场合，可按式（3—2—8）计算干密度 ρ_d（g/cm^3）：

$$\rho_d = \frac{m_d}{m_b} \times \rho_s \tag{3—2—8}$$

式中 m_d——试坑中取出的稳定土的烘干质量，g。

（6）按式（3—2—9）计算施工压实度：

$$K = \frac{\rho_d}{\rho_c} \times 100\% \tag{3—2—9}$$

式中 K——测试地点的施工压实度；

ρ_d——试样的干密度，g/cm^3；

ρ_c——由击实试验得到的试样的最大干密度，g/cm^3。

（7）各种材料的干密度均应准确至0.01 g/cm^3。

6. 以要求的检测频率按照以上步骤重复进行挖坑灌砂试验，求算每一测点的压实度 K_i

工作任务中压实度（灌砂法）现场检测结果见表3—2—3、表3—2—4。

表3—2—3　　标准砂标定试验记录表（灌砂法用）

项目名称	/	合同段	/	施工单位	/	
水温	25℃	水的密度（g/cm^3）		ρ=0.997 02		
灌砂筒编号	/	灌砂筒直径（mm）		150		
试验单位	/			试验日期	/	
标定罐体积	（标定罐+玻璃板）质量（g）①			2 310	2 310	2 310
	（标定罐+玻璃板+水）质量（g）②			4 954	4 950	4 951
	标定罐体积（cm^3）③=（②-①）/ρ③			2 652	2 648	2 649
	平均体积（cm^3）④			2 650		
锥体砂质量	锥体砂质量=玻璃板上砂质量（g）⑤			718	716	717
	平均锥体砂质量（g）⑥			717		
砂密度	灌砂前（筒+砂）质量（g）⑦			9 500	9 500	9 500
	灌砂后（筒+砂）质量（g）⑧			4 928	4 922	4 927
	标定罐砂质量（g）⑨=⑦-⑧-⑥　⑨			3 855	3 861	3 856
	量砂松方密度（g/cm^3）　⑩=⑨/④　⑩			1.455	1.457	1.455
	平均砂密度（g/cm^3）			1.46		
结果	锥体砂质量：　717（g）　量砂的密度：1.46（g/cm^3）					

试验：　　　年　　月　　日　　　　复核：　　　　年　　月　　日

表3—2—4　　灌砂法压实度检测记录表

项目名称	/		合同段	/		
施工单位	/		工程名称	/		
层次	/		量砂密度 ρ_s（g/cm^3）	1.46		
最大干密度（g/cm^3）	1.96	最佳含水率（%）	14.0	压实度标准（%）	95	
序号	试验项目公式		试验位置（桩号）			
			/			
1	现场标定锥砂质量	灌砂前（筒+砂）质量（g）	4 500			
2		灌砂后（筒+砂）质量（g）	3 776			
3		锥体及基板和粗糙表面间砂的合计质量（g）　（1）-（2）	724			
4	灌砂前（筒+砂）质量（g）		9 500			
5	灌砂后（筒+砂）质量（g）		4 831			

续表

序号	试验项目公式	试验位置（桩号）									
		/									
6	灌入试坑砂质量（g） （4）－（5）－（3）	3 945									
7	试坑体积（cm^3）（6）/（ρ_s）	2 702.1									
8	湿试样质量（g）	5 813									
9	湿密度（g/cm^3）（8）/（7）	2.151									
10	盒号	15	27								
11	盒质量（g）	85.5	88.4								
12	（盒＋湿土）质量（g）	209.3	222.5								
13	（盒＋干土）质量（g）	193.5	205.2								
14	干土质量（g）（13）－（11）	108.0	116.8								
15	水质量（g）（12）－（13）	15.8	17.3								
16	含水率（15）/（14）×100%	14.63	14.81								
17	平均含水率（%）	14.7									
18	干密度（g/cm^3）（9）/［1＋0.01×（17）］	1.88									
19	最大干密度（g/cm^3）	1.96									
20	压实度（%）（18）/（19）×100%	95.9									
21	压实层厚度（cm）	16.4									

注：压实层厚度为灌砂后挖至下层实测值

试验：　　　　年　　月　　日　　　　复核：　　　　年　　月　　日

通过以上填表计算，测得工作任务中某一级公路路基填土一个测点处压实度为95.9%。以要求的检测频率按照以上步骤重复进行挖坑灌砂试验，求算在评定段内每一测点的压实度K_i。计算评定段的压实度代表值K，根据规范要求判断压实度是否合格。

7. 压实度评定

工作任务中某一级公路路基填土压实度检测结果见表3—2—5，压实度标准为95%。由于是一级公路路基填土，因此取保证率90%来评定该路段的压实度。

表3—2—5　　　　压实度检测结果

序号	1	2	3	4	5	6	7	8	9	10
压实度（%）	95.9	96.8	95.7	97.3	96.3	96.1	96.3	96.7	97.6	95.8
序号	11	12	13	14	15	16	17	18	19	20
压实度（%）	95.3	95.6	95.4	93.5	95.8	95.9	95.1	95.5	97.0	95.3

解： 经计算 $\overline{K}=95.945\%$，　$S=0.903$

查附表A得 $t_{0.90}/\sqrt{n}=0.297$

$$K=\overline{K}-S\cdot t_\alpha/\sqrt{n}=95.945-0.903\times0.297=95.68>K_0$$

故 $K > K_0$，且因单点压实度全部大于规定值减 2 个百分点，所以该路段压实度的合格率为 100%。

阅读材料

灌砂法是施工过程中最常用的试验方法之一。此方法实际操作时常常不易掌握，人为因素影响较大，会引起较大误差，故经常是质量检测监督部门与施工单位之间发生矛盾或纠纷的环节，因此应严格遵循试验的每个细节，以提高试验精度。为使试验规范，结果准确，应注意以下几个环节：

1. 量砂要规则，在重复使用时，必须过筛洗净、烘干，并放置足够的时间，使其与标定时的洁净、干潮状况一致，否则会影响量砂的松方密度。若更换量砂，必须重测其松方密度，漏斗中砂的数量也应该每次重做。因此量砂宜事先准备较多数量。切勿到试验时临时找砂，又不做试验，仅使用以前的数据。

2. 地表面处理要平整，只要表面凸出一点（哪怕仅有 1 mm 高），使整个表面高出一薄层，其体积也算到试坑中去了，导致试验结果偏差。因此尽量使用基板，或使检测表面光滑平整。现场测试完后，要检查灌砂筒底板、基板与地面之间是否有砂子漏出，如有要将其单独清出，称其质量，计算密度时应扣除这部分质量。

3. 在挖坑时试坑周壁应笔直，避免出现上大下小或上小下大的情形，且不得使凿出的试样丢失，以免检测密度偏大或偏小。

4. 现场测试时，储砂筒中砂面高度和质量与室内标定时保持一致。

5. 无论是室内还是现场标定灌砂筒锥砂的质量，灌砂筒内装砂质量为 m_5，而非 m_1，即要流出一部分与试坑体积或标定罐容积相当的砂。

6. 灌砂时检测厚度应为整个碾压层厚，不能只取上部或者取至下一个碾压层。

思考与练习

1. 简述灌砂法实验的基本原理。

2. 简述灌砂法测定现场压实度的要点。

3. 简述灌砂法室内标定量砂密度的试验方法及步骤。

4. 对某公路路基压实质量进行检查时，压实度检测结果见表 3—2—6，压实度标准 $k_0 =$ 95%。试按保证率 95% 对该路段进行质量评定，并计算该路段的得分（规定极值为 91%）。

表 3—2—6　　压实度检测结果

序号	1	2	3	4	5	6	7	8	9	10
压实度（%）	96.8	95.3	93.5	93.4	96.1	96.0	95.9	96.7	96.3	97.5
序号	11	12	13	14	15	16	17	18	19	20
压实度（%）	95.4	95.8	95.0	94.7	95.2	96.3	95.3	95.5	98.0	94.9

任务三　环刀法测定压实度

学习目标

- 熟悉环刀法测定压实度的基本原理及适用范围。
- 掌握用环刀法检测和评定压实度的方法与步骤。

工作任务

模块三任务二中的在建一级公路，路基填土为粉质中液限黏土，也可以用环刀法来测定该层土基的现场密度，以此来确认该层路基压实度是否合格（该填土路基压实度标准为95%）。本任务采用环刀法检测现场密度。

相关理论

环刀法是测量现场密度的传统方法，其基本原理是用已知质量及容积的环刀（国内习惯采用的环刀容积通常为200 cm^3，环刀高度通常约为5 cm）切取土样，使土样的体积与环刀容积一致，通过测定环刀内土样的干密度来判定压实度。

根据《公路路基路面现场测试规程》（JTG E60—2008）规定，环刀法适用于现场测定细粒土及无机结合料稳定细粒土的密度测定，但对无机结合料稳定细粒土，其龄期不宜超过2天，且宜用于施工过程中的压实度检验。

提示

由于受环刀容积限制，用此法测得的密度是环刀内土样所在深度范围内的平均密度，它不能代表整个碾压层的平均密度。由于碾压土层的密度一般是从上到下减小的，若环刀取在碾压层的上部，则得到的数值往往偏大；若环刀取的是碾压层的底部，则所得的数值将明显偏小。就检查路基土和路面结构层的压实度而言，需要的是整个碾压层的平均压实度，而不是碾压层中某一部分的压实度。因此，在用环刀法测定土的密度时，应使所得密度能代表整个碾压层的平均密度。

想一想

怎样打环刀才能使其测得的密度代表整个碾压层的平均密度呢?

(小提示：只有使环刀所取的土恰好在碾压层中间部位，其测得的密度能代表整个碾压层的平均密度，且才可能与灌砂法的结果大致相同。)

任务实施

对任务引入所描述的采用环刀法来测定某二级公路路基填土的压实度，按照如下流程进行：

准备仪具与材料→确定室内标准密度（在此不作介绍）→现场选点，将取土器（环刀）放置于土基上进行取样→根据取出试样的质量及环刀体积（已知）计算试样的湿密度，测定试样的含水率并计算干密度，计算压实度（该测点的干密度与最大干密度的比值即为该点压实度）→以要求的检测频率按照以上步骤重复进行环刀试验，求算每一测点的压实度 K_i→压实度评定（计算评定段的压实度代表值 K，根据表 3—2—1 要求判断压实度是否合格）。

1. 准备仪具与材料

（1）人工取土器（见图 3—3—1）

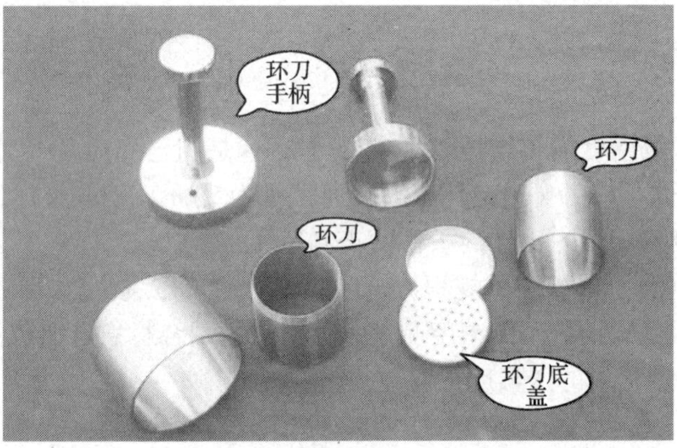

图 3—3—1　人工取土器

包括环刀、环盖、定向筒和导杆（或环刀手柄）。环刀内径为 6 ~ 8 cm，高为 2 ~ 3 cm，壁厚为 1.5 ~ 2 mm。

（2）电动取土器（见图 3—3—2）

由底座、立柱、升降机构、取芯机构、动力和传动机构等组成。

1）底座。由底座平台、定位销、行车轮组成。平台是整个仪器的支撑基础；定位销供操作时仪器定位用；行车轮供换点取芯时仪器近距离移动用，当定位时四只轮子可扳起离开地表。

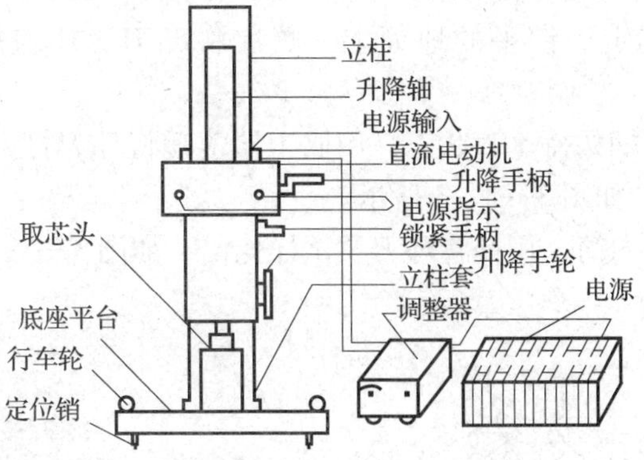

图 3—3—2 电动取土器

2）立柱。由立柱与立柱套组成，装在底座平台上，作为升降机构、取芯机构、动力和传动机构的支架。

3）升降机构。由升降手轮、锁紧手柄组成，供调整取芯机构高低用。松开锁紧手柄，转动升降手轮，取芯机构即可升降，到所需位置时拧紧手柄定位。

4）取芯机构。由取芯头、升降轴组成，取芯头为金属圆筒，下口对称焊接两个合金钢切削刀头，上端面焊有平盖，其上焊螺母，靠螺旋接于升降轴上。取芯头为可换式，有三种规格（50 mm×50 mm、70 mm×70 mm、100 mm×100 mm），另配有相应的取芯套筒、扳手、铝盒等。

5）动力和传动机构。主要由直流电动机、调速器、齿轮箱组成。另配电瓶和充电器。当电动机工作时，通过齿轮箱的齿轮将动力传给取芯机构，升降轴旋转，取芯头进入旋切工作状态。

6）电动取土器的主要技术参数：工作电压 DC24 V（36 A·h）；转速 50～70 r/min，无级调速；整机质量约 35 kg。

（3）天平

感量为 0.1 g（用于取芯头内径小于 70 mm 样品的称量）或 1.0 g（用于取芯头内径 100 mm 样品的称量）。

（4）其他

镐、小铁锹、修土刀、毛刷、钢直尺、钢丝锯、凡士林、木板及测定含水率设备等。

2. 确定室内标准密度

按有关试验方法对检测试样用同种材料进行击实试验，得到最大干密度（ρ_{dmax}）及最佳含水率（w_0）。

3. 现场选点，将取土器（环刀）放置于土基上进行取样

（1）用人工取土器测定黏性土（本次工作任务中为粉质中液限黏土）及无机结合料稳定细粒土密度的步骤

1）擦净环刀，称取环刀质量 m_2，准确至 0.1 g。

2）在试验地点，将面积约 30 cm×30 cm 的地面清扫干净，并将压实层铲去表面浮动及不平整的部分，达到一定深度，使环刀打下后，能达到要求的取土深度，但不得扰动下层。

3）将定向筒齿钉固定于铲平的地面上，顺次将环刀、环盖放入定向筒内与地面垂直。

4）将导杆或环刀手柄保持垂直状态，用取土器落锤将环刀打入压实层中，至环盖顶面与定向筒上口齐平为止，如图3—3—3所示。

5）去掉击实锤和定向筒，用镐将环刀及试样挖出，如图3—3—4所示。

图3—3—3　锤击导杆将环刀打入土层

图3—3—4　拆下导杆挖出环刀及试样

6）轻轻取下环盖，用修土刀自边至中削去环刀两端余土，用直尺检测直至修平为止，如图3—3—5和图3—3—6所示。

图3—3—5　拆掉套筒及锲口后的试件

图3—3—6　用修土刀削平环刀两边余土的试件

7）擦净环刀外壁，用天平称取环刀及试样合计质量 m_1，准确至0.1 g。如图3—3—7所示。

8）自环刀中取出试样，取具有代表性的试样，测定其含水率。

（2）用人工取土器测定砂性土或砂层密度时的步骤

1）如为湿润的砂土，试验时不需使用击实锤和定向筒。在铲平的地面上，细心挖出一个直径比环刀外径略大的砂土柱，将环刀刃口向下，平置于砂土柱上，用两手平稳地将环刀垂直压下，直到砂土柱突出环刀上端约2 cm时为止。

2）削掉环刀口上多余砂土，并用直尺刮平。

3）在环刀上口盖一块平滑的木板，一手按住木板，

图3—3—7　称环刀及土样质量

另一手用小铁锹将试样从环刀底部切断，然后将装满试样的环刀反转过来，削去环刀刃口上部的多余砂土，并用直尺刮平。

4）擦净环刀外壁，称环刀与试样合计质量（m_1），准确至0.1 g。

5）自环刀中取具有代表性的试样测定其含水率。

6）干燥的砂土不能挖成砂土柱时，可直接将环刀压入或打入土中。

（3）用电动取土器测定无机结合料稳定细粒土和硬塑土密度的步骤

1）装上所需规格的取芯头。在施工现场取芯前，选择一块平整的路段，将四只行走轮打起，四根定位销钉采用人工加压的方法，压入路基土层中，松开锁紧手柄，旋动升降手轮，使取芯头刚好与土层接触，锁紧手柄。

2）将电瓶与调速器接通，调速器的输出端接入取芯机电源插口。指示灯亮，显示电路已通；启动开关，电动机工作，带动取芯机构转动。根据土层含水率调节转速，操作升降手柄，上提取芯机构，停机，移开机器。由于取芯头圆筒外表有几条螺旋状突起，切下的土屑排在筒外顺螺纹上旋抛出地表。因此，将取芯套筒在切削好的土芯立柱上，摇动即可取出样品。

3）取出样品，立即按取芯套筒长度用修土刀或钢丝锯修平两端，制成所需规格土芯，如拟进行其他试验项目，装入铝盒，送往试验室外备用。

4）用天平称量土芯加套筒质量 m_1，从土芯中心部分取试样测定含水率。

（4）本试验须进行两次平行测定，其平行差值不得大于0.03 g/cm^3，求其算术平均值。

4. 根据取出试样的质量及环刀体积（已知）计算试样的湿密度，测定试样的含水率并计算干密度，计算压实度

（1）按式（3—3—1）、式（3—3—2）分别计算试样的湿密度及干密度

$$\rho_w = \frac{4 \times (m_1 - m_2)}{\pi d^2 h} \tag{3—3—1}$$

$$\rho_d = \frac{\rho_w}{1 + 0.01w} \tag{3—3—2}$$

式中 ρ_w——试样的湿密度，g/cm^3；

ρ_d——试样的干密度，g/cm^3；

m_1——环刀或取芯套筒与试样合计质量，g；

m_2——环刀或取芯套筒质量，g；

d——环刀或取芯套筒直径，cm；

h——环刀或取芯套筒高度，cm；

w——试样的含水率。

（2）按式（3—3—3）计算施工压实度

$$K = \frac{\rho_d}{\rho_c} \times 100\% \tag{3—3—3}$$

式中 K——测试地点的施工压实度；

ρ_d——试样的干密度，g/cm^3；

ρ_c——击实试验得到的试样的最大干密度，g/cm^3。

5．以要求的检测频率按照以上步骤重复进行环刀试验，求算每一测点的压实度 K_i

环刀法压实度试验记录见表 3—3—1。

表 3—3—1　　土壤压实度（环刀法）试验记录

工程名称：				施工单位：/	
代表部位：		路基填土		击实种类：重型击实	
				试验日期：/	
取样位置		K45 +080		K45 +120	
土样种类		粉质中液限黏土			
湿密度	环刀号	08		12	
	环刀 + 土质量（g）	599.51		616.83	
	环刀质量（g）	180.9		184.1	
	土质量（g）	418.61		432.73	
	环刀容积（cm^3）	194.7		198.5	
	湿密度（g/cm^3）	2.15		2.18	
干密度	盒号	47	26	13	28
	盒 + 湿土质量（g）	48.93	50.60	50.32	50.40
	盒 + 干土质量（g）	45.65	47.00	46.47	46.39
	水质量（g）	3.28	3.60	3.85	4.01
	盒质量（g）	22.33	22.56	22.32	21.44
	干土质量（g）	23.32	24.44	24.15	24.95
	含水率（%）	14.07	14.73	15.94	16.07
	平均含水率	14.4		16.0	
	干密度（g/cm^3）	1.88		1.88	
	平均干密度（g/cm^3）	1.88			
	最大干密度（g/cm^3）	1.96			
	压实度（%）	95.9			
备注	本试验经两次平行测定后，其平行差值不大于规定，取其算术平均值				
	该点符合 $K \geqslant 95\%$				

试验：　　　年　　月　　日　　　　审核：　　　年　　月　　日

注：①土质量 = ［环刀 + 土质量（g）］ - 环刀质量（g）；

②湿密度 = 土质量/环刀容积；

③水质量 = ［盒 + 湿土质量（g）］ - ［盒 + 干土质量（g）］；

④干土质量 = ［盒 + 干土质量（g）］ - 盒质量（g）；

⑤含水率 = 水质量/干试样质量 ×100%；

⑥干密度 = 湿密度/（1 + 平均含水率）；

⑦压实度 = 干密度/最佳干密度。

通过以上填表计算，测得工作任务中路基填土一个测点处压实度为95.9%。以要求的检测频率按照以上步骤重复进行环刀试验，求算在评定段内每一测点的压实度 K_i。

6．压实度评定

计算评定段的压实度代表值 K，根据规范要求判断压实度是否合格。该计算过程可参考任务二中的内容，在此就不重复了。

阅读材料

用环刀法测量现场密度，具有仪器简单、操作方便的特点。为提高试验精度，结果准确，应规范操作环刀，并且注意以下几点：

1．试验过程不能扰动试样，保证试样原有的密实度。

2．使用环刀时应刀刃向下，在切取土样时避免歪斜，使其垂直均匀受力下切，使用前可将环刀涂抹少许凡士林。使用完毕后，应将环刀擦洗干净并涂一些保护油等，以防生锈。

3．环刀每年至少校正一次，并求出其体积和质量。

4．环刀两端土必须修平，不能有凹凸不平现象，确保试样体积等于环刀体积。取土后，环刀两端立即加盖，以免水分蒸发。

5．对于湿润或干燥砂土，不需用击实锤和定向筒，用两手平稳垂直地压下环刀即可。

思考与练习

1．简述环刀法测定压实度的基本原理。

2．环刀法测定压实度有哪些检测仪器？简述其试验步骤。

任务四　核子仪测定压实度

学习目标

◆ 熟悉核子仪测定压实度的基本原理及适用范围。

◆ 掌握用核子仪检测和评定压实度的方法与步骤。

工作任务

在模块三任务二中，若想快速测定现场密度来评定施工质量（测试一个检测点只需要2～3 min），可利用核子仪法来测定该层土基的干密度，以此来确认该层路基压实度是否合格（该填土路基压实度标准为95%）。

相关理论

核子仪法是利用放射性元素（通常是γ射线和中子射线）测定土或路面材料密度和含水量，并计算施工压实度。该仪器的优点是测量速度快，需要人员少；缺点是放射性物质对人体有害，另外需要打洞测定时，在打洞过程中洞壁附近的结构可能遭到破坏，影响测定的准确性。

核子仪法适用于现场用核子密度仪以散射法或直接透射法测定路基或路面材料的密度和含水率。核子仪法用于测定沥青混合料面层的压实密度时，在表面用散射法测定，所测定沥青面层的厚度应不大于根据仪器性能决定的最大厚度。用于测定土基或基层材料的压实度及含水量时，打洞后用直接透射法测定，测定层的厚度不宜大于20 cm。由于核子仪测定的结果误差较大，适用于施工质量的现场快速评定，不宜用作仲裁试验或评定验收的依据。

任务实施

用核子仪法评定压实度，需按照如下流程进行：

准备仪具与材料→确定室内标准密度（在此不作介绍）→仪器的标定→现场选点，将核子仪平稳放置于测点上，根据路基或路面材料选用散射法或者直接透射法（本文工作任务中为路基填土，因此选用直接透射法）→打开仪器进行测量，读取显示的各项数值→检测结果计算→以要求的检测频率按照以上步骤重复进行试验，求算每一测点的压实度K_i→压实度评定（计算评定段的压实度代表值K，根据表3—2—1要求判断压实度是否合格）。

1. 准备仪具与材料

（1）核子密度湿度仪（见图3—4—1）符合国家规定的关于健康保护和安全使用标准，密度的测定范围为1.12～2.73 g/cm^3，测定误差不大于±0.03 g/cm^3。含水率测量范围为0～0.64 g/cm^3，测定误差不大于±0.015 g/cm^3。它主要包括下列部件：

1）γ射线源。双层密封的同位素放射源。如铯—137、钴—60或镭—226等。

2）中子源。如镅（241）—铍等。

3）探测器。γ射线探测器，如G—M计数管、氦—3管、闪烁晶体或热中子探测器等。

4）读数显示设备。如液晶显示器、脉冲计数器、数率表或直接读数表。

5）标准板。提供检验仪器操作和散射计数参考标准用。

6）安全防护设备。符合国家规定要求的设备。

7）刮平板、钻杆、接线等。

（2）细砂的粒径为0.15～0.3 mm。

（3）天平或台秤。

（4）其他包括毛刷等。

2．确定室内标准密度

采集该公路路基填土试样进行室内击实试验，得到室内标准密度（ρ_{dmax}）及最佳含水率（w_0）。室内标准密度按要求在试验室内测定，具体方法不再描述。

3．仪器的标定

（1）每天使用前按下列步骤用标准板测定仪器的标准值：

1）接通电源，按照仪器使用说明书建议的预热时间，预热测定仪。

图3—4—1　核子密度湿度仪实物图

2）在测定前，应检查仪器性能是否正常。在标准板上取3～4个读数的平均值建立原始标准值，并与使用说明书提供的标准值核对，如标准读数超过仪器使用说明书规定的界限时，应重复此项标准的测量；若第二次标准计数仍超出规定的限界时，需视作故障并进行仪器检查。

（2）在进行沥青混合料压实层密度测定前，应用核子仪对钻孔取样的试件进行标定；测定其他材料密度时，宜与挖坑灌砂法的结果进行标定。

标定的步骤如下：

1）选择压实的路表面，按要求的测定步骤用核子仪测定密度，读数。

2）在测定的同一位置用钻芯法或灌砂法取样，量测厚度，按规定的标准方法测定材料的密度。

3）对同一种路面厚度及材料类型，在使用前至少测定15处，求取两种不同方法测定的密度的相关关系，其相关系数应不小于0.9。

4．现场选点，将核子仪平稳放置于测点上，根据路基或路面材料选用散射法或者直接透射法

（1）按照随机取样的方法确定测试位置，但与距路面边缘或其他物体的最小距离不得小于30 cm；核子仪距其他的射线源不得小于10 m。

（2）当用散射法测定时，应按图3—4—2的方法用细砂填平测试位置路表面结构凹凸不平的空隙，使路表面平整，能与仪器紧密接触。

（3）当使用直接透射法测定时，应按图3—4—3的方法在表面上用钻杆打孔，略深于要求测定的深度，孔应竖直圆滑并稍大于射线源探头。

（4）按照规定的时间，预热仪器。

5．打开仪器进行测量，读取显示的各项数值

（1）如用散射法测定时，应按图3—4—4的方法将核子仪平稳地置于测试位置上。

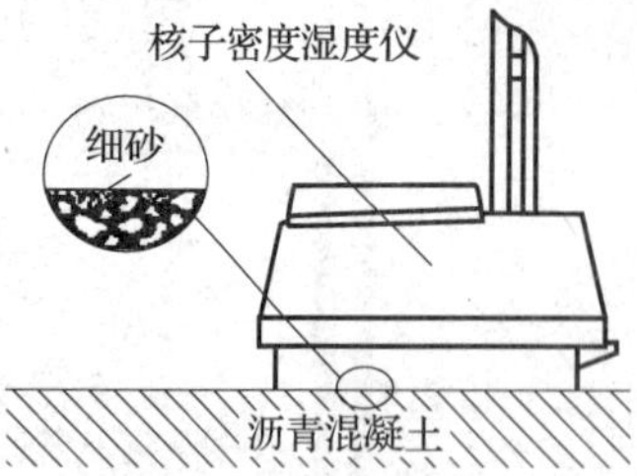

图 3—4—2　用细砂填平测试位置的方法

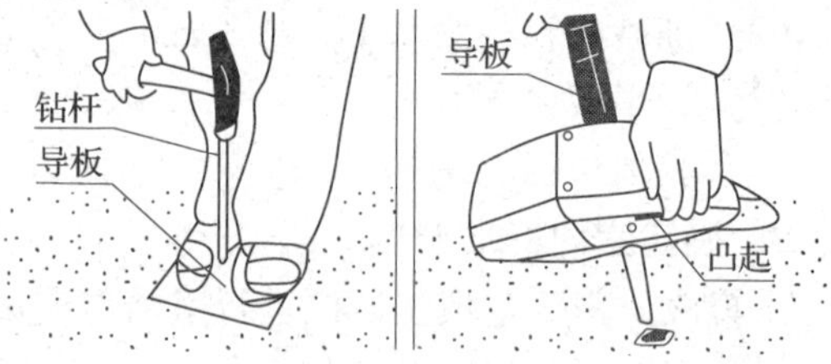

图 3—4—3　在路表面上打孔的方法

（2）如用直接透射法测定时，应按图 3—4—5 的方法将放射源棒放下插入已预先打好的孔内。

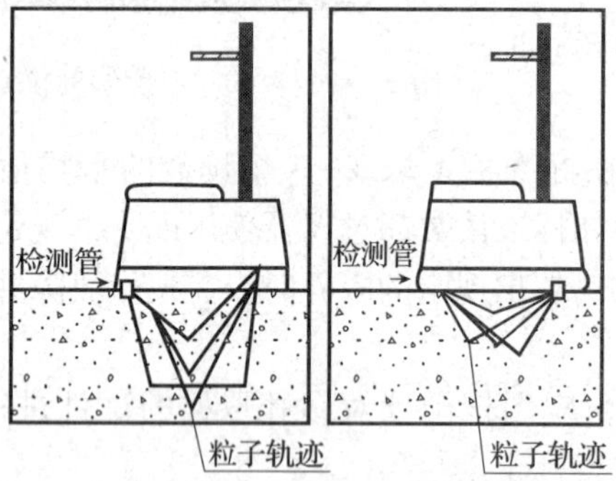

图 3—4—4　用散射法测定的方法

图 3—4—5　用直接透射法测定的方法

（3）打开仪器，测试员退出仪器 2 m 以外，按照选定的测定时间进行测量，到达测定时间后，读取显示的各项数值，并迅速关机。

注：各种型号的仪器在具体操作步骤上略有不同，可按照仪器使用说明书进行。

6. 检测结果计算

按式（3—4—1）、式（3—4—2）计算施工干密度及压实度：

$$\rho_d = \frac{\rho_w}{1 + w} \tag{3—4—1}$$

$$K = \frac{\rho_d}{\rho_0} \times 100\% \tag{3—4—2}$$

式中　K——测试地点的施工压实度；

w——含水率；

ρ_w——试样的湿密度，g/cm^3；

ρ_d——试样的干密度，g/cm^3；

ρ_0——击实试验得到的试样的最大干密度，g/cm^3。

7. 以要求的检测频率按照以上步骤重复进行试验，求算每一测点的压实度 K_i

核子仪法压实度检测记录见表 3—4—1。

表 3—4—1 核子仪法压实度检测记录表

项目名称				施工单位					合同段	
单项工程名称				监理单位					公路等级	
核子仪编号		密度/水分标定系数					密度/水分修正系数			
测点桩号及位置	湿密度（g/cm^3）	含水量（%）	干密度（g/cm^3）	压实度（%）	最大干容重（g/m^3）	最佳含水量（%）	层次	标高（m）	距路床顶面高	要求压实度（%）
自检意见										
监理意见										
测量		计算		复核		技术主办		项目主管		测量日期

通过以上填表计算，测得工作任务中某二级公路路基填土在评定段内每一测点的压实度 K_i。

8．压实度评定

计算评定段的压实度代表值 K，根据规范要求判断压实度是否合格。该计算过程可参考任务二中的内容，在此就不重复了。

阅读材料

由于核子密度湿度仪有使用方便、快速的特点，现在广泛用于工地的施工质量控制及快速评定，但由于受测定层温度及多种环境因素的影响，其测定值的波动性较大，规定检测时必须经常标定。而且核子密度湿度仪使用时有放射性元素释放，因此在操作工程中必须注意以下安全事项：

1．仪器工作时，所有人员均应退至距离仪器 2 m 以外的地方。

2．仪器不使用时，应将手柄置于安全位置，仪器装入专用仪器箱内，放置在符合核辐射安全规定的地方。

3．仪器应由经有关部门审查合格的专人保管，专人使用。对从事仪器保管及使用的人员，应遵照有关核辐射检测的规定，不符合核防护规定的人员不宜从事此项工作。

思考与练习

1. 核子仪测定压实度的优缺点是什么？
2. 简述核子仪测定压实度的步骤。

任务五　钻芯法测定沥青路面面层压实度

学习目标

◆ 了解钻芯法测定压实度的流程。
◆ 熟悉钻芯法测定沥青路面面层压实度的方法与步骤。

工作任务

江苏省某地区在建二级公路，沥青混凝土面层刚刚碾压完毕，现在利用钻芯法测定该沥青混凝土面层的施工压实度，以此来确认面层压实度是否合格。

压实度是评定沥青路面质量的一个很重要的技术指标。沥青混合料面层施工压实度是指按规定方法采取的混合料试样的毛体积密度与标准密度之比，以百分率表示。

钻芯法适用于检验从压实的沥青路面上钻取的沥青混合料芯样试件的密度，以评定沥青混凝土面层的施工压实度。本任务就是采用钻芯法测量沥青路面面层的压实度。

任务实施

用钻芯法评定压实度，需按照如下流程进行：

确定室内标准密度（数值可采用试验室实测马歇尔击实试件密度，或试验路段钻孔取样密度，或最大理论密度）→准备仪具和材料→在路面按随机法选择测点，钻取芯样→测定试件的表观密度或毛体积密度［按《公路工程沥青及沥青混合料试验规程》（JTG E20—2011）的沥青混合料试件密度试验方法］→计算压实度（试件的表观密度或毛体积密度与标准密度比值，即为该点压实度）→（以要求的检测频率按照以上步骤）重复进行试验，求算每一测点的压实度 K_i→压实度评定（计算评定段的压实度代表值 K，根据表3—2—1 要求判断压实度是否合格）。

1．确定室内标准密度

室内标准密度按要求在实验室内测定，具体方法不再描述。沥青混合料标准密度的确定，有三种标准密度：一是当天的马歇尔击实试验的试件密度；二是试验路段的密度；三是每天实测的最大理论密度。本次工作任务中以当天的马歇尔击实试验的试件密度作为室内标准密度（ρ_0）。

2．准备仪具和材料

（1）路面取芯机，如图3—5—1所示。

（2）天平，感量不大于0.1 g。

（3）溢流水槽。

（4）吊篮。

（5）石蜡。

（6）其他：卡尺、毛刷、小勺、取样袋（容器）、电风扇。

3．在路面按随机法选择测点，钻取芯样

沥青混凝土芯样直径不宜小于100 mm。取芯方法按《公路路基路面现场测试规程》（JTG E60—2008）要求，应按如下操作步骤进行（见图3—5—2、图3—5—3和图3—5—4）：

图3—5—1　取芯机

图3—5—2　在选定地点钻芯

图3—5—3　提起钻芯

图3—5—4　取出芯样

（1）在选取采样地点的路面上，先用粉笔对钻孔位置做标记。

（2）用钻机在取样地点垂直对准路面放下钻头，牢固安放钻机，使其在运转过程中不得移动。

（3）开放冷却水，启动电动机，徐徐压下钻杆，钻取芯样，但不得使劲下压钻头，待钻透全厚后，上抬钻杆，拔出钻头，停止转动，不使芯样损坏，取出芯样。沥青混合料及水泥混凝土芯样可用清水漂洗干净备用。

提示

当有试验要求不能用水冷却时，应采用干钻孔，此时为保护钻头，可先用干冰约 3 kg 放在取样位置上冷却路面约 1 h，钻孔时通以低温 CO_2 等冷却气体以代替冷却水。

当一次钻孔取得的芯样包含有不同层位的沥青混合料时，应根据结构组合情况用切割机将芯样沿各层结合面锯开分层进行测定。

4．测定试件的表观密度或毛体积密度

（1）将钻取的试件在水中用毛刷轻轻刷净黏附的粉尘。如试件边角有浮松颗粒，应仔细清除。

（2）将试件晾干或用电风扇吹干不少于 24 h，直至恒重，如图 3—5—5 所示。

图 3—5—5　试件晾干

（3）按《公路工程沥青及沥青混合料试验规程》（JTG E20—2011）的沥青混合料试件密度试验方法测定试件密度 ρ_s。通常情况下采用表干法测定试件的毛体积相对密度；对吸水率大于 2% 的试件，宜采用蜡封法测定试件的毛体积相对密度；对吸水率小于 0.5% 特别致密的沥青混合料，在施工质量检验时，允许采用水中重法测定表观相对密度。

5．计算压实度

（1）当计算压实度的标准密度采用每天试验室实测的马歇尔击实试件密度或试验路段钻孔取样密度时，沥青面层的压实度按式（3—5—1）计算。

$$K = \frac{\rho_s}{\rho_0} \times 100\% \qquad (3\text{—}5\text{—}1)$$

式中 K——沥青面层某一测定部位的压实度；

ρ_s——沥青混合料芯样试件的表观密度或毛体积密度，g/cm³；

ρ_0——沥青混合料标准密度，g/cm³。

（2）计算压实度的标准密度采用最大理论密度时，沥青面层的压实度按式（3—5—2）计算。

$$K = \frac{\rho_s}{\rho_t} \times 100\% \tag{3—5—2}$$

式中 K——沥青面层某一测定部位的压实度；

ρ_s——沥青混合料芯样试件的表观密度或毛体积密度，g/cm³；

ρ_t——沥青混合料的最大理论密度，g/cm³。

小资料

沥青混合料的最大理论密度ρ_t是指沥青混合料在压实成型至无空隙（内部无空气）的理想状态下单位体积试件的质量。最大理论密度的确定可以采用计算法，也可以采用实测法。计算法确定集料的密度又分为采用集料毛体积密度计算、集料视密度计算和毛视均值计算三种方法；实测法主要包括溶剂法和真空法。实测法数据较为准确。

6．重复进行试验，求算每一测点的压实度 K_i

钻芯法压实度检测记录见表3—5—1。

表3—5—1 **钻芯法压实度检测记录**

工程名称： 合同号： 试验编号：

任务单号		试验环境	
试验日期		试验设备	
试验规程		试验人员	
评定标准		复核人员	

施工单位________ 工程部位________

现场桩号________ 试样描述________

芯样编号	检测桩号	横距（m）	路面层次	厚度	成形情况

技术负责人： 试验监理工程师：

通过以上填表计算，测得每一测点的压实度 K_i。

7. 压实度评定

计算评定段的压实度代表值 K，根据规范要求判断压实度是否合格。该计算过程可参考任务二中的内容，在此就不重复了。

阅读材料

钻芯法测定沥青路面面层压实度的大小取决于实测的压实密度，同样也与标准密度的大小有关。在进行检测时，应结合工程实际情况，采用相应的标准密度。同时还应该规范操作钻取芯样，要注意以下几点。

1. 钻出芯样应写上桩号（或贴标签），并用塑料袋封好。

2. 若所钻出的芯样包含下一结构层，应沿层面锯开，分层进行测定。

3. 钻孔取样应在路面完全冷却后进行，对普通沥青路面通常在第二天取样，对改性沥青及 SMA 路面宜在第三天以后取样。

思考与练习

1. 简述钻芯法测定沥青路面面层压实度的步骤。

2. 钻芯法中测定试件密度的方法如何选取？

模块四

路基路面平整度检测

任务一　认知平整度检测方法

学习目标

- 熟悉路基路面平整度的概念及测定意义。
- 熟悉平整度的测试方法以及测定指标。

工作任务

平整度是路面使用性能的重要指标之一，它直接关系到行车安全性、舒适性以及运营经济性，并影响路面使用年限。而路基各层的平整状况也会影响到路面的平整性能，因此路基各层或路面施工结束后，每车道每路段均应检测平整凹凸情况。针对模块二任务一中江苏省某二级公路的具体情况，需对沥青混凝土面层平整度检测，现要求选用合适的方法来进行平整度检测。

相关理论

一、平整度的概念与测定意义

平整度是指以规定的标准量规，间断或连续地量测路表面的凹凸情况，即不平整度的指标。它是评定路面使用质量、施工质量及现有路面破坏程度的重要指标之一。

小资料

实践证明，路面面层由于直接与车辆接触，不平整的表面将会增大行车阻力，并使车辆产生附加振动作用。这种振动作用会造成行车颠簸，影响行车的速度和安全、驾驶的平稳和乘客的舒适。同时振动作用还会对路面施加冲击力，从而加剧路面和汽车机件损坏及轮胎的磨损，并增大油料的消耗。而且不平整的路面会积滞雨水，加速路面的破坏，如图 4—1—1 和图 4—1—2 所示。

图 4—1—1　不平整路面造成行车颠簸

图 4—1—2　不平整路面积滞雨水

由于路表面的平整度与路面各结构层次的平整状况有一定的联系，即各层次的平整效果将累积反映到路表面上，因此为了确保路表面的平整，还要对路基、路面基层和底基层的平整度进行控制和检测。因此，平整度的检测与评定是公路施工与养护的一个非常重要的环节。

二、平整度的测试方法和测定指标

平整度的测试设备分为断面类和反应类两大类。断面类实际上是测定路表面的凹凸情况，最常用的测试设备有 3 m 直尺和连续式平整度仪；还可用精确测定高程得到，国际平整度指数便是以此为基准建立的。这是路面平整度最基本的指标。反应类是测定路面凹凸不平引起车辆振动的颠簸情况，测得驾驶员和乘客直接感受到的平整度指标，因此它实际上得到的是舒适性能指标，常用的测试设备是车载式颠簸累积仪。现已有更新型的自动化测试设备，如纵断面分析仪、激光平整度仪、路面平整度数据采集系统测定车等。几种常见平整度检测方法的特点及测定指标比较见表 4—1—1。

表 4—1—1　　平整度测试方法比较

方法	实物图	特点	技术指标
3 m 直尺法		设备简单，结构直观，间断测试，工作效率低，人为因素大，反映凹凸程度；除高速公路以外的其他等级公路路基路面工程质量检查验收或路况评定	最大间隙 h（mm）
连续式 平整度仪法		设备较复杂，连续测试，工作效率高，反映凹凸程度；在工程中运用较多，但不适合已有较多坑槽、破损严重的路面	标准差 σ（mm）
车载式 颠簸累积仪		设备复杂，工作效率高，连续测试，反映舒适性；适合新建、改建路面工程，以及无严重坑槽、车辙等病害的正常行车条件下	单项累计值 IRI（m/km）、 VBI

知识拓展

国际平整度指数 IRI 是一项标准指标，是以四分之一车在速度为 80 km/h 时的值为 IRI 值，单位用 m/km。IRI 其实是一个无量纲的指数，因为它来自于四分之一车模拟统计值，但习惯上用 m/km 表示。目前国际平整度指数 IRI 已发展成各国路面平整度的通用指标。

任务实施

对任务引入所描述的江苏省某地区在建二级公路沥青混凝土面层平整度检测，需按照如下流程进行：

确定测点→现场测定平整度指标→最后给出结论，确定平整度是否合格。本任务需对面层进行平整度检测，由于该面层新建，无较多坑槽、破损等病害，表 4—1—1 中的三种方法均可以采用。若想快速测定，可以采用连续式平整度仪法或颠簸累积仪法。

阅读材料

1. 《公路路基路面现场测试规程》（JTG E60—2008）（重点阅读：6 平整度）
2. 《公路工程质量检验评定标准》（JTG F80/1—2004）

思考与练习

常见的平整度测试方法有哪些？这些测试方法相应的技术指标以及特点是什么？

任务二　3 m 直尺法测定平整度

学习目标

- 熟悉用 3 m 直尺法测定平整度的基本原理及适用范围。
- 掌握 3 m 直尺法测定平整度的评定方法。

工作任务

对于任务一中江苏省某二级公路沥青混凝土面层，现采用 3 m 直尺法进行平整度检测。

相关理论

一、3 m 直尺法测定平整度的基本原理及适用范围

3 m 直尺法测定平整度的原理如图 4—2—1 所示，将底面平直的 3 m 直尺摆在凹凸不平的测试路段上，由于路表面高低不平，故与直尺基准面间存在间隙，用有高度标记的楔形塞尺测量出路表面与直尺基准面间的最大间隙，即为路基路面的平整度指标，以毫米（mm）计。

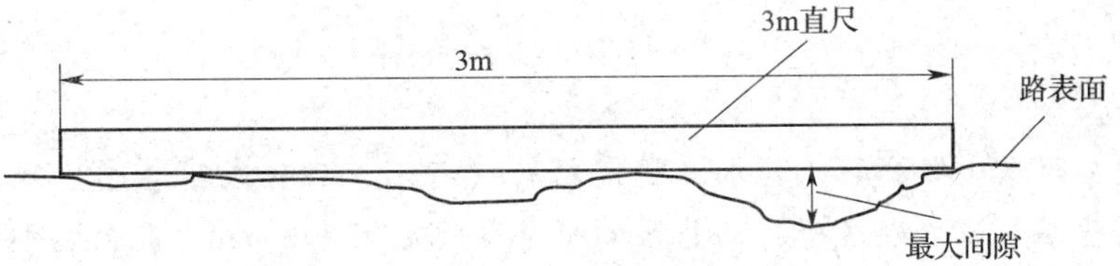

图 4—2—1　3 m 直尺法测定平整度的原理

小实验

将直尺取出，可以按照图 4—2—1 的方法把直尺置于桌子上。若桌子表面不平整，直尺与桌子表面间就会存在间隙。

3 m 直尺法适用于测定压实成型的路面各层表面的平整度，以评定路面的施工质量，也可用于路基表面成型后的施工平整度检测。

工程应用

3 m 直尺法适用于测定热拌沥青混合料路面各层施工过程中的接缝及与构造物连接处的平整度；也可用于除高速公路以外的其他等级公路路基路面工程质量检查验收或路况评定。对正常路面，常采用连续式平整度仪测定路面平整度。

二、平整度评定方法

《公路工程质量检验评定标准》（JTG F80/1—2004）对路基、路面基层、底基层、路面面层和路肩提出了平整度要求，分别见表 4—2—1、表 4—2—2 和表 4—2—3。

表 4—2—1　　　　路基、路面基层、底基层平整度要求

项目 / 结构类型	规定值或允许偏差（mm）		检查方法和频率	权值
	高速公路、一级公路	其他公路		
土方路基	15	20	3 m 直尺：每 200 m 测 2 处×10 尺	2
石方路基	20	30		
土工合成材料处治层（下承层）	符合设计施工要求		每 200 m 检查 4 处	1
底基层	12	15	3 m 直尺：每 200 m 测 2 处×10 尺	2
基层	8 或—	12		

对于高速公路及一级公路，其水泥稳定粒料（碎石、砂砾或矿渣等）基层、石灰和粉煤灰稳定粒料基层、级配碎（砾）石基层的平整度规定值为 8 mm，其余类型基层无规定值要求。

表 4—2—2　　　　路面面层平整度要求

项目 / 结构类型	检查项目	规定值或允许偏差		检查方法与频率	权值
		高速公路 一级公路	其他公路		
水泥混凝土	σ（mm）	1.2	2.0	平整度仪：全线每车道连续检测，每 100 m 计算 σ、IRI	2
	IRI（m/km）	2.0	3.2		
	最大间隙 h（mm）	—	5	3 m 直尺：半幅车道板带每 200 m 测 2 处×10 尺	
沥青混凝土和沥青碎石	σ（mm）	1.2	2.5	平整度仪：全线每车道连续按每 100 m 计算 σ 或 IRI	2
	IRI（m/km）	2.0	4.2		
	最大间隙 h（mm）	—	5	3 m 直尺：每 200 m 测 2 处×10 尺	
沥青贯入式	σ（mm）	3.5		平整度仪：全线每车道连续按每 100 m 计算 σ 或 IRI	3
	IRI（m/km）	5.8			
	最大间隙 h（mm）	8		3 m 直尺：每 200 m 测 2 处×10 尺	
沥青表面处治层	σ（mm）	4.5		平整度仪：全线每车道连续按每 100 m 计算 σ 或 IRI	2
	IRI（m/km）	7.5			
	最大间隙 h（mm）	10		3 m 直尺：每 200 m 测 2 处×10 尺	

表 4—2—3　　路肩平整度要求

结构类型	规定值或允许偏差（mm）	检查方法与频率	权值
土路肩	20	3 m 直尺：每 200 m 测 2 处 ×4 尺	1
硬路肩	10		

任务实施

对任务引入所描述的沥青混凝土面层，用 3 m 直尺法进行平整度检测，需按照如下流程进行：

确定检测频率、测试路段→准备仪具与设备→选定测点，利用 3 m 直尺测定每尺的最大间隙→统计不合格尺数，计算合格率以及最大间隙的平均值→检测结果处理与评定（根据表 4—2—2 判断平整度是否合格）。

1. 确定检测频率、测试路段

根据表 4—2—1 中规定，选定每 200 m 测 2 处，每处连续测定 10 尺。

2. 准备仪具与设备

（1）3 m 直尺

3 m 直尺的测量基准面长度为 3 m，基准面应平直，用硬木或铝合金等材料制成，可折叠，如图 4—2—2 所示。打开后长 3 m，上有水准气泡，其形状如图 4—2—3 所示。

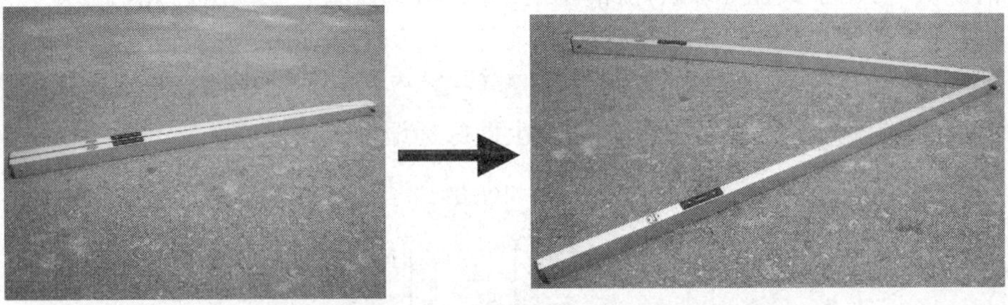

图 4—2—2　折叠的 3 m 直尺

图 4—2—3　打开的 3 m 直尺

知识拓展

3 m 直尺有两种形式：一种两端带有高 1 cm 的垫脚，另一种无垫脚。有垫脚的 3 m 直尺在两端 0.75 m 处有一刻线，用于等距离（1.5 m）连续测定，计算标准差。这种 3 m 直尺不适用于单尺测定最大间隙。

（2）最大间隙测量器具

1）楔形塞尺。楔形塞尺是硬木或金属制的三角形塞尺，有手柄。塞尺的长度与高度之比不小于 10，宽度不大于 15 mm，边部有高度标记，刻度读数分辨率小于等于 0.2 mm，如图 4—2—4 所示。

图 4—2—4　楔形塞尺

2）深度尺。深度尺是金属制的深度测量尺，有手柄。深度尺测量杆端头直径不小于 10 mm，刻度读数分辨率小于等于 0.2 mm。

（3）其他

皮尺或钢尺、粉笔等。

3. 选定测点，利用 3 m 直尺测定每尺的最大间隙

（1）测试路段测试地点的选择

当为沥青路面施工过程中的质量检测时，测试地点应选在接缝处，以单杆测定评定；除高速公路以外，可用于其他等级公路路基路面工程质量检查验收或进行路况评定，每 200 m 测两处，每处连续测量 10 尺。除特殊需要者外，应以行车道一侧车轮轮迹（距车道标线 0.8 ~ 1.0 m）作为连续测定的标准位置，如图 4—2—5 所示。对旧路已形成车辙的路面，应取车辙中间位置为测定位置，用粉笔在路面上做好标记。

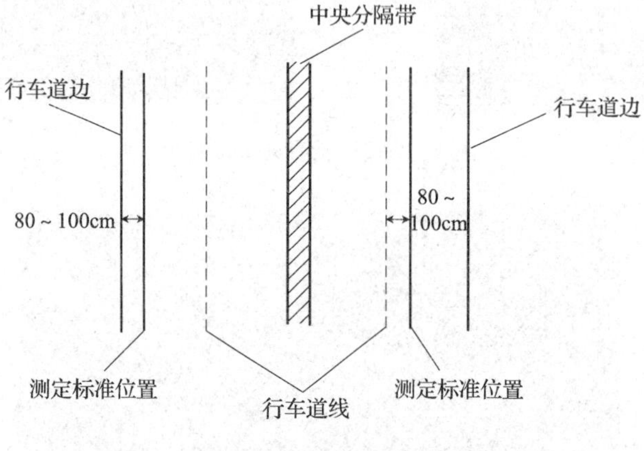

图 4—2—5　测点位置

（2）测试步骤

1）清扫路面测定位置处的污物。

2）在施工过程中检测时，根据需要确定的方向，将3 m直尺摆在测试地点的路面上。

3）目测3 m直尺底面与路面之间的间隙情况，确定最大间隙的位置，如图4—2—6所示。

4）用有高度标线的塞尺塞进间隙处，测量其最大间隙的高度（见图4—2—7）；或者用深度尺在最大间隙位置测量直尺上顶面距地面的深度，该深度减去尺高即为测试点的最大间隙高度，准确到0.2 mm。

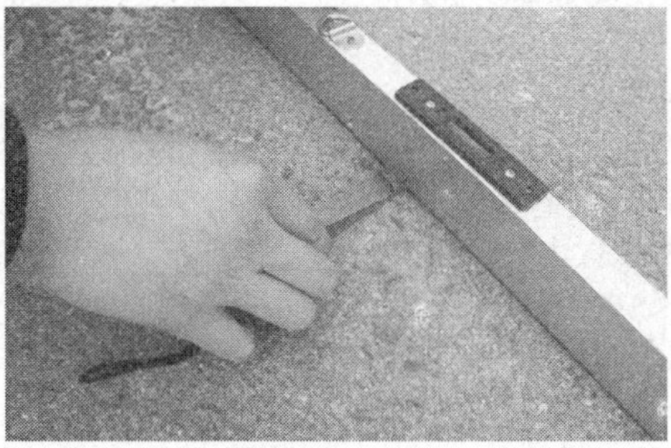

图4—2—6 确定最大间隙的位置

图4—2—7 用塞尺测最大间隙

4. 统计不合格尺数，计算合格率以及最大间隙的平均值

（1）单杆检测路面的平整度计算，以3 m直尺与路面的最大间隙为测定结果。

（2）连续测定10尺时，判断每个测定值是否合格，根据要求计算合格百分率，并计算10个最大间隙的平均值。

$$合格率 =（合格尺数 / 总测尺数）\times 100\% \quad (4—2—1)$$

5. 检测结果处理与评定

（1）单杆检测的结果应随时记录测试位置及检测结果。

（2）连续测定10尺时，应报告平均值、不合格尺数、合格率。

（3）平整度检测记录见表4—2—4。

表4—2—4　平整度检测（3 m直尺法）记录表

项目名称：江苏省某地区在建二级公路　施工单位：××工程公司　结构名称：沥青混凝土面层

起讫桩号（右幅）	实测值（mm）										备注
K36+350～550	3.4	3.6	5.4	3.0	5.0	3.4	2.2	4.2	4.0	3.8	
	2.6	2.0	3.0	4.6	5.8	2.0	4.4	3.0	3.2	3.0	
测点数	20				规定值		5				
不合格尺数	3				合格率		85.0%				

检测：　年　月　日　　复核：　年　月　日

测得数据见表4—2—4，则江苏省某地区在建二级公路沥青混凝土面层平整度合格率为85.0%。

阅读材料

3 m直尺法测定比较简单，容易操作，但是人为因素大，因此在操作过程中要注意以下几点：

1. 测试之前应将测定位置处的污物清扫干净，以免影响测试结果。
2. 应正确选择测试位置，并且保证在测试过程中不要偏离。
3. 将折叠的3 m直尺打开后，应检查下尺身是否平直。
4. 测间隙时，应保证塞尺检测处为最大间隙处，当用目测无法判断最大间隙位置时，可用塞尺反复测试。
5. 连续检测时，要注意首尾相连，不能任意挪动。

思考与练习

1. 简述3 m直尺法进行平整度检测的步骤。
2. 简述用3 m直尺法测定平整度时的注意事项。

任务三　连续式平整度仪法测定平整度

学习目标

- 熟悉用连续式平整度仪法测定平整度的基本原理及适用范围。
- 掌握用连续式平整度仪法测定平整度的方法和步骤。

工作任务

3 m直尺法虽然设备简单，操作方便，但属于间断测试，由人工操作，工作效率低且受人为因素影响较大。

针对模块四任务一的具体情况，需对刚施工好的沥青混凝土面层平整度进行连续测试，提高工作效率，并且新建面层比较平整，无较多坑槽，还可以采用连续式平整度仪法检测平整度。

相关理论

连续式平整度仪是我国测定路面平整度的常用仪器，《公路路基路面现场测试规程》（JTG E60—2008）规定的标准仪器仅限于八轮平整度仪。八轮平整度仪检测时由其他车辆牵引，以5 km/h的速度行驶（不得超过12 km/h）。可以每10 cm自动采集路面凹凸偏差值，相当于用3 m直尺中间位置的间隙值，然后用此间隙值按每100 m计算，得到的标准差作为路面平整度指标。连续式平整度仪法测平整度一般采用先进的计算机处理技术，可自动计算、打印，自动显示路面平整度的标准差、正负超差等各项技术指标，并绘出路面平整度偏差曲线。

《公路工程质量检验评定标准》（JTG F80/1—2004）规定：高速公路和一级公路的各种路面采用连续式平整度仪法做连续测定，要求以均方差 σ 代表路段现有的平整度。该方法适用于测定路面表面的平整度，评定路面的施工质量和使用质量，但不适用于在已有较多坑槽、破损严重的路面上进行测定。

任务实施

对任务引入所描述的江苏省某地区在建二级公路沥青混凝土面层，采用连续式平整度仪法进行平整度检测，需按照如下流程进行：

准备仪具与材料→确定测试路段，调试好仪器→用牵引车以一定的速度拉着仪器在测试路段上匀速行驶→仪器自动计算、打印路面平整度均方差，以均方差 σ 代表路段现有的平整度→计算→检测结果处理与评定（根据表4—2—2判断平整度是否合格）。

1．准备仪具与材料

（1）连续式平整度仪

1）整体结构。如图4—3—1、图4—3—2所示，除特殊情况外，连续式平整度仪的标准长度为3 m，其质量应符合仪器标准的要求。中间为一个3 m长的机架，机架可缩短或折叠，前后各有4个行走轮，前后两组轮的轴间距离为3 m。

图4—3—1　折叠的连续式平整度仪

图 4—3—2　打开的连续式平整度仪

2）标准差测量传感器。安装在机架中间，可以是能起落的测定轮，如图 4—3—3 所示，或非接触式位移传感器，如激光或超声位移测量传感器等。

3）其他辅助机构。包括蓄电池电源，距离传感器，与数据采集、处理、存储、输出部分配套的采集控制箱及计算机、打印机等，如图 4—3—4 所示。

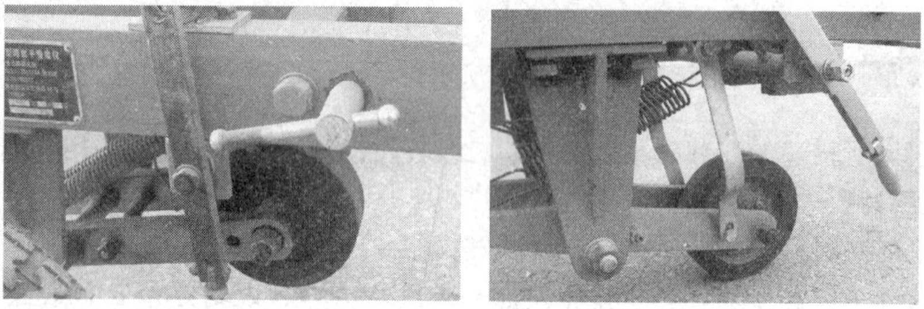

a)　　　　b)

图 4—3—3　连续式平整度仪测定轮

a）收起时的测定轮　b）放下时的测定轮

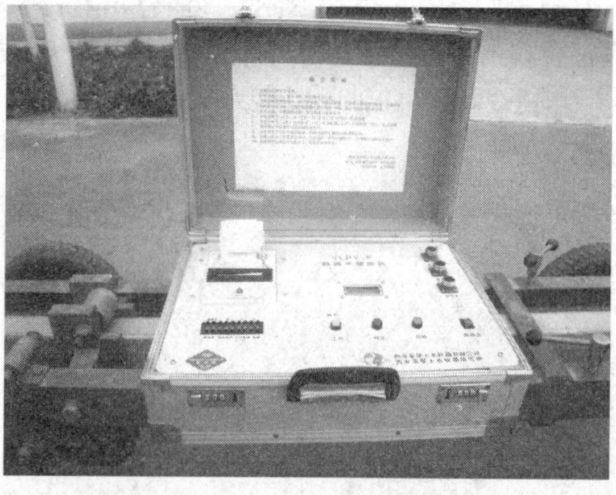

图 4—3—4　数据采集系统

4）测定间距为 10 cm，每一计算区间的长度为 100 m，并输出一次结果。

5）可记录测量长度（m）、曲线振幅大于某一定值（如 3 mm、5 mm、8 mm、10 mm 等）的次数、曲线振幅的单向（凸起或凹下）累计值及以 3 m 机架为基准的中点路面偏差曲线图，计算并打印。

6）机架装有一牵引钩及手拉柄，可用人力或汽车牵引。其构造如图 4—3—5 所示。

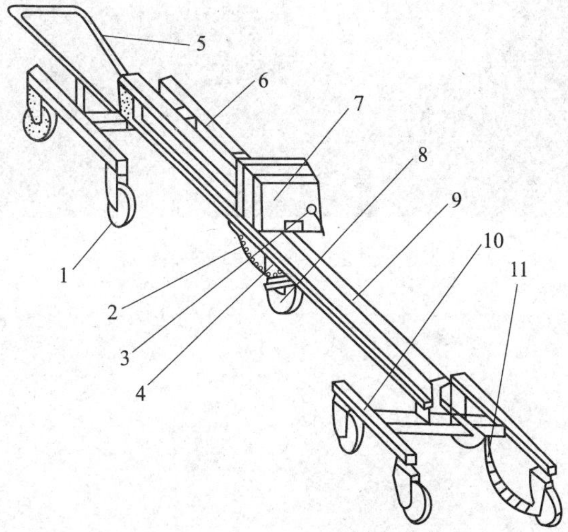

图 4—3—5　连续式平整度仪的构造

1—脚轮　2—拉簧　3—离合器　4—测量架　5—牵引架　6—前架
7—记录计　8—测定轮　9—纵梁　10—后架　11—软轴

（2）牵引车

小面包车或其他小型牵引汽车。

（3）皮尺或测绳。

2. 确定测试路段，调试好仪器

（1）根据规定，选定全线每车道连续按每 100 m 计算 σ。

（2）当为施工过程中质量检测需要时，测试地点根据需要决定；当为路面工程质量检查验收或进行路况评定需要时，通常以行车道一侧车轮轮迹带作为连续测定的标准位置。对旧路已形成车辙的路面，取一侧车辙中间位置为测定位置。当以内侧轮迹带（或外侧轮迹带）作为测定位置时，测定位置距车道标线 80 ~ 100 cm。

（3）清扫路面测定位置处的杂物。

（4）检查仪器检测箱，各部分应完好、灵敏，并将各连接线接妥，安装记录设备，如图 4—3—6 所示。

3. 用牵引车以一定的速度拉着仪器在测试路段上匀速行驶，仪器自动计算、打印路面平整度均方差，以均方差 σ 代表路段现有的平整度

（1）将连续式平整度测定仪置于测试路段路面起点上，如图 4—3—7 所示。

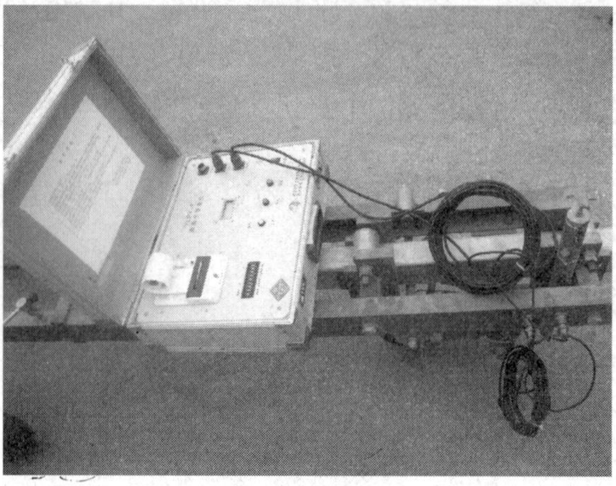

图 4—3—6　安装记录设备

图 4—3—7　连续式平整度仪的测定

（2）在牵引汽车的后部，将连续式平整度仪与牵引汽车连接好，按照仪器使用手册依次完成各项操作。

（3）启动牵引汽车，沿道路纵向行驶，横向位置保持稳定。

（4）确认连续式平整度仪工作正常。牵引连续式平整度仪的速度应保持匀速，速度宜为 5 km/h，最大不得超过 12 km/h。

在测试路段较短时，也可用人力拖拉平整度仪测定路面平整度，但拖拉时应保持匀速前进。

4．计算

（1）连续式平整度仪测定后，可按每 10 cm 间距采集的位移值自动计算得到每 100 m 计算区间的平整度标准差（mm），还可以记录测试长度（m）。

（2）每一计算区间的路面平整度以该区间测定结果的标准差表示：

$$\sigma_i = \sqrt{\frac{\sum d_i^2 - (\sum d_i)^2/N}{N-1}} \quad (4—3—1)$$

式中 σ_i——各计算区间的平整度计算值，mm；

d_i——以 100 m 为一个计算区间，每隔一定距离（自动采集间距为 10 cm，人工采集间距为 1. 5 m）采集的路面凹凸偏差位移值，mm；

N——计算区间用于计算标准差的测试数据个数。

（3）计算一个评定路段内各区间平整度标准差的平均值、标准差、变异系数。

5．检测结果处理与评定

（1）列表报告每一评定路段内各测定区间的平整度标准差、各评定路段平整度的平均值、标准差、变异系数以及不合格区间数。

（2）对于每一评定路段，计算出平整度均方差的平均值，要求小于等于相应等级公路的规范要求值。测试时对于桥头、通道两侧的伸缩缝、路面污染处的数据应予剔除，计算时不考虑。

（3）连续式平整度仪测定平整度记录见表 4—3—1。

表 4—3—1　　连续式平整度仪测定平整度记录表

工程名称：江苏省某地区在建二级公路　结构名称：沥青混凝土面层　规定值：[σ] =2. 5 mm

路段桩号：

<table>
<tr><th>测定区间桩号</th><th>实测标准差（mm）</th><th>实测标准差平均值（mm）</th><th>标准差（mm）</th><th>变异系数（%）</th><th>合格区间数</th><th>合格率（%）</th></tr>
<tr><td>K36 +100</td><td>0. 54</td><td rowspan="11">0. 62</td><td rowspan="11">0. 079</td><td rowspan="11">12. 74</td><td rowspan="11">9</td><td rowspan="11">81. 8</td></tr>
<tr><td>K36 +200</td><td>0. 65</td></tr>
<tr><td>K36 +300</td><td>0. 47</td></tr>
<tr><td>K36 +400</td><td>0. 65</td></tr>
<tr><td>K36 +500</td><td>0. 72</td></tr>
<tr><td>K36 +600</td><td>0. 69</td></tr>
<tr><td>K36 +700</td><td>1. 86（桥头伸缩缝）</td></tr>
<tr><td>K36 +800</td><td>0. 66</td></tr>
<tr><td>K36 +900</td><td>0. 57</td></tr>
<tr><td>K37 +000</td><td>1. 87（路面污染）</td></tr>
<tr><td>K38 +100</td><td>0. 60</td></tr>
</table>

结论：根据《公路工程质量检验评定标准》（JTG F80/1—2004）规定：二级公路沥青混凝土路面上面层平整度规定值 [σ] =2. 5 mm，经计算该路段平整度均方差的平均值为 0. 62 mm，即 $\bar{\sigma}$ =0. 62 mm < [σ] =2. 5 mm，所以该路段平整度评定为合格。

检测：　　　　年　　月　　日　　　　　　　　　　复核：　　　　年　　月　　日

阅读材料

连续式平整度仪测定平整度的优点是可沿路面连续测量，较方便，但是受路面上的杂物影响大。为了能使检测结果精确，必须要注意以下几点：

1. 测试之前应将测定位置处的污物清扫干净，以免影响测试结果。
2. 测试前应检查仪器各部件是否完好、灵敏、连接无误。
3. 测试时速度应保持匀速，宜为 5 km/h，最大不超过 12 km/h，且测试过程中横向位置应保持稳定。
4. 路面有较多坑槽、破损严重时不宜采用此方法测试。
5. 测试时应在测试纸上随时记录坑洞、接缝、构造物接头、雨水井、桥头、通道两侧伸缩缝、路面污染等的位置。

思考与练习

1. 简述连续式平整度仪测定平整度的步骤。
2. 简述连续式平整度仪测平整度时的注意事项。

任务四　车载式颠簸累积仪法测平整度

学习目标

- ◆ 熟悉车载式颠簸累积仪法测平整度的基本原理及适用范围。
- ◆ 掌握车载式颠簸累积仪法测平整度的方法和步骤。

工作任务

对刚施工好的某二级公路沥青混凝土面层平整度测试，也可以采用车载式颠簸累积仪进行平整度检测。

车载式颠簸累积仪适于路面质量评价或路面养护管理系统应用，进行定期或不定期检测路面平整度或评定行车舒适性。它利用计算机记录，具有效率高、劳动强度低、安全快速、误差小等优点。同时，由于累积值 VBI 的大小与仪器装载车的底盘悬挂系统特性有关，因此仪器装车后必须经过标定校正，与路面养护规范中规定使用的 3 m 直尺、连续式平整度仪的标准差或国际平整度指数等建立起对应关系后，就能快速、准确地评价路面平整度。

相关理论

车载式颠簸累积仪是测定路面平整度的一种简便高效的仪器，其测试基本原理是测试车以一定速度在路面上行驶，由于路面上的凹凸不平状况，引起汽车的激振，通过机械传感器后轴与车厢之间单向位移累积值 VBI，以 cm/km 计。VBI 值越大，说明路面平整性越差，人体乘坐汽车时越不舒适。

车载式颠簸累积仪测平整度适合新建、改建路面工程，以及无严重坑槽、车辙等病害的正常行车条件下连续采集路段平整度数据。

任务实施

对任务引入所描述的采用车载式颠簸累积仪来测定某二级公路沥青混凝土面层的平整度，按照如下流程进行：

确定检测频率、测试路段→准备仪具与材料→选定测点，利用车载式颠簸累积仪测量颠簸累积值 VBI、国际平整度 IRI 平均值→计算→出具报告。

1. 确定检测频率、测试路段

按照表 4—2—2 规定，本次任务的沥青混凝土面层检测按照全线每车道连续按每 100 m 计算 IRI。

2. 准备仪具与材料

（1）测试系统

测试系统由承载车辆、距离测量装置、颠簸累积值测试装置和主控制系统组成。主控制系统对测试装置的操作实施控制，完成数据采集、传输、存储与计算过程。

颠簸累积值测试装置和主控制系统由机械传感器、数据处理器及微型打印机组成，传感器固定安装在测试车的底板上，如图 4—4—1 所示。

图 4—4—1　车载式颠簸累积仪实物图

（2）设备承载车要求

根据设备供应商的要求选择测试系统承载车辆。

（3）测试系统基本技术要求和参数

1）测试速度。30 ~ 80 km/h。

2）最大测试幅值。±20 cm。

3）垂直位移分辨率。1 mm。

4）距离标定误差。<0.5%。

5）系统工作环境温度。0～60℃。

6）系统软件能够依据相关关系公式自动对颠簸累积值进行换算，间接输出国际平整度指数 IRI。

3．选定测点，利用车载式颠簸累积仪测量颠簸累积值 VBI、国际平整度 IRI 平均值

（1）准备工作

1）测试车辆具备下列条件之一时，都应进行仪器测值与国际平整度指数 IRI 的相关性标定：相关系数 R 应不低于 0.99；在正常状态下行驶超过 20 000 km；标定的时间间隔超过 1 年；减震器、轮胎等发生更换、维修。

2）检查测试车轮胎气压，应达到车辆轮胎规定的标准气压；车胎应清洁，不得黏附杂物；车上载重、人数以及分布应与仪器相关性标定试验时一致。

3）距离测量系统需要现场安装的，根据设备操作手册说明进行安装，确保紧固装置安装牢固。

4）检查测试系统，各部分应符合测试要求，不应有明显的可视性破损。

5）打开系统电源，启动控制程序，检查系统各部分的工作状态。

（2）测试步骤

1）测试开始之前应让测试车以测试速度行驶 5～10 km，按照设备操作手册规定的预热时间对测试系统进行预热。

2）测试车停在测试起点前 300～500 m 处，启动平整度测试系统程序，按照设备操作手册的规定和测试路段的现场技术要求设置完毕所需的测试状态。

3）驾驶员在进入测试路段前应保持车速在规定的测试速度范围内，沿正常行车轨迹驶入测试路段。

4）进入测试路段后，测试人员启动系统的采集和记录程序，在测试过程中必须及时准确地将测试路段的起终点和其他需要特殊标记点的位置输入测试数据记录中。

5）当测试车辆驶出测试路段后，仪器操作人员停止数据采集和记录，并恢复仪器各部分至初始状态。

6）操作人员检查数据文件，文件应完整，内容应正常，否则需要重新测试。

7）关闭测试系统电源，结束测试。

4．计算

车载式颠簸累积仪直接测试输出的颠簸累积值 VBI，要按照相关性标定试验得到相关关系式，并以 100 m 为计算区间换算成 IRI（以 m/km 计）。记录表格见表 4—4—1。

表 4—4—1　　颠簸累积仪检测平整度记录表

工程名称__________合同号__________编号__________

任务单号		试验环境	
试验日期		试验设备	
试验规程		试验人员	
评定标准		复核人员	

续表

施工单位						工程部位			
现场桩号						试样描述			
路面结构类型							检测层次		
平整度规定值（cm/km）							剔除系数		
与连续式平整度仪检测值关系									
与国际平整度指数关系									
实测数据（cm/km）									
1	2	3	4	5	6	7	8	9	10
平均值（cm/km）			标准差（cm/km）			剔除特异点后值（cm/km）			
换算成连续式平整度仪检测结果（mm）									
换算成国际平整度仪指数（m/km）									
结论：									

知识拓展

颠簸累积仪测值与国际平整度指数 IRI 相关关系对比试验

1. 基本要求

由于颠簸累积仪测值受测试速度等因素影响，因此测试系统的每一种实际采用的测试速度都应单独进行标定，建立相关关系公式。标定过程及分析结果应详细记录并存档。

2. 试验条件

（1）按照每段 IRI 值变化幅度不小于 1.0 的范围选择不少于 4 段不同平整度水平的路段，且有足够加速或减速长度的路段。根据实际测试道路 IRI 的分布情况，可以增加某些范围内的标定路段。

（2）每个路段的长度不小于300 m。

（3）每一段内的平整度应均匀，包括路段前50 m的引道。

（4）选择坡度变化较小的直线路段，路段交通量小，便于疏导。

（5）标定宜选择在车道的正常行驶轮迹上进行，明确标出标定路段的轮迹、起止点。

3. 试验步骤

（1）距离标定

1）依据设备供应商建议的长度，选择坡度变化较小的平坦直线路段，标出起终点和行驶轨迹。

2）标定开始之前应让测试车以测试速度行驶5～10 km，按照设备操作手册规定的预热时间对测试系统进行预热。

3）将测试车的前轮对准起点线，启动距离校准程序，然后令车辆沿着路段轨迹直线行驶，避免突然加速或减速，接近终点时，看指挥人员手势减速停车，确保测试车的前轮对准终点线，结束距离校准程序。重复此过程，确保距离传感器脉冲当量的准确性，应在允许误差范围之内。

（2）参照前文的测试步骤，操作颠簸累积仪按选定的测试速度测试每个标定路段的反应值，重复测试至少5次，取其平均值作为该路段的反应值。

（3）IRI值的确定

1）以精密水准仪作为标准仪具，分别测量标定路段两个轮迹的纵断高程，要求采样间隔为250 mm，高程测试精度为0.5 mm；然后用IRI标准计算程序对每个轮迹的纵断面测量值进行模型计算，得到该轮迹的IRI值。两个轮迹IRI值的平均值即为该路段的IRI值。

2）其他符合世界银行一类平整度测试标准的纵断面测试仪具也可以作为确定标定路段标准IRI值的仪具。

4. 试验数据处理

用数理统计的方法将各标定路段的IRI值和相应的颠簸累积仪测量值进行回归分析，建立相关关系方程式，相关系数R不得小于0.99。

5. 出具报告

（1）平整度测试报告应包括颠簸累积值VBI、国际平整度IRI平均值和现场测试速度。

（2）提供颠簸累积值VBI与国际平整度指数IRI在选定测试条件下的相关关系式及相关系数。

阅读材料

目前国内车载式反应类平整度仪（如颠簸累积仪）由于结构和原理简单、价格便宜，使用范围依然较广。本方法适用于车载式颠簸累积仪，其他反应类测试设备可参考使用，为了使测定数据精确，在检测时应注意以下几点：

1. 车载式颠簸累积仪由位移累积机械传感器安装在测试车上组装而成，故组装必须严格按要求做好。如有松动，测定数据将产生偏差。

2. 检测结果与测试车机械系统的振动特性和车辆行驶速度有关。因此必须对机械系统进行良好保养，检测时严格控制车速。

3. 用车载式颠簸累积仪测出的颠簸累积值 VBI，与用连续式平整度仪测出的标准差 σ 概念不同，可通过对比试验建立两者的相关关系，将 VBI 值换算为 σ，用于路面平整度评定。

4. 国际平整度指数是指国际上公认的衡量路面行驶舒适性指数 RCI 或路面行驶质量的指数 RQI 的指数，可通过标定试验，建立 VBI 与 IRI 相关关系，将颠簸累积仪测出的颠簸累积值 VBI 换算为国际平整度指数 IRI。

5. 建立反应类平整度仪测试结果（如 VBI）与国际平整度指数 IRI 的相关关系时，可选择不同的测试速度进行标定试验。由于不同车辆承载体系对行驶速度的反应不同，因此应根据不同测试速度分别建立与 IRI 的相关关系。实际现场测试时也必须采用相应的标定速度。

思考与练习

1. 简述车载式颠簸累积仪测定平整度的步骤。
2. 简述车载式颠簸累积仪测平整度时的注意事项。

模块五

路基路面承载能力检测

任务一　贝克曼梁法测路基路面回弹弯沉

学习目标

- 了解弯沉的基本概念。
- 熟悉路基路面弯沉值的测试方法及适用范围。
- 熟悉贝克曼梁法测定回弹弯沉的基本原理、计算公式及测定指标。
- 掌握弯沉的评定方法。

工作任务

路基路面承载能力检测是工程现场经常要做的一个检测项目，是反映路基路面整体抗压强度的一个综合指标，国内外普遍采用回弹弯沉值来表示路基路面的承载能力。

江苏某地区在建一级公路，面层为沥青混凝土，路基填土高度0.5 m，路基土为粉质中液限黏土，底基层为碎石土，基层为水泥稳定碎石。现在路基已经完成顶层填土，填土碾压完毕后，需要检测路基的弯沉值，以评价该段路基的承载能力。目前，测量路基弯沉值的方法有多种，使用的仪器也多种多样，其中，贝克曼梁法比较成熟，本任务首先采用此法进行弯沉值测试。

相关理论

一、弯沉的基本概念

1. 弯沉

弯沉是指在规定的标准轴载作用下，路基路面表面轮隙中心处产生的总垂直变形（总弯沉）或垂直变形回弹量（回弹弯沉），以 0.01 mm 为单位。总弯沉与回弹弯沉之差称为残余弯沉。一般总弯沉比回弹弯沉大，表明路面除了产生弹性变形外，还产生塑性变形。若总弯沉等于回弹弯沉，表明路面是完全弹性体。路面弯沉示意图如图 5—1—1 所示。

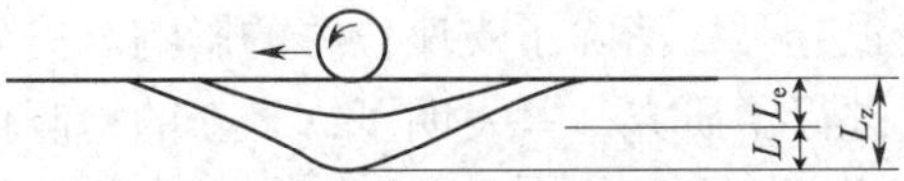

图 5—1—1 路面弯沉示意图

L—回弹弯沉 L_e—残余弯沉 L_z—总弯沉

2. 设计弯沉值

设计弯沉值是指根据设计年限内一个车道上预测通过的累计当量轴次（N_e）、公路等级（A_c）、面层类型系数（A_s）和基层类型系数（A_b）而确定的路面弯沉设计值（L_d）。

$$L_d = 600\ N_e^{-0.2} A_c A_b A_s$$

3. 竣工验收弯沉值

竣工验收弯沉值是检验路面是否达到设计要求的指标之一。当路面厚度计算以设计弯沉值为控制指标时，则验收弯沉值应小于等于设计弯沉值；当厚度计算以层底拉应力为控制指标时，应根据拉应力计算所得的结构厚度，重新计算路面弯沉值，该弯沉值即为竣工验收弯沉值。

小资料

若路基路面承载能力不足，则路面容易产生车辙、裂缝、沉陷等病害，如图 5—1—2 所示。

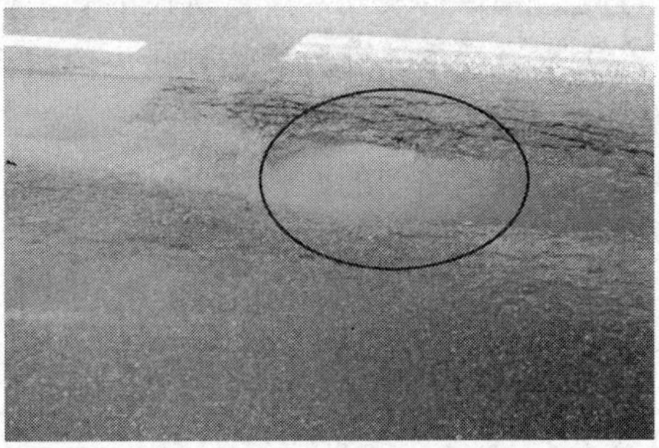

图 5—1—2 承载能力不足引起的路面沉陷积水现象

二、弯沉值测量的目的与方法

1．弯沉值测量的目的

弯沉值不仅能反映路面的强度，同时也能在某种程度上表示路面的耐久性。实践表明，路面的某些破坏现象同弯沉值有直接联系，通常以回弹弯沉的大小来评定路面的好坏。另外，在施工过程中，如果将弯沉值控制在一定范围内，就可以避免路面产生某些破坏，从而延长路面的使用寿命。因此，在公路施工与养护过程中，弯沉值也是一项主要的控制指标。

2．路基路面弯沉值的测试方法

弯沉值的测定方法较多，目前使用最多的是贝克曼梁法，在我国已有成熟的经验，为了提高测量精度和解决弯沉测定时支座位移的问题，前苏联、瑞士、法国研制了光学弯沉仪，它的特点是把测点与读数装置分开，消除了支座位移的影响。另外，为了提高测试速度，各国都对快速连续或动态测定进行了研究，并发明了许多新的检测仪器，主要代表有法国洛克鲁瓦式自动弯沉仪、丹麦的落锤式弯沉仪以及美国的振动弯沉仪等。现将常用的几种方法各自的特点作简单的比较，见表5—1—1。

表5—1—1　　几种弯沉值测试方式比较

方法	特　点
贝克曼梁法	传统方法，测试速度慢，属于静态测定，测定的是回弹弯沉，比较成熟，属于标准方法
自动弯沉仪法	利用贝克曼梁原理，测试速度较快，属于静态测定，测定的是总弯沉，使用时应用贝克曼梁法进行标定换算
落锤式弯沉仪法	利用重锤自由落下瞬间产生的冲击荷载测定弯沉，测试速度快，属于动态弯沉，能反算路面的回弹模量，使用时应用贝克曼梁法进行标定换算

三、贝克曼梁法基本原理及适用范围

贝克曼梁法是检测路基路面承载能力的基本方法，其基本原理是把弯沉仪测头置于测试车后轮轮隙中心前方3～5 cm处，将百分表安装于弯沉仪的测定杆上。当车轮正好通过测点时，路面在车轮荷载作用下产生垂直变形，百分表达到最大读数，随着汽车继续前进表针回转，当车轮荷载卸除后，路面向上回弹结束，百分表达到终读数。其回弹变形值即为回弹弯沉值。贝克曼梁法适用于测定各类路基路面的回弹弯沉，用以评定其整体承载力。贝克曼梁法测定路基路面回弹弯沉原理示意图如图5—1—3所示。

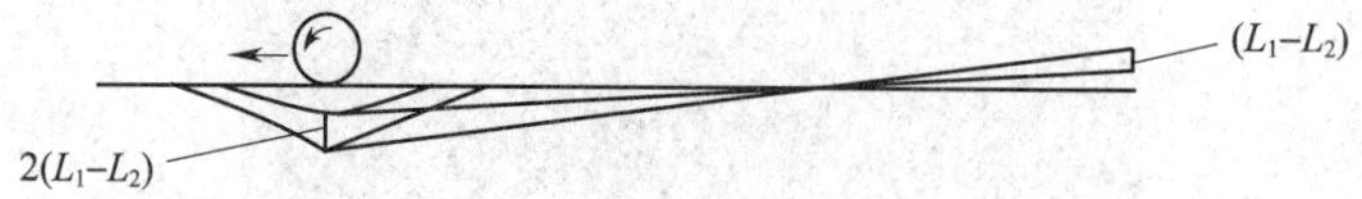

图5—1—3　路面弯沉测量原理示意图

四、弯沉评定方法

1. 弯沉检测频率与评定要求

弯沉检测频率为每一双车道评定路段（不超过1 km）检查80～100个点，多车道公路必须按车道数与双车道之比，相应增加测点。弯沉评定要求为弯沉代表值不大于设计值，即当弯沉代表值小于等于设计值，则该路段弯沉评定合格；当弯沉代表值大于设计值，则该路段弯沉不合格，需采取措施进行补强或返工。

2. 弯沉评定步骤

（1）计算检测路段所有测点弯沉平均值。

（2）计算检测路段所有测点弯沉代表值，每一评定路段弯沉代表值为弯沉测量值的上波动界限，按式（5—1—1）计算：

$$L_r = \bar{L} + Z_a \cdot S \qquad (5—1—1)$$

式中 L_r——一个评定路段的弯沉代表值，0.01 mm；

$\bar{L}$——一个评定路段内经各项修正后的各测点弯沉的平均值，0.01 mm；

S——一个评定路段内经各项修正后全部测点弯沉的标准差，0.01 mm；

Z_a——与保证率有关的系数，见表5—1—2。

表5—1—2 **Z_a 值**

层位	Z_a	
	高速公路、一级公路	二级、三级公路
沥青面层	1.645	1.5
路基	2.0	1.645

当路基和柔性基层、底基层的弯沉代表值不符合要求时，应将超出 $\bar{L}\pm(2\sim3)S$ 的弯沉特异值舍弃，重新计算平均值和标准差。对舍弃的弯沉值大于 $\bar{L}\pm(2\sim3)S$ 的点，应找出其周围界限，进行局部处理。若用两台弯沉仪同时进行左右轮弯沉值测定时，应按两个独立测点计，不能采用左右两点的平均值。若在非不利季节测定时，应考虑季节影响系数。

（3）评定

当弯沉代表值小于等于设计值时，则该路段弯沉评定合格；当弯沉代表值大于设计值时，则该路段弯沉不合格，需采取措施进行补强或返工。

任务实施

对任务引入所描述的采用贝克曼梁法来测定某二级公路路基顶层的回弹弯沉，按照如下流程进行：

准备仪具与材料→到气象台了解并获取测定日前5天的日平均气温（该要求仅限于沥青混凝土路面回弹弯沉检测）→检查标准车各参数是否符合要求→现场检测→计算及修正→检测结果及评定。

1. 准备仪具与材料

（1）标准车

双轴、后轴双侧4轮的载重车，如图5—1—4所示。其标准轴荷载、轮胎尺寸、轮胎间隙及轮胎气压等主要参数应符合表5—1—3的要求。测试车应采用后轴10 t标准轴载BZZ—100的汽车，见表5—1—3。

表5—1—3　弯沉测定用的标准车参数

标准轴载等级	BZZ-100
后轴标准轴载（kN）	100±1
一侧双轮荷载（kN）	50±0.5
轮胎充气压力（MPa）	0.70±0.05
单轮传压面当量圆直径（cm）	21.30±0.5
轮隙宽度	应满足能自由插入弯沉仪测头的测试要求

图5—1—4　弯沉测试车

（2）路面弯沉仪

由贝克曼梁、百分表和表架组成，如图5—1—5和图5—1—6所示。

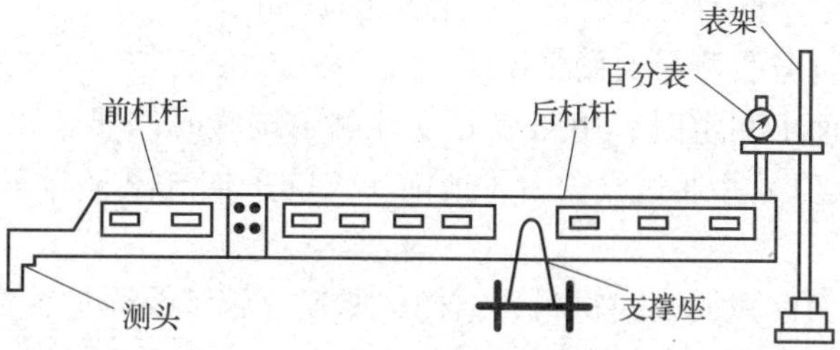

图 5—1—5　路面弯沉仪构造图

图 5—1—6　路面弯沉仪实物图

贝克曼梁由合金铝制成，上有水准泡，其前臂（接触路面）与后臂（装百分表）长度比为2∶1。弯沉仪的长度有两种：一种长3.6 m，前后臂分别为2.4 m和2.1 m；另一种加长的弯沉仪长5.4 m，前后臂分别为3.6 m和1.8 m。当在半刚性基层沥青路面或水泥混凝土路面上测定时，宜采用长度为5.4 m的贝克曼梁弯沉仪测定；对柔性基层或混合式结构沥青路面可采用长度为3.6 m的贝克曼梁弯沉仪测定。弯沉采用百分表量得，也可用自动记录装置进行测量。

（3）接触式路表温度计

端部为平头，分度不大于1℃。

（4）其他

皮尺、口哨、白油漆或粉笔、指挥旗等。

2. 检查标准车各参数是否符合要求

（1）检查并保持测定用标准车的车况及制动性能良好、轮胎胎压符合规定充气压力。

（2）向汽车车槽中装载铁块或集料，并用地中衡称量后轴总质量及单侧轮荷载，均应符合要求的轴重规定。在汽车行驶及测定过程中，轴重不得变化。

（3）测定轮胎接地面积：在平整光滑的硬质路面上用千斤顶将汽车后轴顶起，在轮胎下方铺一张新的复写纸和一张方格纸，轻轻落下千斤顶，即在方格纸上印上轮胎印痕，用求积仪或数方格的方法测算轮胎接地面积，准确至0.1 cm^2。

（4）检验弯沉仪百分表测量灵敏情况。

（5）当在沥青路面上测定时，用路表温度计测定试验时气温及路表温度（一天中气温不断变化，应随时测定），并通过气象台了解前5天的平均气温（日最高气温与最低气温的平均值）。

（6）记录沥青路面修建或改建材料、结构、厚度、施工及养护等情况。

3．现场检测

（1）在测试路段布置测点，其距离随测试需要而定。每一双车道评定路段每千米检查80～100个点，多车道公路必须按车道数与双车道之比，相应增加测点。测点应在路面行车车道的轮迹带上，并用白油漆或粉笔画上标记。

（2）将贝克曼梁测头置于试验车后轮轮隙中心前3～5 cm处的位置上，如图5—1—7所示。

图5—1—7　贝克曼梁测头放置位置

想一想

为什么贝克曼梁测头需置于试验车后轮轮隙中心前3～5 cm处的位置上呢？

（3）将弯沉仪插入汽车后轮之间的缝隙处，与汽车方向一致，梁臂不得碰到轮胎，弯沉仪测头置于测点上（轮隙中心前方3～5 cm处）。将百分表安装于弯沉仪的测定杆上，百分表调零，用手指轻轻叩打弯沉仪，检查百分表是否稳定回零（见图5—1—8和图5—1—9）。

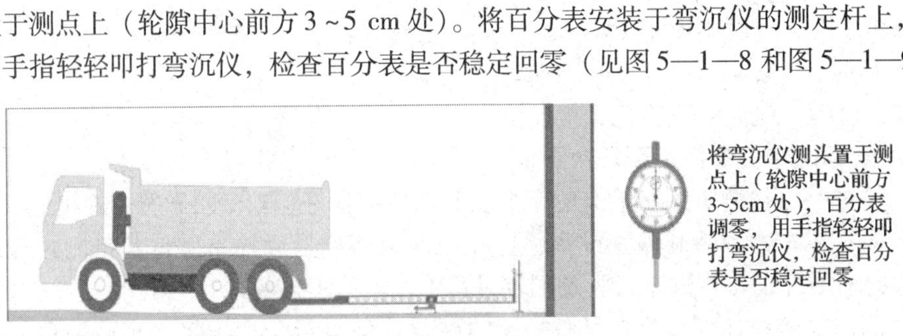

图5—1—8　检查百分表（一）

图 5—1—9　检查百分表（二）

弯沉仪可以是单侧测定，也可以是双侧同时测定。

（4）测定者吹哨发令指挥汽车缓缓前进，百分表随路面变形的增加而持续向前转动。当表针转动到最大值时，迅速读取初读数 L_1，如图 5—1—10 所示。

图 5—1—10　读取初读数

（5）汽车仍继续前进，表针反向回转，待汽车驶出弯沉影响半径（3 m 以上）后，吹口哨或挥动指挥旗，汽车停止。待表针回转稳定后，再次读取终读数 L_2。汽车前进的速度宜为 5 km/h 左右，如图 5—1—11 所示。

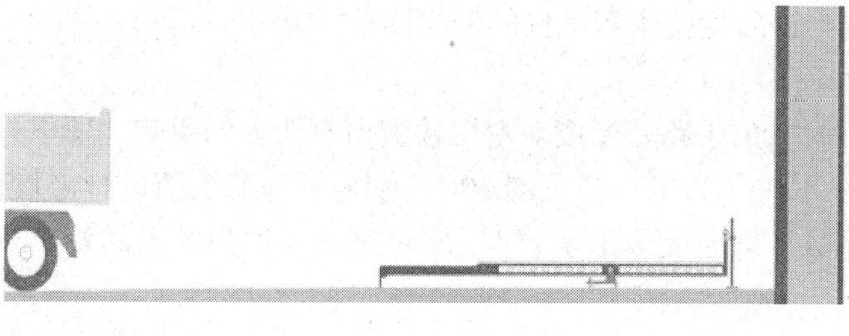

图 5—1—11　读取终读数

4．计算及修正

（1）结果计算

路面测点的回弹弯沉值按式（5—1—2）计算。

$$L_t = (L_1 - L_2) \times 2 \quad (5—1—2)$$

式中　L_t——在路面温度为 t 时的回弹弯沉值，0.01 mm；

L_1——车轮中心临近弯沉仪测头时百分表的最大读数，0.01 mm；

L_2——汽车驶出弯沉影响半径后百分表的终读数，0.01 mm。

（2）支点修正

当采用长度为3.6 m的弯沉仪进行弯沉测定时，有可能引起弯沉仪支座处变形，在测定时应检验支点有无变形。如有变形，此时应用另一台检验用的弯沉仪安装在测定用弯沉仪后方，其测点架于测定用弯沉仪的支点旁。当汽车开出时，同时测定两台弯沉仪的弯沉读数，如检测用弯沉仪百分表有读数，即应该记录并进行支点变形修正。当在同一结构层测定时，可在不同位置测定5次，求取平均值，以后每次测定时以此作为修正值。支点变形修正的原理如图5—1—12所示。

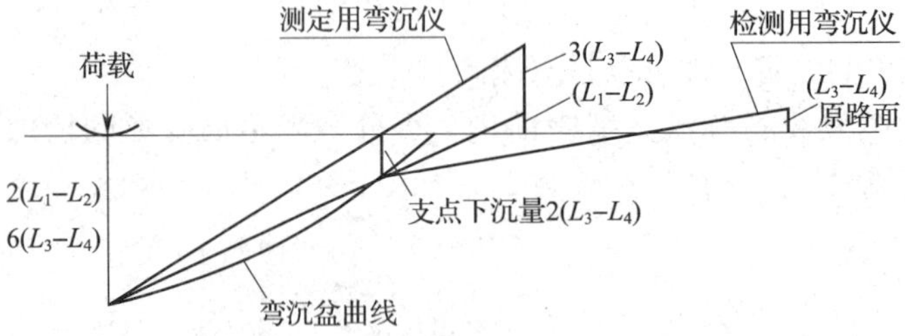

图5—1—12　弯沉仪支点变形修正原理

当采用长度为5.4 m的弯沉仪测定时，可不进行支点变形修正。

当需进行弯沉仪支点变形修正时，路面测点的回弹弯沉值按式（5—1—3）计算（适用于测定用弯沉仪支座处有变形，但百分表架处路面无变形的情况）：

$$L_t = (L_1 - L_2) \times 2 + (L_3 - L_4) \times 6 \qquad (5—1—3)$$

式中　L_1——车轮中心临近弯沉仪测头时测定弯沉仪的最大读数，0.01 mm；

L_2——汽车驶出弯沉影响半径后测定用弯沉仪的最终读数，0.01 mm；

L_3——车轮中心临近弯沉仪测头时检测用弯沉仪的最大读数，0.01 mm；

L_4——汽车驶出弯沉影响半径后检验用弯沉仪的最终读数，0.01 mm。

（3）温度修正

在检测沥青路面的回弹弯沉时，由于路表温度对弯沉检测值有明显的影响，所以，当沥青面层厚度大于5 cm，路表温度不在（20±2）℃范围内时，应对回弹弯沉值进行温度修正，其测试结果要相应地乘以一个系数，即温度修正系数K。温度修正及回弹弯沉的计算按下列步骤进行。

1）计算沥青层平均温度。测定时的沥青层平均温度按式（5—1—4）计算：

$$t = (t_{25} + t_m + t_e)/3 \qquad (5—1—4)$$

式中　t——测定时沥青层平均温度，℃；

t_{25}——根据T_0由图5—1—13决定的路表下25 mm处的温度，℃；

t_m——根据T_0由图5—1—13决定的沥青层中间深度的温度，℃；

t_e——根据T_0由图5—1—13决定的沥青层底面处的温度，℃。

图 5—1—13 中 T_0 为测定时路表温度与测定前 5 天日平均气温的平均值之和，日平均气温为日最高气温与最低气温的平均值。

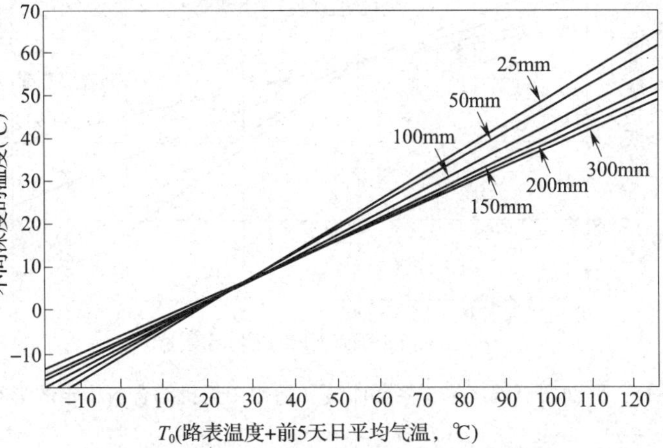

图 5—1—13 沥青层平均温度的决定

注：线上的数字为从路表下的不同深度（mm）

2）查图得出温度修正系数 K。根据沥青层平均温度 t 及沥青层厚度，分别由图 5—1—14 或图 5—1—15 求取采用不同基层的沥青路面弯沉值的温度修正系数 K。

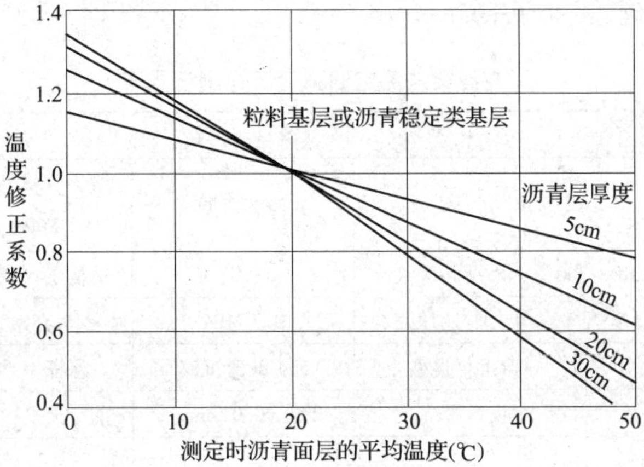

图 5—1—14 路面弯沉温度修正系数曲线（适用于粒料基层及沥青稳定基层）

3）计算修正后的路面回弹弯沉 L_{20}。修正后的沥青路面回弹弯沉 L_{20} 按式（5—1—5）计算：

$$L_{20} = L_t \times K \tag{5—1—5}$$

式中 K——温度修正系数；

L_{20}——换算为 20℃的沥青路面回弹弯沉值，0.01 mm；

L_t——测定时沥青面层内平均温度为 t 时的回弹弯沉值，0.01 mm。

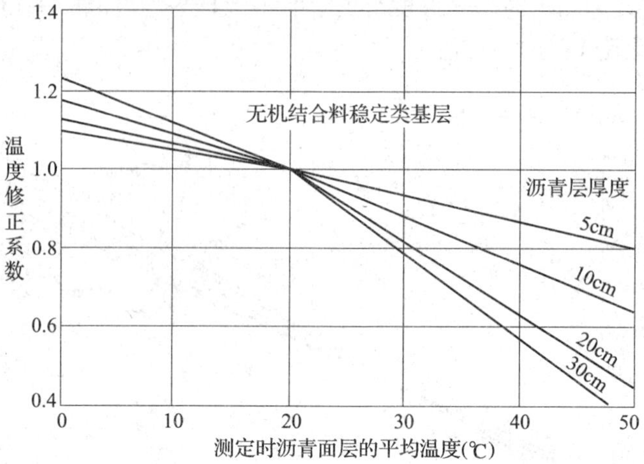

图 5—1—15　路面弯沉温度修正系数曲线（适用于无机结合料稳定的半刚性基层）

想一想

为什么水泥混凝土路面和半刚性基层材料不需要进行温度修正呢？

5. 检测结果及评定

（1）工作任务中路基检测结果

工作任务中路基检测结果见表 5—1—4。

表 5—1—4　　贝克曼梁法测定回弹弯沉检测记录表

工程名称	××一级公路									
检测日期	2012.3.4				检测依据		《公路路基路面现场测试规程》（JTG E60—2008）			
路段桩号	K0+280～K0+560			公路等级	一级		结构层次及类型		路基	
后轴重	100 kN			轮胎压强	0.7 MPa		舍弃系数		／	
测试车车型	东风 BZZ－100		弯沉仪类型		5.4 m 弯沉仪		保证率系数		2.0	
幅别	右幅		设计弯沉		200（0.01 mm）		前 5 天平均气温		／	
测点桩号	路表温度（℃）	温度修正系数	左车轮				右车轮			
			初读数 0.01 mm	终读数 0.01 mm	弯沉（0.01 mm）		初读数 0.01 mm	终读数 0.01 mm	弯沉（0.01 mm）	
					修正前	修正后			修正前	修正后
K0+280	／	／	77	12	130	／	86	20	132	／
K0+300	／	／	74	10	128	／	87	25	124	／
K0+320	／	／	79	13	132	／	88	24	128	／
K0+340	／	／	79	15	128	／	96	31	130	／
K0+360	／	／	85	18	134	／	73	10	126	／

续表

测点桩号	路表温度（℃）	温度修正系数	左车轮				右车轮			
			初读数 0.01 mm	终读数 0.01 mm	弯沉（0.01 mm）		初读数 0.01 mm	终读数 0.01 mm	弯沉（0.01 mm）	
					修正前	修正后			修正前	修正后
K0 +380	/	/	73	8	130	/	75	10	130	/
K0 +400	/	/	80	14	132	/	97	33	128	/
K0 +420	/	/	82	20	124	/	76	10	132	/
K0 +440	/	/	87	22	130	/	74	7	134	/
K0 +460	/	/	79	16	126	/	79	13	128	/
K0 +480	/	/	85	21	128	/	72	6	132	/
K0 +500	/	/	72	10	124	/	87	23	128	/
K0 +520	/	/	96	33	126	/	94	29	130	/
K0 +540	/	/	65	1	128	/	67	2	130	/
K0 +560	/	/	76	10	132	/	89	25	128	/

（2）结果评定。

根据该路段路基回弹弯沉的检测结果，其结果评定步骤如下：

1）计算所有回弹弯沉平均值。该路段一共检测回弹弯沉值 30 点，经计算其回弹弯沉平均值为 129.1（0.01 mm）。

2）计算所有回弹弯沉标准差。该路段一共检测回弹弯沉值 30 点，经计算回弹弯沉标准差为 2.77（0.01 mm）。

3）计算回弹弯沉代表值。该检测路段为高速公路，检测部位为路基，保证率系数查表 5—1—2 为 2.0，根据式（5—1—1）计算出回弹弯沉代表值为 134.6（0.01 mm）。

4）回弹弯沉评定。该路段回弹弯沉设计值为 200（0.01 mm），经计算出的回弹弯沉代表值为 134.6（0.01 mm），回弹弯沉代表值小于回弹弯沉设计值，故判定该路段回弹弯沉合格。

思考与练习

1. 采用贝克曼梁法检测路面回弹弯沉前应做哪些准备工作？
2. 贝克曼梁法对标准车有哪些要求？
3. 贝克曼梁法检测路基路面回弹弯沉时在什么情况下需要进行支点修正和温度修正？
4. 简述贝克曼梁法检测路基路面回弹弯沉的步骤。

任务二　自动弯沉仪法测定路面弯沉

学习目标

◆ 熟悉自动弯沉仪法测定弯沉的基本原理及适用范围。
◆ 掌握自动弯沉仪法测定弯沉的方法和步骤。

工作任务

江苏省某地区在建一级公路，面层为沥青混凝土，路基填土高度为0.5 m，路基土为粉质中液限黏土，底基层为碎石土，基层为水泥稳定碎石。现在路面上面层已经完成施工，利用自动弯沉仪法来测定路面弯沉。

相关理论

一、自动弯沉仪法的基本原理

路面弯沉作为反映路面强度最重要的力学指标，是路面检测和使用性能评定的重要组成部分，其检测技术的发展也十分迅速。传统的检测方法效率低，难以使有限的资金获得尽可能大的经济社会效益，随着高等级公路建设热潮的蓬勃兴起，尽快提高我国道路检测与评价技术成为迫切需要解决的关键问题之一。自动弯沉仪的出现，为提高我国弯沉检测与承载力评价提供了机会，自动弯沉仪具有无损、高效、高精度及采集数据量大等特点，已经被广泛应用，为此，我国的《公路路基路面现场测试规程》（JTG E60—2008）中已将自动弯沉仪列为弯沉检测设备。

自动弯沉仪利用简单的杠杆原理，通过计算机控制系统进行自动采集和处理数据，在标准轴载（100 kN）的测试车下安置有测量机构。测量机构采用前三点式测量基准平面，消除了传统贝克曼梁由支点弯沉而产生的误差。首先，测试梁放下时，利用计算机控制离合器绞盘把测试梁向前拖动，当拖到一定位置时，前导向柱切割安置在车下的一对光电管发射出的不可见光，计算机控制离合器键盘停止拖动，这时测试车以约3.5 km/h的速度前进，数据采集系统则采集弯沉值，同时在屏幕上显示弯沉盆曲线图，随着后轮接近测试梁尾部，弯沉值越来越大。传感器是由一个磁芯和磁筒及夹持机构组成，当测试梁发生位移时，会以10∶1的比例把位移按杠杆原理传递到夹持机构，夹持机构夹持磁芯作切割磁感应线运动，从而把位移变量转化为电信号，由计算机系统采集。当后轮中心越过测试梁尾部15 cm时，导向柱会切割到测量机构后部的光电管，离合器绞线盘会以两倍的车速拖动测试梁前进，至此，完成了一个完整的测量步骤。图5—2—1所示是由斯太尔汽车改装成的自动弯沉车。

图5—2—1　自动弯沉车

如图5—2—2所示，M点路表面的竖向变形通过可自由运动的A臂上的微小杠杆运动传送到其固定轴B上。B点是T型框架的一部分，其形成了一个固定的平面。位于箱体G内的位移感应传导器C将这个运动转换成可以以不同形式记录的信号。

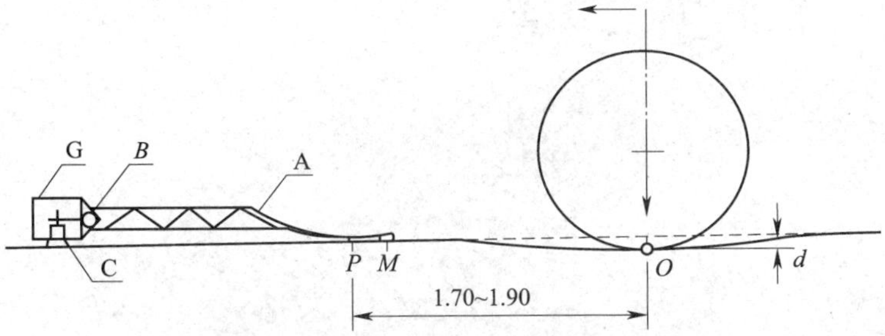

图5—2—2　自动弯沉仪测量原理图

当双轴在O点时，测试梁自由地放在路表上，随着车辆向前开动，双轮也从O点向P点运动。同时，在这个过程中记录M点的竖向沉降，据此绘制影响线。位于M点之后10～20 cm的P点可以测量出M点的最大位移。

二、自动弯沉仪法的适用范围

自动弯沉仪适用于新建、改建路面工程的质量验收，也可在无严重坑槽、车辙等病害的正常通车条件下连续采集沥青路面的弯沉数据，以此评价旧路路面强度，为路面养护管理系统提供数据。需注意的是，自动弯沉仪测试的是路面静态总弯沉，在结果评定时，需与贝克曼梁回弹弯沉值进行比对。

想一想

在有较大超高路段，公路横坡会不会影响自动弯沉仪测值的有效性？

任务实施

对任务引入所描述的采用自动弯沉仪法来测定某一级公路路面弯沉，按照如下流程进行：

准备仪具与材料→检查自动弯沉仪测定车各参数是否符合要求→现场检测→与贝克曼梁测定值进行比对试验→结果评定。

1. 准备仪具与材料

（1）Lacroix 型自动弯沉仪

由承载车、测量机架及控制系统、位移、温度和距离传感器、数据采集与处理系统等基本部分组成，如图 5—2—3 所示。它安装在测试车底盘下面，测臂夹在后轴轮隙中间，汽车运行时测量机构提起，离开路面。

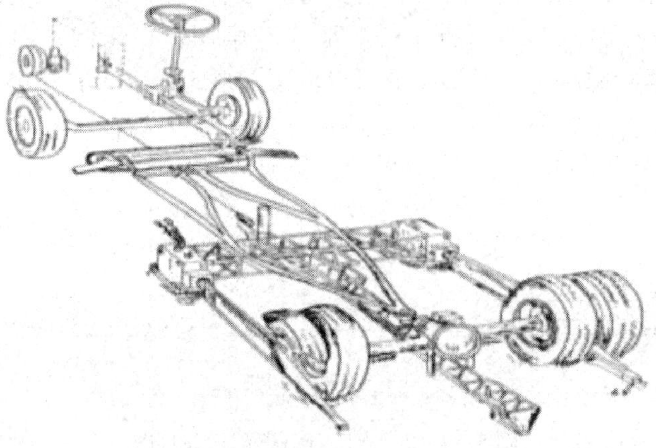

图 5—2—3　自动弯沉仪测量机构

（2）设备承载车

自动弯沉仪的承载车辆应为单后轴、单侧双轮组的载重车，其标准条件参考贝克曼梁测定路基路面回弹弯沉试验方法中 BZZ－100 车型的标准参数。

（3）测试系统基本技术要求和参数

1）位移传感器分辨率。0.01 mm。

2）位移传感器有效量程。≥3 mm。

3）设备工作环境温度。0～60℃。

4）距离标定误差。≤1%。

2．检查自动弯沉仪测定车各参数是否符合要求

（1）位移传感器标定。每次测试之前必须按照设备使用手册规定的方法进行位移传感器的标定，记录标定数据并存档。

（2）检查承载车轮胎气压。每次测试之前都必须检查后轴轮胎气压，应满足（0.70±0.05）MPa的要求。

（3）检查承载车轮载。一般每年检查一次，如果承载车因改装等原因改变了后轴载，也必须进行此项工作，后轴载应满足（100±1）kN。

（4）检查测量架的易损部件情况，及时更换损坏部件。

（5）打开设备电源进行检查，控制面板功能键、指示灯、显示器等应正常。

（6）开动承载车测试2~3个步距，观察测试机构，测试机构应正常，否则需调整。

3．现场检测

（1）测试系统在开始测试前需要通电预热，时间不少于设备操作手册要求，并开启工程警灯和导向警告标志。

（2）在测试路段前20 m处将测量架放落在路面上，并检查各机构的部件情况。

（3）操作人员按照设备使用手册的规定和测试路段的现场技术要求设置完毕所需的测试状态。

（4）驾驶员缓慢加速承载车到正常测试速度，沿正常行车轨迹驶入测试路段。

（5）操作人员将测试路段起终点、桥涵等特殊位置的桩号输入到记录数据中。

（6）当测试车辆驶出测试路段后，操作人员停止数据采集和记录，并恢复仪器各部分至初始状态，驾驶员缓慢停止承载车，提起测量架。

（7）操作人员检查数据文件，文件应完整，内容应正常，否则需要重新测试。

（8）关闭测试系统电源，结束测试。

4．与贝克曼梁法测定值进行比对试验

（1）计算时采用自动弯沉仪采集的路面弯沉盆峰值数据。

（2）数据组中左臂测值、右臂测值按单独弯沉处理。

（3）弯沉值的横坡修正。当路面横坡不超过4%时，不进行超高影响修正；当横坡超过4%时，超高影响的修正按表5—2—1规定进行。

表5—2—1　弯沉值横坡修正系数表

横坡范围	高位修正系数	低位修正系数
>4%	$i/(1-i)$	$i/(1+i)$

（4）自动弯沉仪测定值与贝克曼梁法弯沉值比对

1）试验条件。按弯沉值不同水平范围选择不少于4段路面结构相似的路段，路段长度可为300~500 m，标记好起终点位置。

对比试验路段的路面应清洁干燥，温度应在10~35℃范围内，并且选择温度变化不大的时间，宜选择晴天无风的天气条件，试验路段附近没有重型交通和震动。

2）比对试验步骤。按照前述自动弯沉仪的检测步骤，令自动弯沉仪按照正常测试车速测试选定路段，工作人员仔细用油漆每隔三个测试步距或约 20 m 标记测点位置。

自动弯沉仪测试完毕后，等待 30 min，在每一个标记位置按照贝克曼梁法测定路基路面回弹弯沉试验方法测定各点回弹弯沉值。

3）比对试验数据处理。从自动弯沉仪的记录数据中按照路面标记点的相应桩号提出各试验点测值，并与贝克曼梁法测定值一一对应，用数理统计的回归分析方法得到贝克曼梁法测定值和自动弯沉仪测定值之间的相关关系方程，相关系数 R 不得小于 0.95。

5. 结果评定

自动弯沉仪测试报告包括的内容有：弯沉平均值、标准差、代表值、测试时路面温度及温度修正值、与贝克曼梁法测值的相关关系及相关系数，其计算方法及评定方法同贝克曼梁法。

思考与练习

1. 简述自动弯沉仪法的适用范围。
2. 简述自动弯沉仪法的检测步骤。
3. 自动弯沉仪法在什么情况下弯沉值需要进行横坡修正？

任务三　落锤式弯沉仪法测定路面弯沉

学习目标

◆ 熟悉落锤式弯沉仪法测定弯沉的基本原理及适用范围。
◆ 掌握落锤式弯沉仪法测定弯沉的方法与步骤。

工作任务

江苏省某地区在建一级公路，面层为沥青混凝土，路基填土高度 0.5 m，路基土为粉质中液限黏土，底基层为碎石土，基层为水泥稳定碎石。现在路面上面层已经完成施工，利用落锤式弯沉仪法来测定路面弯沉。

相关理论

一、落锤式弯沉仪法基本原理

随着当前高等级公路日益增多，各地交通主管部门对公路的检测日益重视，各种先进的检测手段和方法也层出不穷。而对于弯沉的检测，也出现了更加先进的检测方法——落锤式弯沉仪法，简称 FWD。

落锤式弯沉仪通过计算机系统控制下的液压系统启动落锤装置，使一定质量的落锤从一定高度自由落下，冲击力作用于承载板上并传递到路面，从而对路面施加脉冲荷载，导致路表面产生瞬时变形，分布于距测点不同距离的传感器检测结构层表面的变形，记录系统将信号传输至计算机，即测定在动态荷载作用下产生的动态弯沉及弯沉盆。测试数据可用于反算路基路面各结构层材料的动态弹性模量，从而比较科学地评价路面的承载能力，其检测原理简图如图 5—3—1 所示。

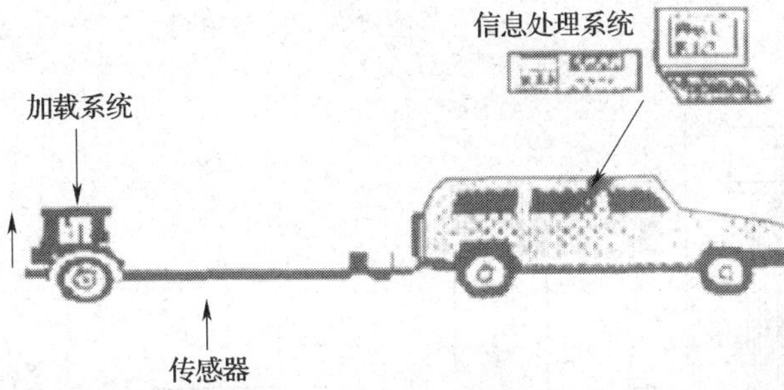

图 5—3—1　落锤式弯沉仪检测原理简图

二、落锤式弯沉仪法的适用范围

落锤式弯沉仪法适用于新建公路路基路面动态弯沉及弯沉盆的检测，以评定路基路面的承载能力或反算路基路面的动态弹性模量，作为设计参数适用。在旧路调查中，所测结果可作为养护质量指标，还可用于调查水泥混凝土路面接缝的传力效果和探查路面板下的空洞等。

任务实施

对任务引入所描述的采用落锤式弯沉仪法来测定某一级公路路面弯沉，按照如下流程进行：

选择测试路段→准备测量仪具与材料→检查落锤式弯沉仪是否符合规定要求→现场检

测→与贝克曼梁法测定值进行比对试验→结果评定。

1. 准备仪具与材料

落锤式弯沉仪由荷载发生装置、弯沉检测装置、运算控制系统与车辆牵引系统等组成，其实物图如图5—3—2所示，测量系统结构如图5—3—3所示。

图5—3—2 落锤式弯沉仪实物图

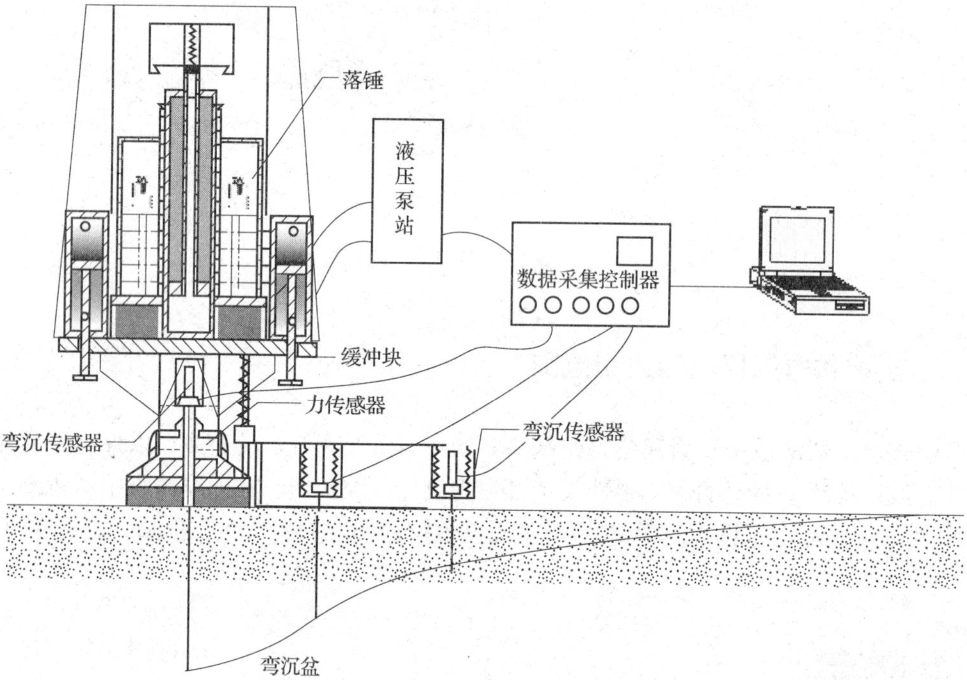

图5—3—3 落锤式弯沉仪测量系统结构

（1）荷载发生装置

重锤的质量及落高根据使用目的与道路等级选择，荷载由传感器测定。如无特殊需要，重锤的质量为（200±10）kg，可采用（50±2.5）kN 的冲击荷载。承载板宜为十字对称分开成四部分且底部固定有橡胶片的承载板。承载板的直径一般为 300 mm。

（2）弯沉检测装置

由一组高精度位移传感器组成，如图 5—3—4 所示。传感器可为差动变压器式位移计（LVDT）或地震检波器。自承载板中心开始，沿道路纵向隔开一定距离布设一组传感器，传感器总数不少于 7 个，建议布置在 0～200 cm 范围以内，必须包括 0 cm、30 cm、100 cm、200 cm 四点，其他根据需要及设备性能决定。

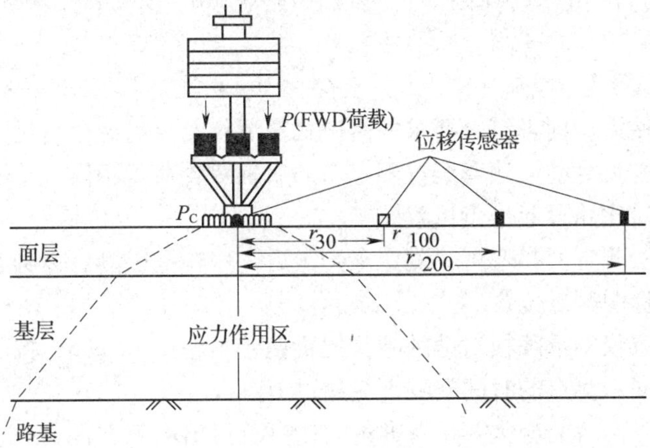

图 5—3—4　落锤式弯沉仪传感器布置及应力作用状态示例

（3）运算及控制装置

能在冲击荷载作用的瞬间，记录冲击荷载及各个传感器所在位置测点的动态变形。

（4）牵引装置

牵引 FWD 并安装运算及控制装置的车辆。

2. 检查落锤式弯沉仪是否符合规定要求

（1）调整重锤的质量及落高，使重锤的质量及产生的冲击荷载符合要求。

（2）在测试路段的路基或路面各层表面布置测点，其位置或距离随测试需要而定。当在路面表面测定时，测点宜布置在行车道的轮迹带上。测试时，还可利用距离传感器定位。

（3）检查 FWD 的车况及使用性能，用手动操作检查，各项指标应符合仪器规定要求。

（4）将 FWD 牵引至测定地点，将仪器打开，进入工作状态。牵引 FWD 行驶的速度不宜超过 50 km/h。

（5）对位移传感器按仪器使用说明书进行标定，使之达到规定的精度要求。

3. 现场检测

（1）承载板中心位置对准测点，承载板自动落下，放下弯沉装置的各个传感器。

（2）启动落锤装置，落锤瞬间自由落下，冲击力作用于承载板上，又立即自动提升至原来位置固定。同时，各个传感器检测结构层表面变形，记录系统将位移信号输入计算机，并得到峰值，即路面弯沉，同时得到弯沉盆。每一测点测定应不少于 3 次，除去第一个测定值，取以后几次测定值的平均值作为计算依据。

（3）提起传感器及承载板，牵引车向前移动至下一个测点，重复上述步骤进行测定。

4．与贝克曼梁法测定值进行比对试验

（1）按桩号记录各测点的弯沉及弯沉盆数据。

（2）落锤式弯沉仪法测定值与贝克曼梁法测定值比对

1）比对路段选择。选择结构类型完全相同的路段，针对不同地区选择某种路面结构的代表性路段，进行两种方法的对比试验，以便将落锤式弯沉仪测定的动态弯沉值换算成贝克曼梁法测定的回弹弯沉值，选择的对比路段长度为 300 ~ 500 m，弯沉值应有一定的变化幅度。

2）对比试验步骤

①采用与实际使用相同且符合要求的落锤式弯沉仪及贝克曼梁弯沉仪测定车。落锤式弯沉仪的冲击荷载应与贝克曼梁法弯沉仪测定车的后轴双轮荷载相同。

②用油漆标记对比路段起止点位置。

③按贝克曼梁法测定回弹弯沉，测定车开走后，用粉笔以测点为圆心，在周围画一个半径为 15 cm 的圆，标明测点位置。

④将落锤式弯沉仪的承载板对准圆圈，位置偏差不超过 30 mm，按落锤式弯沉仪法进行测定，两种仪器对同一测点的时间间隔不应超过 10 min。

⑤逐点对应计算两者的相关关系。通过对比试验得出回归方程式

$$L_B = a + bL_{FWD}$$

式中 L_{FWD}、L_B分别为落锤式弯沉仪、贝克曼梁法测定的弯沉值。回归方程式的相关系数 R 应不小于 0.95。

5．结果评定

落锤式弯沉仪测试报告包括的内容有：各测点的最大弯沉值及弯沉盆测定数据、弯沉平均值、标准差、代表值、与贝克曼梁法测定值的相关关系及相关系数，其计算方法及评定方法同贝克曼梁法。

阅读材料

落锤式弯沉仪的落锤质量与设计荷载有关，应根据使用目的进行选择。现在有 50 kN、100 kN、150 kN 等不同荷载。一般用于公路的为 50 kN，承载板直径为 300 mm；用于机场的需要 100 kN 或 150 kN，承载板的直径为 450 mm。由于检测层强度不同，实际的荷载将有所不同，大体在 ±（1 ~ 2）kN 范围内变化。

承载板有两种：一种是整块圆橡胶板，另一种是对称分开成十字的钢板与橡胶板组成的复合板。由于后者与地面能更紧密接触，测定数据更好，故现行规程规定采用后者。

FWD 测定时，第一锤测定结果往往不稳定，故必须打第二锤及第三锤，舍去第一锤结果。

落锤式弯沉仪与贝克曼梁法测定的弯沉值之间有没有相关关系，能不能互相换算，是不

少学者研究的重点。我国的试验研究表明：在同一条路上，或者同一地区，路面结构、材料、土基等条件相同时，两者有良好的相关关系。如果条件相差较大，相关关系也不好，不同地区的数据放在一起也会降低相关性。因此，各地在求取相关关系时应该区别不同地区、不同结构、材料及土基条件来求取，不宜套用外地的或不同条件下的相关关系。

思考与练习

1. 简述落锤式弯沉仪法的适用范围。
2. 简述落锤式弯沉仪法检测弯沉前应做的准备工作。
3. 简述落锤式弯沉仪法的检测步骤。

模块六

路基路面回弹模量检测

任务一　土基现场 CBR 测试

学习目标

- 了解回弹模量的定义及测量意义。
- 了解回弹模量的几种测试方法和适用范围。
- 了解土基现场 CBR 测试的基本原理。
- 掌握土基现场 CBR 测试的方法和步骤。
- 能进行 CBR 值的计算，根据 CBR 值评价土基强度。

工作任务

江苏省某地区在建城市主干路，采用Ⅱ级标准，路基土为砂质低液限黏土。上路床深度 30 cm，设计要求压实度≥96%，路床顶面土基 CBR 值大于 10%，现在已经完成上路床填土，需现场测试土基 CBR 值，评定是否符合设计要求。

按照任务的要求需测出土基 CBR 值。CBR 值是一个反映路基强度的指标，在《公路路基路面现场测试规程》（JTG E60—2008）中有专门的测试方法即土基现场 CBR 测试方法（T 0941—2008）。下面介绍路基路面强度和模量的相关内容，并按照土基现场 CBR 测试方法完成工作任务。

相关理论

一、回弹模量的定义及测量意义

回弹模量是指路基、路面及筑路材料在荷载作用下产生的应力与其相应的回弹应变的比值。土基回弹模量表示土基在弹性变形阶段内，在垂直荷载作用下，抵抗竖向变形的能力，即垂直荷载一定时，土基回弹模量值越大则产生的垂直位移就越小；竖向位移一定时，回弹模量值越大，则土基承受外荷载作用的能力就越大。

土基回弹模量的大小直接影响路面设计的厚度，取值过大，结构层厚度偏小，否则厚度偏大。因此，土基的回弹模量是公路设计中一个必不可少的参数。同时，回弹模量作为公路工程质量检测评定的一项指标（目前利用控制路基顶面弯沉值来控制土基的回弹模量），对于控制施工质量起着重要作用。

二、回弹模量的检测方法

回弹模量的检测方法及各方法的适用范围见表 6—1—1。

表 6—1—1　　回弹模量的检测方法及各方法的适用范围

试验方法	适 用 范 围
土基现场 CBR 测定法	公路现场测定各种土基材料的现场 CBR 值，同时也适合基层、底基层砂类土、天然砂砾、级配碎石的材料 CBR 值的试验。试样的最大集料粒径宜小于 19. 0 mm，最大不得超过 31. 5 mm
承载板法	能测出各级荷载下对应的土基回弹变形值，进而计算出土基回弹模量值，可作为路面设计参数使用
贝克曼梁法	公路现场测定土基厚度不小于 1 m 的粒料整层的回弹模量值。也适用于在旧路表面测定路基路面的综合回弹模量
动力锥贯入仪法	现场快速测定或评估无结合料材料路基、路面的强度。实际使用中，对细粒土的检测效果较好，对于粗粒土、土石混填、压实后的粒料基层，检测过程有一定难度

三、土基现场 CBR 测试的基本原理

CBR 又称加州承载比，是由美国加利福尼亚州公路局首先提出，主要用于评定路基土和路面材料的强度指标。CBR 值是指在规定贯入量测得的荷载压强与标准压强的比值，该值的大小反映了筑路材料抵抗局部荷载压入变形的能力。其测试原理是在公路路基施工现场，用载重汽车作为反力架，通过千斤顶连续加载，将贯入杆匀速压入土基。贯入量为 2. 5 mm 或 5. 0 mm 时的荷载越大，说明 CBR 值越大，该路基强度越高。

小资料

现场 CBR 与土工室内 CBR 是不同的，首先试验条件不同，其次试验出发点不同，路基填料的 CBR 试验是为了评价路用材料的强度，而本方法更多的是衡量路基的整体承载能力。

四、土基现场 CBR 测试的适用范围

1. 适用于在公路现场测定各种土基材料的现场 CBR 值，同时也适合基层、底基层砂类土、天然砂砾、级配碎石的材料 CBR 值的试验。

2. 所用试样的最大集料粒径宜小于 19.0 mm，最大不得超过 31.5 mm。

任务实施

对任务引入所描述测量土基 CBR 值，采用土基现场 CBR 值测试方法，按照如下流程进行：

准备仪具与材料→整平试验场地、安装试验设备→加载，记录不同贯入量的测力计读数→在试验点下取样，测定材料含水率，在试验点附近测土基的密度→计算结果→出具报告。

1. 准备仪具与材料

(1) 荷重装置

装载有铁块或集料等重物的载重汽车，后轴重不小于 60 kN，在汽车大梁的后轴之后设有一个加劲横梁作为反力架使用。

(2) 现场测试装置

如图 6—1—1 所示，CBR 现场测试装置由千斤顶（机械或液压）、测力计（测力环或压

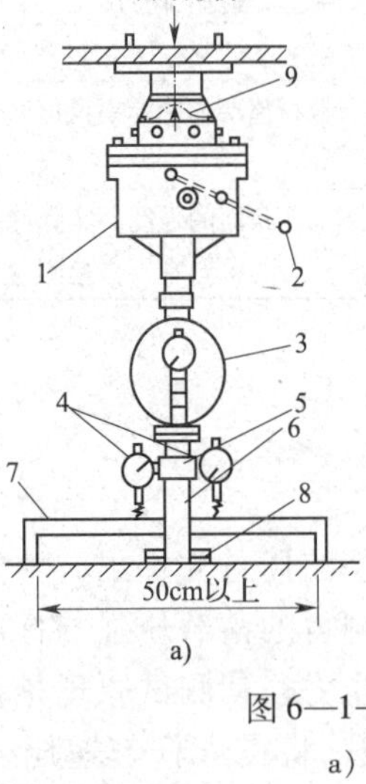

a)

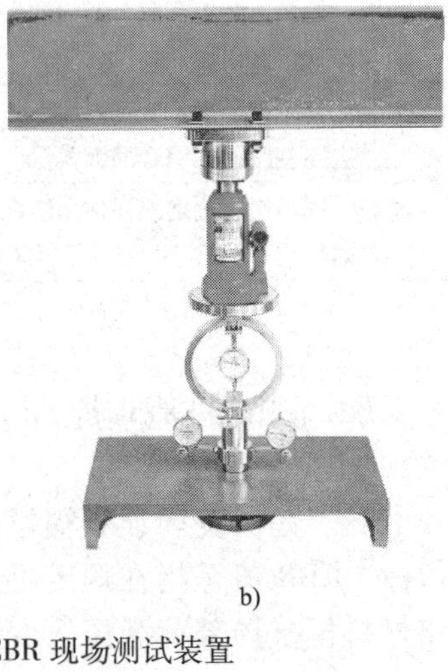

b)

图 6—1—1　CBR 现场测试装置

a）结构图　b）实物图

1—加载千斤顶　2—手柄　3—测力计　4—百分表　5—百分表夹具　6—贯入杆　7—平台　8—承载板　9—球座

力表）及球座组成。千斤顶可将贯入杆的贯入速度调节成 1 mm/min。测力计的容量不小于土基强度，测定精度不小于测力计量程的 1%。

1）贯入杆。直径为 50 mm，长约 200 mm 的金属圆柱体。

2）承载板。每块 1.25 kg，直径为 150 mm，中心孔眼直径为 52 mm。如图 6—1—2 所示，由两个半圆块组成，数量至少为 4 块。

图 6—1—2　承载板

（3）贯入量测定装置

由图 6—1—1 中所示的平台及百分表组成，百分表量程为 20 mm，精度为 0.01 mm，数量为 2 个，对称放置在贯入杆上，端部与平台接触。平台跨度不小于 50 cm。此设备也可用两台贝克曼梁弯沉仪代替。

（4）细砂

洁净干燥的细干砂，粒径为 0.3 ~0.6 mm。

（5）其他

铁铲、盘、直尺、毛刷、天平等。

2. 整平试验场地，安装试验设备

（1）在试验地点选取直径约 30 cm 的表面找平，用毛刷刷净浮土，如表面为粗粒土时，应撒布少许洁净的干砂填平，但不能覆盖全部土基，避免形成夹层。

（2）安装测试设备，按图 6—1—1 设置贯入杆及千斤顶，贯入杆应与土基表面紧密接触，千斤顶顶在加劲横梁上，然后调节至合适的高度。

（3）安装贯入量测定装置，将支架平台、百分表（或两台贝克曼梁弯沉仪）按图 6—1—1 所示安装好。

安装好的仪具如图 6—1—3 所示。

图 6—1—3　安装好的仪具

3. 加载，记录不同贯入量的测力计读数

（1）在贯入杆位置安放4块1.25 kg的分开成半圆的承载板（共5 kg）。

（2）试验贯入前，先在贯入杆上施加45 N荷载后，将测力计及贯入量百分表调零，记录初始读数。

（3）启动千斤顶，使贯入杆以1 mm/min的速度压入土基（见图6—1—4），当贯入量为0.5 mm、1.0 mm、1.5 mm、2.0 mm、2.5 mm、3.0 mm、4.0 mm、5.0 mm、6.5 mm、10.0 mm及11.5 mm时，分别读取测力计读数。根据情况，也可在贯入量达6.5 mm时结束试验。

图6—1—4　加载贯入试验

提示

1. 在贯入杆位置安放半圆形承载板，限制贯入杆的侧向倾斜，当发生细微倾斜时，不应人为扶正；当发生较大倾斜时，应重新试验。

2. 在加荷装置上安装贯入杆后，为了使贯入杆端面与土基表面充分接触，需要在贯入杆上施加45 N的预压力，将此荷载作为试验时的零荷载，并将该状态的贯入量设为零点。绘制的压力和贯入量关系曲线，起始部分呈反弯，则表示试验开始时贯入杆端面与土表面接触不好，应对曲线进行修正。

3. 用千斤顶连续加载，两个贯入量百分表及测力计均应在同一时刻读数，当两个百分表读数不超过平均值的30%时，以其平均值作为贯入量，当两个表读数差值超过平均值的30%时，应停止试验。

4. 试验结束标准应根据土基强度而定，当土基强度较大时，可在贯入量达6.5 mm时结束试验。荷载压强及贯入量读数不宜过少，一般要求在达到2.5 mm贯入量时应不少于5个读数。

4. 在试验点下取样，测定材料含水率，在试验点附近测土基的密度

（1）卸除荷载，移去测定装置。

（2）在试验点下取样，测定材料含水率。取样数量如下：

最大粒径不大于4.75 mm，试样数量约120 g；最大粒径不大于19.0 mm，试样数量约250 g；最大粒径不大于31.5 mm，试样数量约500 g。

（3）在紧靠试验点旁边的适当位置，用灌砂法或环刀法等测定土基的密度。

5. 计算结果

（1）将贯入试验得到的各等级荷载值除以贯入断面积（19.625 cm^2），得到各级压强，绘制荷载压强—贯入量曲线，如图6—1—5所示。当图中曲线在起点处有明显凹凸的情况时，应在曲线的拐弯处作切线延长作为贯入量修正，以与坐标轴相交的点 O' 作为原点，得到修正后的荷载压强—贯入量曲线。

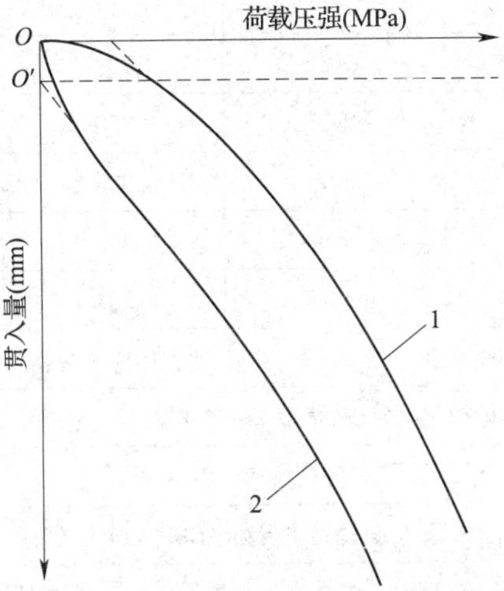

图6—1—5 荷载压强—贯入量曲线

1—曲线起点处凸出 2—曲线起点处凹下

（2）从荷载压强—贯入量曲线上读取贯入量为2.5 mm及5.0 mm时的荷载压强 P_1，按式（6—1—1）计算现场CBR值。CBR一般以贯入量2.5 mm时的测定值为准，当贯入量为5.0 mm时的CBR大于2.5 mm时的CBR时，应重新试验，如重新试验仍然如此时，则以贯入量5.0 mm时的CBR为准。

$$现场\quad CBR = \frac{P_1}{P_0} \times 100\% \qquad (6—1—1)$$

式中 P_1——荷载压强，MPa；

P_0——标准压强，当贯入量为2.5 mm时为7 MPa，当贯入量为5.0 mm时为10.5 MPa。

6. 出具报告

本试验采用的记录格式见表6—1—2，试验结束后，将试验数据记录于表中，按照上述方法计算结果，出具报告。

表 6—1—2　　　　现场 CBR 值测定记录表

路线与编号：/　　　　路面结构：沥青混凝土
测定层位：上路床顶面
承载板直径（cm）：15　　　　测定日期：2013 年 3 月 6 日

<table>
<tr><td rowspan="10">加载记录</td><td rowspan="2">预定贯入量（mm）</td><td colspan="3">贯入量百分表读数（0.01 mm）</td><td rowspan="2">测力计读数（0.01 mm）</td><td rowspan="2">压强（MPa）</td></tr>
<tr><td>1</td><td>2</td><td>平均</td></tr>
<tr><td>0</td><td>0</td><td>0</td><td>0</td><td>0</td><td>0</td></tr>
<tr><td>0.5</td><td>48</td><td>53</td><td>50</td><td>4</td><td>0.32</td></tr>
<tr><td>1.0</td><td>102</td><td>98</td><td>100</td><td>7</td><td>0.57</td></tr>
<tr><td>1.5</td><td>147</td><td>155</td><td>151</td><td>8</td><td>0.65</td></tr>
<tr><td>2.0</td><td>198</td><td>205</td><td>202</td><td>10</td><td>0.81</td></tr>
<tr><td>2.5</td><td>252</td><td>247</td><td>250</td><td>12</td><td>0.97</td></tr>
<tr><td>3.0</td><td>305</td><td>301</td><td>303</td><td>13</td><td>1.06</td></tr>
<tr><td>4.0</td><td>397</td><td>404</td><td>400</td><td>15</td><td>1.22</td></tr>
<tr><td></td><td>5.0</td><td>505</td><td>501</td><td>503</td><td>17</td><td>1.38</td></tr>
<tr><td rowspan="4">现场 CBR 计算</td><td colspan="6">贯入断面面积：19.625 cm^2　　测力环校正系数：0.159 3</td></tr>
<tr><td colspan="6">相当于贯入量 2.5 mm 时的荷载压强：标准压强 = 7 MPa　　$CBR_{2.5}$ = 13.9（%）</td></tr>
<tr><td colspan="6">相当于贯入量 5.0 mm 时的荷载压强：标准压强 = 10.5 MPa　　CBR_5 = 13.1（%）</td></tr>
<tr><td colspan="6">试验结果现场　CBR = 13.9（%）</td></tr>
<tr><td rowspan="3">含水量计算</td><td></td><td>湿土重（g）</td><td>干土重（g）</td><td>水重（g）</td><td>含水量（%）</td><td>平均含水量（%）</td></tr>
<tr><td>1</td><td>678.6</td><td>610.2</td><td>68.4</td><td>11.2</td><td rowspan="2">11.4</td></tr>
<tr><td>2</td><td>713.8</td><td>639.3</td><td>74.5</td><td>11.6</td></tr>
<tr><td rowspan="3">密度计算</td><td></td><td>试样湿密度（g）</td><td>试样干密度（g）</td><td>体积（cm^3）</td><td>干密度（g/cm^3）</td><td>平均干密度（g/cm^3）</td></tr>
<tr><td>1</td><td>408.2</td><td>366.4</td><td>200</td><td>1.832</td><td rowspan="2">1.829</td></tr>
<tr><td>2</td><td>406.8</td><td>365.2</td><td>200</td><td>1.826</td></tr>
</table>

通过以上填表计算，测得工作任务中在建城市主干路路床顶面土基 CBR 值为 13.9%，大于设计要求的 10%，判定路基强度符合要求。

阅读材料

1.《公路路基路面现场测试规程》（JTG E60—2008）
2.《公路路基设计规范》（JTG D30—2004）

3.《公路水泥混凝土路面设计规范》(JTG D40—2011)

4.《公路沥青路面设计规范》(JTG D50—2006)

思考与练习

1. 回弹模量的测定方法有哪些？它们各自适用在什么情况？

2. 什么叫 CBR？怎样在现场进行 CBR 测试？

3. 现场 CBR 与室内 CBR 有何区别？

4. 现场 CBR 试验中，贯入杆压入土基的速度为 1 mm/min，是否正确？

5. 某土基进行现场 CBR 测试，结果为贯入量 2.5 mm 的 CBR 测值为 12%，贯入量为 5.0 mm 的 CBR 测值为 15%，重新试验后结果仍然如此，请问该土基的现场 CBR 值是多少？

任务二　承载板测定土基回弹模量

学习目标

- 掌握承载板法的基本原理及适用范围。
- 掌握承载板法测量土基回弹模量的试验步骤。
- 掌握承载板法中回弹模量的计算方法。

工作任务

某校园道路现已经完成路基碾压，在进行下一工序之前，需验证土基回弹模量值，以确定该路基的整体承载能力，设计要求土基回弹模量不小于 15 MPa。本次测试还需测出各级荷载下的土基弹性模量作为路面设计参数使用。

本次任务中需要测出不同荷载下的土基回弹模量，从表 6—1—1 中列举的各种方法不难看出只有承载板法可以做到这一点，该方法可以逐级加载测出各级荷载下的土基回弹变形。下面介绍《公路路基路面现场测试规程》(JTG E60—2008) 中承载板测定土基回弹模量 (T0943—2008) 的相关内容，并用该方法完成工作任务。

相关理论

一、基本原理

以回弹模量表征土基承载能力，可以反映土基在瞬时荷载作用下的可恢复变形性质，因而可以应用弹性理论公式描述荷载与变形之间的关系。承载板法采用刚性承载板，通过逐级加载卸载的方式，测定土基回弹模量，结果可在以弹性理论为基本体系的各种路面结构设计方法中应用。

二、适用范围

1. 本方法适用于在现场土基表面，通过承载板对土基逐级加载、卸载的方法，测出每级荷载下相应的土基回弹变形值，通过计算求得土基回弹模量值。

2. 本方法测定的土基回弹模量可作为路面设计参数使用。

任务实施

对任务引入所描述测量土基回弹模量，采用承载板法按照如下流程进行测定：

准备仪具与材料→选择测点、整平试验场地→试验设备安装→预加荷载，百分表清零→测试土基压力、总影响量、含水率、土基密度→计算→出具报告。

1. 准备仪具与材料

（1）加载设施。载有铁块或集料等重物、后轴重不小于 60 kN 的载重汽车一辆，作为加载设备。在汽车大梁的后轴之后约 80 cm 处，附设加劲横梁一根作为反力架。汽车轮胎充气压力为 0. 50 MPa。

（2）现场测试装置，如图 6—2—1 所示，由千斤顶、测力计（测力环或压力表）及球座组成。

（3）刚性承载板一块，板厚 20 mm，直径为 30 cm，直径两端设有立柱和可以调整高度的支座，供安装弯沉仪的测头，承载板安放在土基表面上。

（4）路面弯沉仪两台，由贝克曼梁、百分表及支架组成。

（5）液压千斤顶一台，80 ~ 100 kN，装有经过标定的压力表或测力环，其量程不小于土基的强度，测定精度不小于测力计量程的 1% 。

（6）秒表。

（7）水平尺。

（8）其他。细砂、毛刷、垂球、镐、铁锹、铲等。

2. 选择测点、整平试验场地

（1）根据需要选择有代表性的测点。测点应位于水平的路基上，土质均匀，不含杂物。

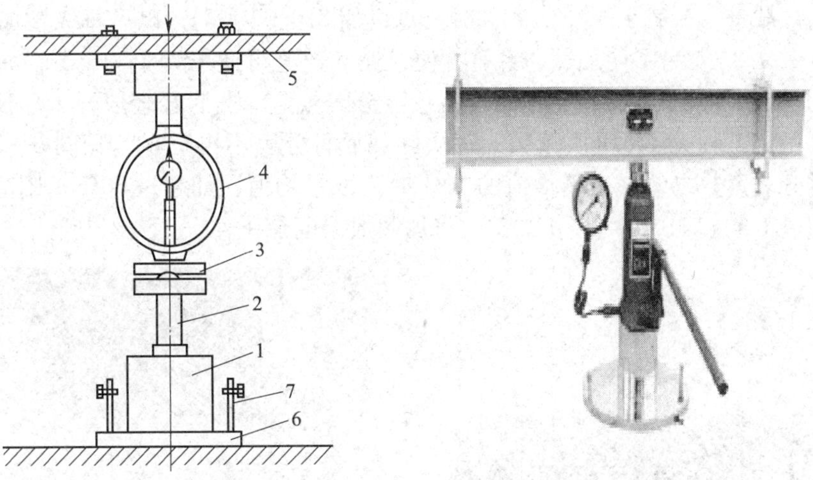

a)　　b)

图 6—2—1　承载板现场测试装置

a）构造图　b）实物图

1—加载千斤顶　2—钢圆筒　3—钢板及球座　4—测力计　5—加劲横梁　6—承载板　7—立柱及支座

（2）仔细平整土基表面，撒干燥洁净的细砂填平土基凹处，砂子不可覆盖全部土基表面，避免形成夹层。

测点尽可能选择平坦、土质均匀的路基。承载板应置于水平状态，且试验车加劲横梁中部应恰好对准承载板中心。

3. 试验设备安装

（1）安置承载板，并用水平尺进行校正，使承载板置于水平状态。

（2）将试验车置于测点上，在加劲横梁中部悬挂垂球测试，使之恰好对准承载板中心，然后收起垂球。

（3）在承载板上安放千斤顶，上面衬垫钢圆筒、钢板，并将球座置于顶部与加劲横梁接触。如用测力环时，应将测力环置于千斤顶与横梁中间，千斤顶及衬垫物必须保持垂直，以免加压时千斤顶倾倒发生事故，影响测试数据的准确性。

（4）安装弯沉仪，将两台弯沉仪的测头分别置于承载板立柱的支座上，百分表对零或其他合适的初始位置上。

4. 预加荷载，百分表清零

用千斤顶加载至预压 0.05 MPa，稳压 1 min，使承载板与土基紧密接触，同时检查百分表的工作情况是否正常，然后放开千斤顶油门卸载，稳压 1 min 后，将指针对准零或记录初始读数。

5. 测试土基压力、总影响量、含水率、土基密度

（1）测定土基的压力——变形曲线。用千斤顶加载，采用逐级加载卸载法，用压力表或测力环控制加载量，荷载小于 0.1 MPa 时，每级加载 0.02 MPa，以后每级增加 0.04 MPa 左右（见图 6—2—2）。为了使加载与计算方便，加载数值可适当调整为整数。每次加载到预定荷载后，稳定 1 min，立即读记两台弯沉仪百分表数值，然后轻轻放开千斤顶油门卸载至零，待卸载稳定 1 min 后，再次读数，每次卸载后百分表不再对零（见图 6—2—3）。当两台弯沉仪百分表读数之差小于平均值的 30% 时，取平均值。如超过 30%，则应重测。当回弹变形值超过 1 mm 时，即可停止加载，将加载数据记录在表 6—2—2 中。

图 6—2—2　千斤顶加载

图 6—2—3　弯沉仪测回弹变形

（2）测定总影响量 α。最后一次加载卸载循环结束后，取走千斤顶，重新读取百分表初读数，然后将汽车开出 10 m 以外，读取终读数，两只百分表的初、终读数差的平均值即为总影响量。

（3）在试验点下取样，测定材料含水率，取样数量如下：

最大粒径不大于 4.75 mm，试样的数量约为 120 g；最大粒径不大于 19.0 mm，试样的数量约为 250 g；最大粒径不大于 31.5 mm，试样的数量约为 500 g。

（4）在紧靠试验点旁边适当的位置，用灌砂法或环刀法等测定土基的密度。

采用逐级加载卸载法，测定土基的压力—变形曲线，荷载增量可视土基承载能力大小而定。土基承载能力小，荷载增量可减小，反之可适当加大。一般情况下，荷载小于 0.1 MPa 时，每级增加 0.02 MPa，以后每级增加 0.04 MPa 左右。

6. 计算

（1）各级荷载的回弹变形和总变形，按以下方法计算：

回弹变形（L）＝（加载后读数平均值 - 卸载后读数平均值）×弯沉仪杠杆比

总变形（L'）＝（加载后读数平均值 - 加载初期前读数平均值）×弯沉仪杠杆比

（2）各级荷载的回弹变形值加上该级的影响量后，则为计算回弹变形值。表6—2—1是以后轴重60 kN的标准车为测试车的各级荷载影响量的计算值。当使用其他类型测试车时，各级压力下的影响量 α_i 按式（6—2—1）计算。

$$\alpha_i = \frac{(T_1 + T_2)\ \pi D^2 P_i}{4T_1 Q} \cdot \alpha \qquad (6—2—1)$$

式中 T_1——测试车前后轴距，m；

T_2——加劲梁距后轴距离，m；

D——承载板直径，m；

Q——测试车的后轴重，N；

P_i——该级承载板压力，Pa；

α——总影响量，0.01 mm；

α_i——该级压力的分级影响量，0.01 mm。

表6—2—1　各级荷载影响量（后轴重60 kN车）

承载板压力（MPa）	0.05	0.10	0.15	0.20	0.30	0.4	0.5
影响量	0.06α	0.12α	0.18α	0.24α	0.36α	0.48α	0.60α

（3）将各级计算回弹变形值点绘于标准计算纸上，排除显著偏离的异常点并绘制出顺滑的 P—L 曲线，如曲线起始部分出现反弯，应按图6—2—4所示修正原点 O，O' 则是修正后的原点。

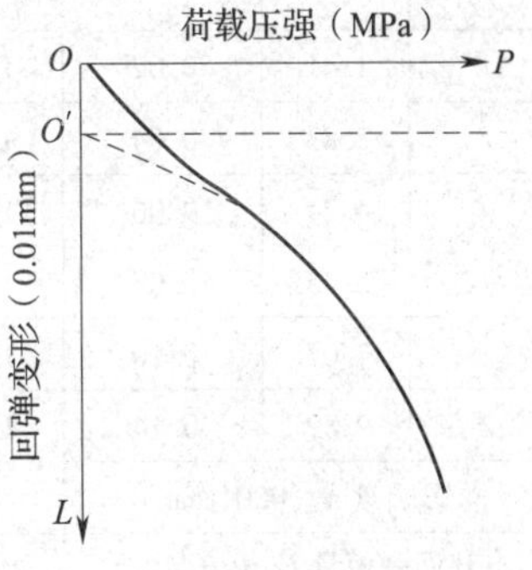

图6—2—4　修正原点示意图

（4）回弹模量是土基强度的一种表示方法，按式（6—2—2）计算相应于各级荷载下的土基回弹模量 E_i 值：

$$E_i = \frac{\pi D}{4} \cdot \frac{P_i}{L_i}(1 - \mu_0^2) \qquad (6—2—2)$$

式中 E_i——相应于各级荷载下的土基回弹模量，MPa；

μ_0——土样的泊松比，根据路面设计规范规定选用；

D——承载板直径，取30 cm；

P_i——承载板压力，MPa；

L_i——相对于荷载 P_i 时的回弹变形，cm。

（5）取结束试验前的各回弹变形值，按线性回归方法由式（6—2—3）计算土基回弹模量 E_0 值：

$$E_0 = \frac{\pi D}{4} \cdot \frac{\sum P_i}{\sum L_i}(1 - \mu_0^2) \qquad (6—2—3)$$

式中 E_0——土基回弹模量，MPa；

μ_0——土样的泊松比，根据路面设计规范规定选用；

P_i——对应于 L_i 的各级压力值；

L_i——结束试验前的各级实测回弹变形值。

提 示

计算土基回弹模量 E_i 值时，泊松比 μ_0 是必须用的指标，可根据设计规范规定选用。当无规定时，非黏性土可取 0.30，高黏性土取 0.50，一般可取 0.35 或 0.40。

7. 出具报告

本试验采用的记录格式见表 6—2—2，试验结束后，将试验数据记录于表中，按照上述方法计算结果，出具以下报告：

表 6—2—2　　承载板测定土基回弹模量记录表

路线和编号：/　　路面结构：/

泊松比 μ_0：0.35　　测定用的汽车型号：BZZ—100

承载板直径（cm）：30　　测定日期：2013 年 4 月 6 日

千斤顶读数	荷载 P (kN)	承载板压力 P（MPa）	百分表读数（0.01 mm）			总变形（0.01 mm）	回弹变形（0.01 mm）	分级影响量（0.01 mm）	计算回弹变形（0.01 mm）	E_i（MPa）
			加载前	加载后	卸载后					
/	1.41	0.02	126	138	126	24	24	2	26	15.9
/	2.83	0.04	126	146	126	40	40	4	44	18.8
/	4.24	0.06	126	157	126	62	62	6	68	18.2
/	5.65	0.08	126	167	126	82	82	8	90	18.4
/	7.07	0.10	126	178	126	104	104	12	116	17.8
/	9.89	0.14	126	187	126	122	122	18	140	20.7
总影响量 α（0.01 mm）			1							
土基回弹模量 E_0 值（MPa）			18.8							

通过以上填表计算，测得工作任务中某二级公路路基回弹模量 E_0 值为 18.8 MPa，符合设计不小于 15 MPa 的要求，各级荷载的回弹模量在表 6—2—2 中可以查出。

思考与练习

1. 简述承载板法测定土基回弹模量的要求。

2. 采用承载板法测定土基回弹模量，当回弹变形值超过 1 mm 时，即可停止加载，是否正确？

3. 承载板法测定回弹模量一般采用加载、卸载的办法进行试验，由于测试车对测定点处的路面会产生影响，故要进行总影响量测定，并在各分级回弹变形中加上该影响量值，该说法是否正确？

任务三 贝克曼梁法测定路基路面回弹模量

学习目标

- 掌握贝克曼梁法的基本原理及适用范围。
- 掌握贝克曼梁法测量路基路面回弹模量的试验步骤。
- 掌握贝克曼梁法中回弹模量的计算方法。

工作任务

江苏省某地区在建城市主干路为Ⅱ级标准，路基设计要求快车道、慢车道、人行道路面底、路床顶面土基回弹模量不小于60 MPa，换算成弯沉值为200（0.01 mm），凡达不到此要求，均分别根据不同情况给予补强。现已完成路床顶面施工，需进行包括土基回弹模量的各项实测项目的验收。

由于路基的实测项目中有弯沉值的检测，因此此任务中的土基回弹模量检测可以采用贝克曼梁法测定，利用弯沉值计算回弹模量。下面介绍《公路路基路面现场测试规程》（JTG E60—2008）中贝克曼梁法测定路基路面回弹模量试验方法（T0944—1995），并利用此方法完成工作任务。

相关理论

一、基本原理

贝克曼梁法是通过对路面结构分层测定所得的回弹弯沉值，根据弹性体系垂直位移理论，反算路面各结构层材料的回弹模量值，该方法避免了逐级加载卸载的复杂操作。

二、适用范围

本方法适用于在土基、厚度不小于1 m的粒料整层表面，用弯沉仪测试各测点的回弹弯沉值，通过计算求得该材料的回弹模量值的试验；也适用于在旧路表面测定路基路面的综合回弹模量。

任务实施

对任务引入所描述测量土基回弹模量，采用贝克曼梁法按照如下流程进行测定：

准备仪具与材料→选择测点、整平试验场地、安装试验设备→测量测点回弹弯沉值→计算→出具报告。

1．准备仪具与材料

（1）标准车

按模块五任务二的规定选用。

（2）路面弯沉仪

由贝克曼梁、百分表、表架组成，具体要求同模块五任务二。

（3）路表温度计

分度不大于1℃。

（4）接长杆

直径为16 mm，长为500 mm。

（5）其他

皮尺、口哨、粉笔、指挥旗等。

2．选择测点、整平试验场地、安装试验设备

（1）选择洁净的路基路面表面作为测点，在测点处做好标记并编号。

（2）无机结合料粒料基层的整层试验段（试槽）应符合下列要求：

1）整层试槽可修筑在行车道范围内或路肩及其他合适处，也可在室内修筑，但均应适于用汽车测定弯沉。

2）试槽应选择在干燥或中湿路段处，不得铺筑在软土地基上。

3）试槽的面积不得小于3 m×2 m，厚度不小于1 m。铺筑时，先挖3 m×2 m×1 m（长×宽×高）的坑，然后用欲测定的同一种路面材料按有关施工规范规定的压实层厚度分层铺筑并压实，直至顶面，使其达到要求的压实度标准；同时应严格控制材料组成，配比均匀一致，符合施工质量要求。

4）试槽表面的测点间距可按图6—3—1所示的布置方法布设，在中间2 m×1 m的范围内，可测定23点。

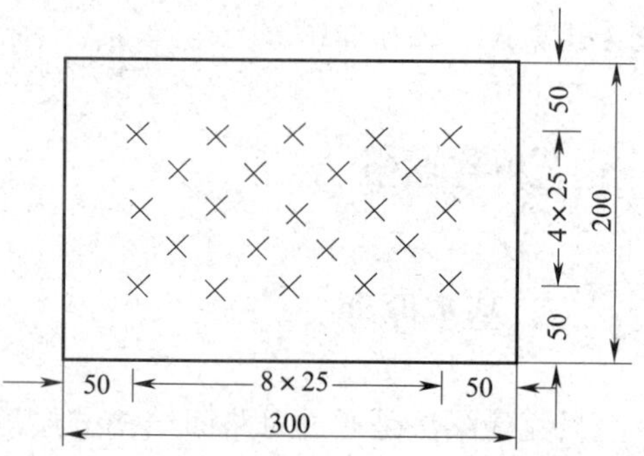

图6—3—1　试槽表面的测点布置（单位：cm）

3．测量测点回弹弯沉值

按照模块五任务二的方法实测路床顶面土基回弹弯沉值 L_i，如在旧沥青面层上测定时，应读取温度，并按规定方法进行测定弯沉值的温度修正，得到标准温度20℃时的弯沉值。

各测点的弯沉检测应有一定的时间间隔，以便给土基恢复弹性变形的时间。

4. 计算

（1）按式（6—3—1）、式（6—3—2）和式（6—3—3）计算全部测定值的算术平均值（$\bar{L}$）、单次测量的标准差（S）和自然误差（r_0）。

$$\bar{L} = \frac{\sum L_i}{N} \tag{6—3—1}$$

$$S = \frac{\sqrt{\sum (L_i - \bar{L})^2}}{N - 1} \tag{6—3—2}$$

$$r_0 = 0.675 \times S \tag{6—3—3}$$

式中 $\bar{L}$——回弹弯沉的平均值，0.01 mm；

S——回弹弯沉值的标准差，0.01 mm；

r_0——回弹弯沉测定值的自然误差，0.01 mm；

L_i——各测点的回弹弯沉值，0.01 mm；

N——测点总数。

（2）计算各测点的测定值与算术平均值的偏差值 $d_i = L_i - \bar{L}$，并计算较大的偏差与自然误差之比 d_i/r_0。当某个测点观测值的 d_i/r_0 值大于表6—3—1 的 d/r 极限值时，则应舍弃该测点，然后重复计算各测点的算术平均值（$\bar{L}$）及标准差（S）。

表6—3—1　　相应于不同观测次数的 d/r 极限值

N	5	10	15	20	50
d/r	2.5	2.9	3.2	3.3	3.8

（3）按式（6—3—4）计算弯沉代表值：

$$L_1 = \bar{L} + S \tag{6—3—4}$$

式中 L_1——计算弯沉代表值；

$\bar{L}$——舍弃不合要求测点后所余各测点弯沉的算术平均值；

S——舍弃不合要求测点后所余各测点弯沉的标准差。

（4）按式（6—3—5）计算土基、整层材料的回弹模量或旧路的综合回弹模量：

$$E_1 = 1\,000 \cdot \frac{2p\delta}{L_i} (1 - \mu^2)\ \alpha \tag{6—3—5}$$

式中 E_1——计算的土基、整层材料的回弹模量或旧路的综合回弹模量，MPa；

p——测定车轮轮胎的平均接地压强，MPa；

δ——测定用标准车双圆荷载单轮传压面当量圆的半径，cm；

μ——测定基层材料的泊松比；

α——弯沉系数，取0.712。

1. 采用贝克曼梁弯沉测试方法规定的标准车（BZZ—100），轮胎接地压强 p =0.7 MPa。

2. 双圆荷载单轮传压面当量圆的半径按下式计算：

$$\delta=\frac{1}{2}\sqrt{\frac{4P}{\pi p}}$$

式中 P——车轮上的荷载，kN；

p——轮胎接地压力，kPa。

对于BZZ—100标准车，当量圆半径 δ = 10.65 cm。

3. 材料泊松比是反算回弹模量的必要指标，而且对反算结果影响较大，其值随测定方法及边界条件不同而异。但我国历来取用相同的值，取用时可参照相应设计规范的值，其中路基 μ 值，我国通常习惯采用0.35，沥青材料通常采用0.25。

5. 出具报告

本试验采用的记录格式见表6—3—2，试验结束后，将试验数据记录于表中，按照上述方法计算结果，在结论一栏中给出回弹模量的计算值，出具以下报告：

表6—3—2　　贝克曼梁法测定土基回弹模量记录表

工程名称	江苏省某地区Ⅱ级城市主干路							
弯沉仪类型	5.4		测试车车型		BZZ—100	后轴重（kN）		100
轮胎气压左侧（MPa）		0.7		轮胎气压右侧（MPa）	0.7	路面干湿状况		干
测点桩号	路表温度（℃）	温度修正系数	左侧（0.01 mm）			右侧（0.01 mm）		
			初读数	终读数	回弹弯沉	初读数	终读数	回弹弯沉
/	/	/	0	90	180	0	90	180
/	/	/	0	87	174	0	87	174
/	/	/	0	92	184	0	93	186
/	/	/	0	93	186	0	89	178
/	/	/	0	91	182	0	87	174
/	/	/	0	91	182	0	95	190
/	/	/	0	94	188	0	96	192
/	/	/	0	89	178	0	89	178
/	/	/	0	96	192	0	93	186
/	/	/	0	94	188	0	93	186
/	/	/	0	95	190	0	95	190
/	/	/	0	88	176	/	/	/
测点数	23	平均值（0.01 mm）		183.2	标准差（0.01 mm）	6.0	代表值（0.01 mm）	189.2

$$E_1=1\,000\times\frac{2\times0.7\times10.65}{189.2}\times(1-0.35^2)\times0.712=49.2$$

通过以上填表计算，测得工作任务中路床顶面弹性模量为 49.2 MPa，不符合设计不小于 60 MPa 的要求，应返工处理。

思考与练习

1. 试述贝克曼梁法测定回弹弯沉值的步骤。

2. 请指出贝克曼梁法测定回弹模量的公式 $E_1 = 1\,000 \times \frac{2p\delta}{L_i}(1-\mu^2)\alpha$ 中每个参数代表的含义。

3. 某次试验测定了 10 个点的回弹弯沉值分别为 80、75、86、76、80、68、61、79、83、76，试计算出弯沉代表值。

任务四　动力锥贯入仪测定路基路面回弹模量

学习目标

- 掌握动力锥贯入仪测定路基路面回弹模量的基本原理及适用范围。
- 掌握动力锥贯入仪测定路基路面回弹模量的试验步骤。
- 掌握动力锥贯入仪法中回弹模量的计算方法。

工作任务

某高速公路进行拓宽改造，需要对老路边坡压实质量进行调查，通过分析老路边坡的承载力状况，结合拓宽设计要求，以便确定施工方案，从而合理利用老路边坡和节省工程造价，避免凭经验盲目施工产生质量问题。由于工期较紧，现需要快速取得老路边坡土基的强度数据。前期，有关建设部门已经根据实际情况标定了贯入度与 CBR 值的关系式，确定可以采用关系式 $CBR = 405.3/D_d^{1.259}$。

由于工期紧，施工现场场地复杂，采用其他方法比较困难，故考虑采用动力锥贯入仪法，该方法是进行老路边坡质量检测的一种有效方法，在施工单位前期已经建立贯入度与 CBR 值关系式的情况下，能现场快速测定土体强度。

相关理论

一、基本原理

动力锥贯入仪（dynamic cone penetrometer，DCP）在英国、美国、南非等国家被广泛用于路基土和基层材料现场质量检测，它是通过落锤平均每锤击一次土体的贯入量，即贯入度 D_d 表示，来计算土体的 CBR 值及回弹模量 E，这要求首先要通过现场 CBR 试验建立与 D_d 的关系式。该方法在我国路基路面现场检测中应用较少，针对 DCP 开展的研究也较少。

二、适用范围

本方法适用于动力锥贯入仪（DCP）现场快速测定或评估无结合料材料路基、路面的强度。实际使用中，对细粒土的检测效果较好，对于粗粒土、土石混填、压实后的粒料基层，检测过程有一定难度。

任务实施

对任务引入所描述测量土基回弹模量，采用动力锥贯入仪法按照如下流程进行测定：

准备仪具与材料→选择测点、整平试验场地→进行贯入试验，记录数据，试验结束后，取出 DCP→计算→出具报告。

1．准备仪具与材料

（1）动力锥贯入仪。结构与形状如图 6—4—1 所示，包括手柄、落锤、导向杆、联轴器（锤座）、扶手、夹紧环、探杆、1 m 刻度尺及锥头。标准落锤质量为 8 kg 或 10 kg。锥头锥尖角度为 90°、60°或 30°等，最大直径为 20 mm。锥头最大允许磨损尺寸尖端为 4 mm，磨损量为直径的 10%，否则必须更换。

（2）电钻。

（3）其他。铁铲、扳手、记录本等。

2．选择测点、整平试验场地

（1）检查仪器，尤其是导向杆、锥头等易损部件是否符合标准要求，各接头处连接紧密。

（2）利用当地材料进行对比试验，建立现场 CBR 值或强度与用 DCP 测定的贯入度 D_d 或贯入阻力 Q_d 之间的相关关系公式。测点数宜不少于 15 个，相关系数 R 应不小于 0.95。

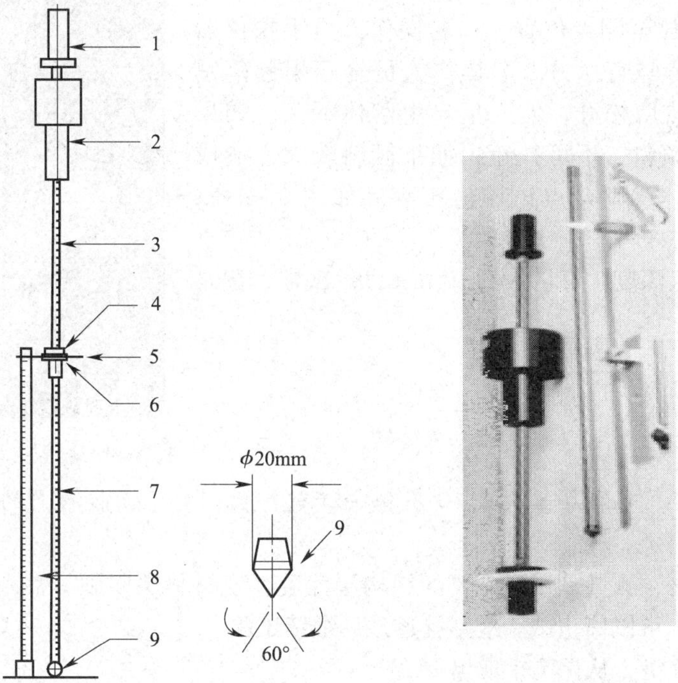

a)　　　　b)

图 6—4—1　动力锥贯入仪

a）结构图　b）实物图

1—手柄　2—落锤　3—导向杆　4—联轴器　5—扶手

6—夹紧环　7—探杆　8—1 m 刻度尺　9—锥头

小资料

美国和南非是应用 DCP 最多的国家，也是技术和经验最丰富的国家。在应用的过程中逐渐积累了贯入度 D_d 与现场 CBR 值相应的关系式。

美国国家公路与运输协会简称 AASHTO，推荐采用的关系式为：

$$CBR = 405.3/D_d^{1.259} \quad (6—4—1)$$

南非采用的关系式为：

$$D_d > 2\ \text{mm/blow 时}\ CBR = 410/D_d^{1.27} \quad (6—4—2)$$

$$D_d < 2\ \text{mm/blow 时}\ CBR = 66.66 \times D_d^2 - 330 \times D_d + 563.33 \quad (6—4—3)$$

（3）放入落锤，将仪器的导向杆与探杆在联轴器处紧固连接，保证不会松动。

（4）将 DCP 竖直立于硬地（如水泥混凝土）上，然后记录零读数。

（5）根据需要选择有代表性的测点，测点应位于平整的路基、路面基层、面层上。如果要探测的层位上面有难以穿透的坚硬结构层时，应钻孔或刨挖至其顶面。

3．进行贯入试验，记录数据，试验结束后，取出 DCP

（1）将 DCP 放至测点位置。一名操作人员手扶仪器手柄，使探杆保持竖直。另一名操作人员轻轻提起落锤至导向杆顶端，然后松开，使之呈自由落体下落。如果试验中探杆稍有倾斜，不可扶正；如果倾斜较大，造成落锤不是自由落体，则该点试验应废弃。如图 6—4—2 所示。

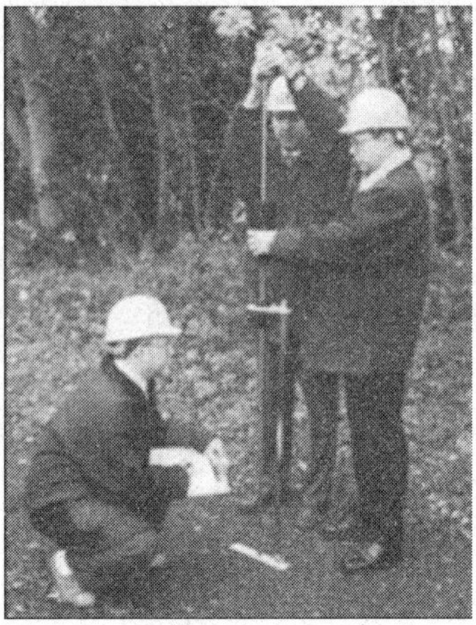

图6—4—2　动力锥贯入仪操作示意图

（2）读取贯入深度。每贯入约 10 mm 读一次数，记录锤击数和贯入量。

对于粒料基层，可能每 5 次或 10 次锤击读数一次；对于比较软弱的结构层，可能每 1 ~2 次锤击读数一次。

（3）连续锤击、测量，直到需要的结构层深度。当材料层坚硬，贯入量低到连续锤击 10 次而无变化时，可以停止试验或钻孔透过后继续试验。

（4）将落锤移走，从探坑中取出 DCP。

4．计算

（1）DCP 的测试结果可以用锤击次数作为横坐标、贯入深度作为纵坐标的贯入曲线表示，或使用专用的计算机程序进行处理，得出结构层材料的现场强度或 CBR 值等。

（2）通常可以计算出贯入度（平均每次的贯入量，mm/锤击次数）D_d，按得出的相关关系式（6—4—4）计算 CBR 值。

$$\lg(CBR) = a - b \cdot \lg(D_d) \qquad (6—4—4)$$

式中　CBR——结构层材料的现场 CBR 值；

D_d——贯入度，mm；

a，b——回归系数。

（3）也可以按荷兰公式（6—4—5）计算出动贯入阻力 Q_d，按得出的相关关系式（6—4—5）计算 CBR 值。

$$Q_d = \frac{m}{m + m_0} \cdot \frac{mgH}{A} \qquad (6—4—5)$$

式中　Q_d——动贯入阻力，kPa；

m_0——贯入器即被打入部分（包括锥头、探杆、锤座和导向杆等）的质量，kg；

m——落锤质量，kg；

g——重力加速度，取 9. 8 m/s^2；

H——落距，m；

A——探头截面积，cm^2。

$$\lg(CBR) = a + b\lg(Q_d) \qquad (6—4—6)$$

式中 CBR——结构层材料的现场 CBR 值；

Q_d——动贯入阻力，kPa；

a、b——回归系数。

5. 出具报告

本试验采用的记录格式见表 6—4—1，试验结束后，将试验数据记录于表中，按照贯入度与 CBR 值的关系式计算结果，出具以下报告：

表 6—4—1　　动力锥贯入仪试验记录表

工程名称：某高速公路　　路面（路基）结构：老路边坡

测点桩号：/　　测定日期：2012 年 10 月 9 日

序号	锤击次数	Σ锤击次数	贯入深度（mm）	贯入度 D_d（mm）
1	1	1	25	13
	1	2	23	
	1	3	20	
	1	4	21	
	1	5	20	
	1	6	19	
	1	7	18	
	1	8	16	
	1	9	15	
	1	10	13	
	1	11	12	
	1	12	11	
	1	13	12	
	1	14	11	
	1	15	11	
	1	16	11	
	1	17	12	
	1	18	11	
	2	20	9	
	2	22	8	
	2	24	4	

将上表计算出的贯入度 $D_d=13$ 代入关系式 $CBR=405.3/D_d^{1.259}$ 得到该测点的 CBR 值为 16.0，该测点在贯入深度达到 300 mm 后连续锤击无法继续贯入，表明该边坡部位压实质量很好，承载能力情况良好。

思考与练习

1．动力锥贯入仪在使用时有何注意事项？

2．动力锥贯入试验达到何种程度可以结束试验？

3．相比较其他土基回弹模量测试方法，动力锥贯入仪法的突出优点和缺点是什么？

模块七

路面抗滑性能检测

任务一　认知路面抗滑性能检测方法

学习目标

- 了解路面抗滑性能的概念。
- 掌握检测路面抗滑性能的方法及适用范围。

小资料

良好的路面抗滑性能是沥青路面或水泥混凝土路面必须具备的性能之一，为汽车操纵稳定性和行车安全提供有效的保障。路面抗滑性能不好，车辆容易出现滑溜、侧翻、追尾等事故（见图7—1—1、图7—1—2）。因此，路面施工结束后，每车道每路段均应检测路面抗滑性能情况。下面先来了解路面抗滑性能的概念和检测方法。

图7—1—1　雨天路面滑溜

图7—1—2　侧翻、追尾事故

相关理论

一、路面抗滑性能的概念

路面抗滑性能是指车辆轮胎受到制动时沿表面滑移所产生的摩擦力。轮胎与地面之间的摩擦力是汽车驱动力的来源，轮胎与地面之间的摩擦因数即是衡量路面抗滑性能的重要指标。路面抗滑性能是保证公路行车安全及维护必要的允许行车速度的一项重要指标，同时该指标也是路面设计、筑路材料、施工工艺、养护等各项技术水平的综合反映，因此先进的检测设备与技术对抗滑性的检测尤为重要。

知识拓展

路面摩擦因数是反映在较高速行车条件下的路面抗滑综合指标，目前世界上使用的有纵向摩擦因数与横向摩擦因数两种。纵向摩擦因数主要表示车辆在路面上沿行车方向制动时的路面拉力。横向摩擦因数表示车辆在制动时路面的拉力，同时还表征车辆在路面上发生侧滑的拉力。

通常抗滑性能被看成是路面的表面特性。表面特性包括路表面细构造（微观构造）和粗构造（宏观构造），如图 7—1—3 所示。影响抗滑性能的因素有路面表面特性、路面潮湿程度和行车速度。

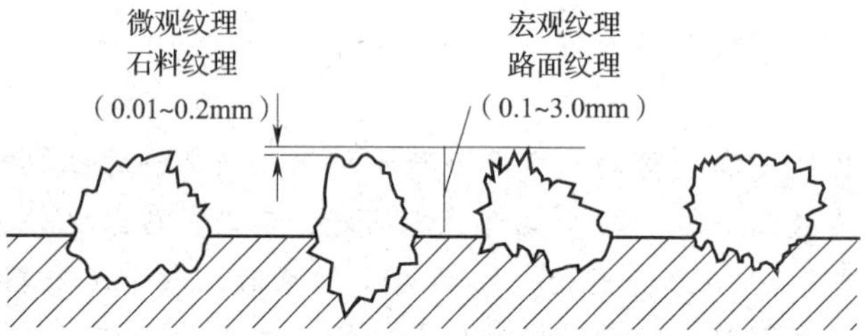

图 7—1—3　微观构造和宏观构造

小资料

路表面微观构造指路面集料表面的粗糙度，它随车轮的反复磨耗而逐渐被磨光。通常用石料磨光值（PSV）表征抗磨光的性能。在任何条件下，微观构造均对路面的抗滑性能有一定的影响，尤其在低速行车（30～50 km/h）时对路表抗滑起决定作用。路面的宏观构造是指路表面凹凸不平的开口孔隙，功能是使车轮下的路表水迅速排除，以避免形成水膜。在高速时主要起作用的是宏观构造，它主要反映路面表面的排水性能，通常用构造深度表示。

二、路面抗滑性能检测方法

路面抗滑性能检测方法可分为摩擦因数测定法和构造深度测定法。摩擦因数测定法主要有摆式仪法、横向力系数测试法等；构造深度测定法主要有手工铺砂法、电动铺砂法、车载式激光构造深度仪法等，它们的工作原理、特点及适用范围见表7—1—1。我国现行规范规程规定：采用摆式摩擦系数测定仪测定BPN摆值和构造深度来综合反映路面抗滑性能。

表7—1—1　　常见的路面抗滑性能测试方法比较

测试方法	测试指标	原理	特点及适用范围
摆式仪法	摩阻摆值 BPN	摆式仪的摆锤底面装有一块橡胶滑块，当摆锤从一定高度自由下摆时，滑块面同测试点表面接触。由于两者间的摩阻而损耗部分能量，使摆锤只能回到一定高度。回摆高度越小（摆值越大），则反映路表面的摩擦阻力越大	定点测量，原理简单，不仅可以用于室内，还可用于野外测试沥青路面及水泥混凝土路面的抗滑值
横向力系数测试法	横向力系数 SFC	摩擦因数测试车安装了两只标准试验轮胎，它们对车辆行驶方向偏转一定的角度。汽车以一定速度在潮湿路面上行驶时，试验轮胎受到侧向摩阻作用。此摩擦阻力除以试验轮上的荷载，即为横向力系数	测试速度快，用于标准的摩擦因数测试车测定沥青路面及水泥混凝土路面的横向力系数，结果作为竣工验收或使用期评定路面抗滑性能的依据
手工铺砂法、电动铺砂法	构造深度 TD（mm）	将已知体积的砂摊铺在所要测试路表的测点上，使砂嵌入凹凸不平的表面空隙中，量取摊平覆盖的面积。砂的体积与所覆盖平均面积的比值，即为构造深度	定点测量，原理简单，便于携带，结果直观。适用于测定沥青路面及水泥混凝土路面表面构造深度，用以评定路面表面的宏观粗糙度、排水性能及抗滑性能

在工程实际中，可根据现场条件和检测要求，选择抗滑性能检测方法。例如摆式仪法适于测定沥青路面在潮湿状态下的抗滑能力；铺砂法适于测定沥青路面及水泥混凝土路面表面构造深度；对于新建、改建沥青路面及水泥混凝土路面在无严重坑槽、车辙等病害的正常行车条件下可采用横向力系数测试法，连续采集横向力系数来评定路面抗滑性能。

阅读材料

1. 《公路路基路面现场测试规程》（JTG E60—2008）（重点阅读：10 抗滑性能）
2. 《公路工程质量检验评定标准》（JTG F80/1—2004）

思考与练习

1. 影响路面抗滑性能的因素有哪些？
2. 路面的表面特性包括哪些？
3. 路面抗滑性能检测方法有哪些？

任务二　手工铺砂法检测构造深度

学习目标

◆ 熟悉手工铺砂法的基本原理及适用范围。
◆ 熟悉路面抗滑性能的技术要求。
◆ 掌握手工铺砂法检测路面构造深度的方法与步骤。

工作任务

江苏省某地区在建一级公路，其路面为水泥混凝土路面，为评定该路面的宏观粗糙度、抗滑性能及路表面的排水性能，现要求测定该路面的构造深度。

任务一已经讲到，测定路面构造深度的方法有手工铺砂法、电动铺砂法和车载式激光构造深度仪法，其中最简单易行的方法就是手工铺砂法。电动铺砂法在日本及其他一些国家使用较多，我国用此法的单位不多；车载式激光构造深度仪不适用于带有沟槽构造的水泥混凝土路面。因此本任务主要讲解手工铺砂法的测定原理、适用范围和检测步骤。

相关理论

一、手工铺砂法的基本原理及适用范围

手工铺砂法的基本原理是将已知体积的砂摊铺在所要测试路表的测点上，使砂嵌入凹凸不平的表面空隙中，量取摊平覆盖的面积。砂的体积与所覆盖平均面积的比值，即为构造深度。

本方法适用于测定沥青路面及水泥混凝土路面表面构造深度，用以评定路面表面宏观粗糙程度、路面表面的排水性能及抗滑性能。

二、路面抗滑性能的要求

高速、一级公路的路面应具有良好的抗滑性能，二级及三级公路应根据各路段的具体情况采取必要的技术措施以提高路面抗滑性能。在设计高速、一级公路的沥青表面层时，应选用抗滑、耐磨石料，其石料磨光值应大于42。沥青路面的高速、一级公路的摩擦因数宜在竣工后第一个夏季采用摩擦因数测定车，以（50 ±1） km/h的车速测定横向力系数（SFC）；宏观构造深度应在竣工后第一个夏季用铺砂法或激光构造深度仪测定，此时的测定值应符合规定的竣工验收值的要求。

《公路工程质量评定标准》（JTG F80/1—2004）对路面抗滑性能的要求见表7—2—1。

表7—2—1　　路面抗滑性能的要求

路面类型	检查项目	规定值或允许偏差		检查方法和频率	权值
		高速公路 一级公路	其他公路		
水泥混凝土面层	构造深度（mm）	一般路段不小于0.7且不大于1.1；特殊路段不小于0.8且不大于1.2	一般路段不小于0.5且不大于1.0；特殊路段不小于0.6且不大于1.1	铺砂法：每200 m测1处	2
沥青混凝土和沥青碎（砾）石面层	摩擦因数	符合设计要求	—	摆式仪：每200 m测1处； 横向力系数测定车：全线连续，按《公路工程质量评定标准》附录K评定	2
	构造深度			铺砂法：每200 m测1处	

上述抗滑标准仅为设计阶段的抗滑标准。公路在养护过程中，也有养护的具体标准。

任务实施

对任务引入所描述的采用手工铺砂法来测定江苏省某地区在建一级公路（其路面为水泥混凝土路面）的构造深度，按照如下流程进行：

量砂准备、确定测点→准备仪具与材料→在现场测点处进行手工铺砂并量取直径数据→计算→检验结果的处理与评定（根据表7—2—1要求判断构造深度是否合格）。

1．量砂准备、确定测点

（1）量砂准备

取洁净的细砂晾干、过筛，取粒径为 0.15 ~ 0.3 mm 的砂置于适当的容器中备用。量砂只能在路面上使用一次，不宜重复使用。

（2）确定测点

按《公路路基路面现场测试规程》（JTG E60—2008）附录 A 的方法对测试路段按随机取样选点的方法，决定测点所在横断面位置。测点应选在行车道的轮迹带上，距路面边缘不应小于 1 m。

2．准备仪具与材料

（1）手工铺砂仪

由量砂筒、推平板组成，如图 7—2—1 所示。

图 7—2—1　手工铺砂仪实物图

1）量砂筒。如图 7—2—2a 所示，量砂筒一端为封闭的，内径为 20 mm，外径为 26 mm，总高 90 mm，容积为（25 ±0.15）mL，可通过称量砂筒中水的质量以确定其容积 V，并调整其高度，使其容积符合规定要求。

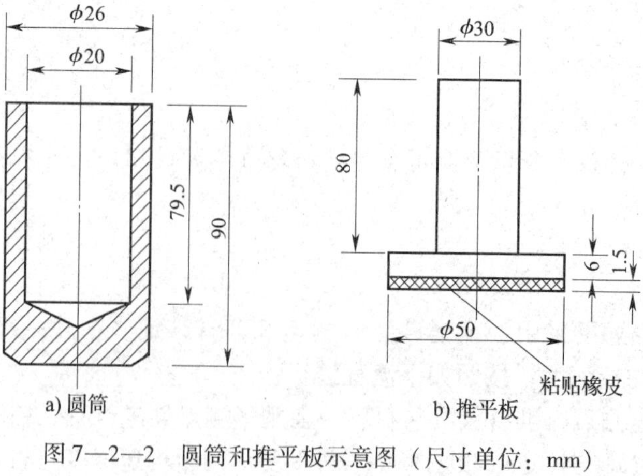

图 7—2—2　圆筒和推平板示意图（尺寸单位：mm）

2）推平板。如图7—2—2b所示，推平板应为木制或铝制，直径为50 mm，底面粘一层厚1.5 mm的橡胶片，上面有一个圆柱把手。

3）刮平尺。可用30 cm钢直尺代替。

（2）量砂

足够数量的干燥洁净匀质的砂，粒径为0.15～0.3 mm。

（3）量尺

钢直尺、钢卷尺或采用已按式（7—2—1）将直径换算成构造深度作为刻度单位的专用的构造深度尺。

（4）其他

装砂容器（小铲）、扫帚或毛刷、挡风板等。

3. 在现场测点处进行手工铺砂并量取直径数据

（1）用扫帚或毛刷将测点附近的路面清扫干净（见图7—2—3），面积不小于30 cm×30 cm。

图7—2—3　路面清扫

（2）用小铲向圆筒中注满砂（见图7—2—4），手提圆筒上方，在硬质路表面上轻轻地叩打3次，使砂密实（见图7—2—5），补足砂面用钢直尺一次刮平（见图7—2—6）。

图7—2—4　装砂

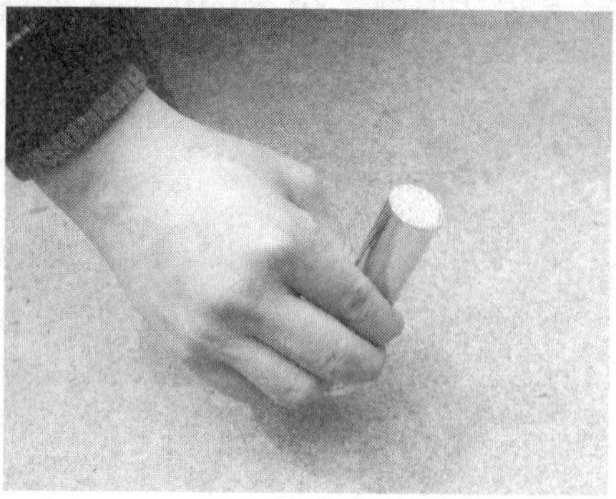

图 7—2—5　叩实量砂

图 7—2—6　刮平量砂

想一想

若直接用量筒到装砂的筒中装砂，会对检测结果产生什么影响？（小提示：从量筒中砂的紧密程度上去考虑。）

（3）将砂倒在路面上，用底面粘有橡胶片的推平板由里向外重复作旋转摊铺运动（见图 7—2—7），稍稍用力将砂细心地尽可能向外摊平，使砂填入凹凸不平的路表面的空隙中。

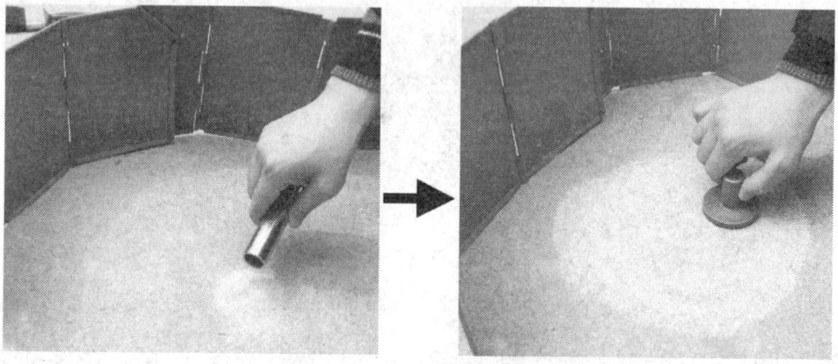

图 7—2—7　倒砂和摊铺

提示

尽可能将砂摊成圆形，并不得在表面上留有浮动余砂（见图 7—2—7），注意摊铺时不可用力过大或向外推挤。

想一想

如果摊铺时摊得不足，用力过大或向外推挤，会对检测结果产生什么影响？（小提示：摊得不足，会将路表基准面以上的砂也计入空隙的体积，使构造深度变大；用力过大或向外推挤砂摊开面积过大，又使构造深度变小。）

（4）用钢直尺测量所构成圆的两个垂直方向的直径，取其平均值，准确至5 mm（见图7—2—8）。

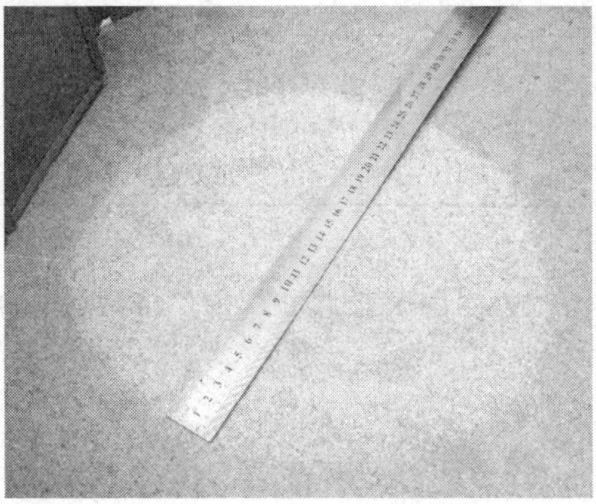

图7—2—8　测量直径长度

（5）按以上方法，同一处平行测定不少于3次，3个测定点均位于轮迹带上，测点间距3～5 m。对同一处，应该由同一个试验员进行测定。该处的测定位置以中间测点的位置表示。

4．计算

（1）路面表面构造深度测定结果按式（7—2—1）计算：

$$TD=\frac{1\ 000V}{\pi D^2/4}=\frac{31\ 831}{D^2} \tag{7—2—1}$$

式中　TD——路表面的构造深度，mm；

V——砂的体积（25 cm^3）；

D——摊平砂的平均直径，mm。

（2）每一处均取3次路面构造深度的测定结果的平均值作为试验结果，准确至0.01 mm。

（3）计算每一个评定区间路面构造深度的平均值、标准差、变异系数。

5．检验结果的处理与评定

（1）列表逐点报告路面构造深度的测定值及3次测定的平均值，当平均值小于0.2 mm时，试验结果以小于0.2 mm表示。

（2）计算每一个评定区间路面构造深度的平均值、标准差、变异系数。

（3）路面构造深度检测记录表见表7—2—2。

表7—2—2　　路面构造深度检测（铺砂法）记录表

项目名称：江苏某地区在建一级公路　　　　施工单位：×××××公路工程公司

路面结构形式	水泥混凝土路面			构造深度 $TD=31\ 831/D^2$				
测点位置或桩号	圆直径 D（mm）			构造深度 TD（mm）			平均构造深度（mm）	备注
	1	2	3	1	2	3		
K1 +300 ~ +500	210	205	210	0.72	0.76	0.72	0.73	匝道2
K1 +500 ~ +700	200	195	200	0.80	0.84	0.80	0.81	
K1 +700 ~ +900	195	195	205	0.84	0.84	0.76	0.81	

续表

测点位置或桩号	圆直径 D（mm）			构造深度 TD（mm）			平均构造深度（mm）		备注
	1	2	3	1	2	3			
测点数	3	规定值	0.70	标准差	0.05	变异系数（%）	6.38	合格率（%）	100

检测　　　　　　年　月　日　　　　　　　　　　　　复核　　　　　　年　月　日

根据上述表格的计算可知，工作任务中在建一级公路所测水泥混凝土路面的构造深度值合格。

阅读材料

手工铺砂法测定路面构造深度，具有原理简单、便于携带、结果直观等优点，但是手工铺砂法误差较大，因此在测试工程中要注意以下几点：

1. 量砂只能在路面上使用一次，不宜重复使用。回收砂禁止使用。

2. 向量筒中装砂时必须用小铲装，不可直接用量筒装砂，以免影响量砂密度的均匀性，影响装砂量。

3. 铺砂时不可用力过大或向外推挤，尽可能将砂摊成圆形，并不得在表面上留有浮动余砂。

思考与练习

1. 如何采用手工铺砂仪检测路面抗滑性能？

2. 简述手工铺砂法测定路面构造深度时的注意事项。

任务三　摆式仪测定路面摩擦因数

学习目标

- 熟悉摆式仪测定路面摩擦因数的基本原理及适用范围。
- 掌握摆式仪测定路面摩擦因数的方法和步骤。

工作任务

江苏省某地区在建一级公路，其路面为沥青混凝土路面，为评定该路面在潮湿状态下的抗滑能力，现要求测定该路面的抗滑摆值。

模块七任务一已经讲过，测定路面在潮湿状态下的抗滑摆值可采用摆式仪法，因此本任务主要讲解摆式仪法的测定原理、适用范围和检测步骤。

相关理论

摆式仪法是通过测定路面的抗滑摆值来评定路面在潮湿状态下的抗滑能力。摆式仪法的基本原理是：摆式仪的摆锤底面装有一块橡胶滑块，当摆锤从一定高度自由下摆时，滑块面同测试点表面接触。由于两者间的摩擦阻而损耗部分能量，使摆锤只能回到一定高度。摆锤回摆高度越小（摆值越大），则反映路表面的摩擦阻力越大。摆式仪测定的摆值 BPN 值是反映路面抗滑性能的综合性指标。

摆式仪法适用于以摆式摩擦因数测定仪（摆式仪）测定沥青路面及水泥混凝土路面的抗滑值，用以评定路面在潮湿状态下的抗滑能力。

任务实施

对任务引入所描述的采用摆式仪法来测定江苏省某地区在建一级公路（其路面为沥青混凝土路面）的抗滑摆值，按照如下流程进行：

选定测点→准备仪具与材料→在现场测点处进行摆式仪测定→求算每一测点的抗滑摆值 BPN→检验结果的处理与评定（根据表 7—2—1 要求判断抗滑摆值是否合格）。

1. 选定测点

按《公路路基路面现场测试规程》（JTG E60—2008）附录 A 的方法，进行测试路段的取样选点。在横断面上测点应选在行车道轮迹处，且距路面边缘应不小于 1 m。

2. 准备仪具与材料

(1) 摆式仪。形状如图 7—3—1 所示，结构如图 7—3—2 所示，摆及摆的连接部分总质量为（1 500 ±30）g，摆动中心至摆的重心距离为（410 ±5）mm，测定时摆在路面上的滑动长度为（126 ±1）mm，摆上橡胶片端部距摆动中心的距离为 510 mm，橡胶片对路面的正向静压力为（22.2 ±0.5）N。

检查摆式仪的调零灵敏情况，并定期进行仪器标定。

(2) 橡胶片。用于测定路面抗滑值时，其尺寸为 6.35 mm ×25.4 mm ×76.2 mm，橡胶质量应符合表 7—3—1 的质量要求。当橡胶片使用后，端部在长度方向上磨损超过 1.6 mm 或边缘在宽度方向上磨耗超过 3.2 mm，或有油类污染时，即应更换新橡胶片。新橡胶片应在干燥路面上测试 10 次后再用于测试。橡胶片的有效使用期从出厂日期起算为 12 个月。

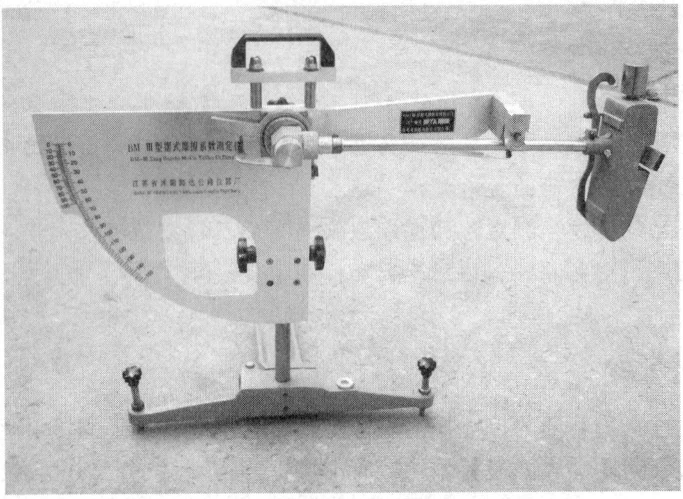

图 7—3—1　摆式仪实物图

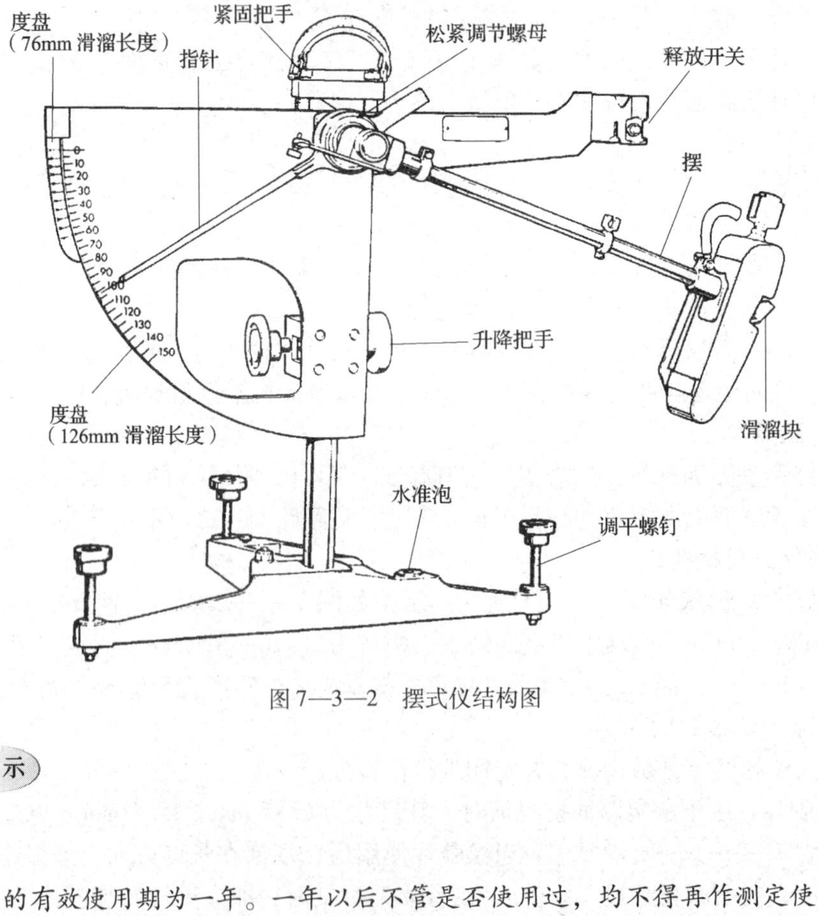

图 7—3—2　摆式仪结构图

提 示

橡胶片的有效使用期为一年。一年以后不管是否使用过，均不得再作测定使用。因为橡胶会老化，弹性、硬度均发生变化，影响测试结果。

表 7—3—1　　橡胶物理性质技术要求

性质指标	温度（℃）				
	0	10	20	30	40
弹性（%）	43 ~ 49	58 ~ 65	66 ~ 73	71 ~ 77	74 ~ 79
硬度	55 ± 5				

（3）滑动长度量尺。长 126 mm，如图 7—3—3 所示。

图 7—3—3　滑动长度量尺实物图

（4）喷水壶。

（5）硬毛刷。

（6）路面温度计。分度不大于 1℃。

（7）其他。皮尺或钢卷尺、扫帚、粉笔等。

3. 在现场测点处进行摆式仪测定

（1）清洁路面

用扫帚或其他工具将测点处的路面打扫干净。

（2）仪器调平

1）将仪器置于路面测点上，并使摆的摆动方向与行车方向一致。

2）转动底座上的调平螺栓，使水准泡居中（见图 7—3—4）。

图 7—3—4　仪器调平

（3）调零

1）放松紧固把手，转动升降把手，使摆升高并能自由摆动，然后旋紧紧固把手。

2）将摆固定在右侧悬臂上，使摆处于水平释放位置，并把指针拨至右端与摆杆平行处（见图 7—3—5）。

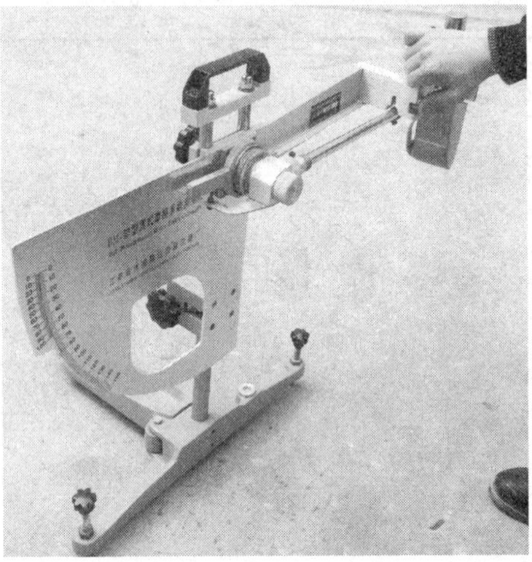

图 7—3—5　使摆水平

3）按下释放开关，使摆向左带动指针摆动，当摆达到最高位置后下落时，用手将摆杆接住，此时指针应指零。若不指向零时，可稍旋紧或放松摆的调节螺母，重复本项操作，直至指针指零（见图 7—3—6）。调零允许误差为 ±1 BPN。

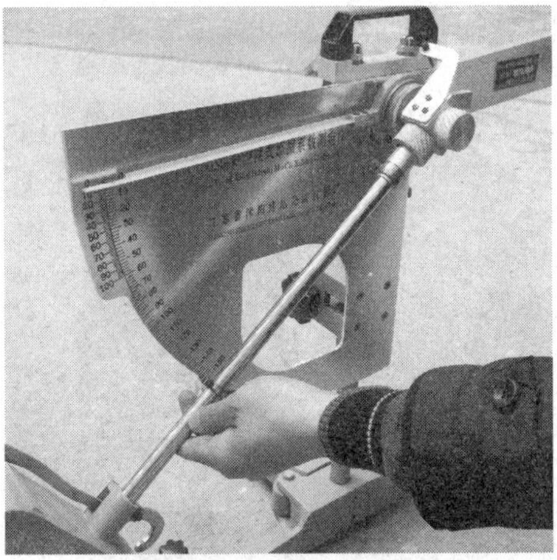

图 7—3—6　指针指零

提示

当摆向左摆动后返回时，一定要用手接住摆杆，以免损坏滑溜块和指针。

（4）校核滑动长度

1）让摆处于自然下垂状态，松开固定把手，转动升降把手，使摆下降。与此同时，提起举升柄使摆向左侧移动，然后放下举升柄使橡胶片下缘轻轻触地，紧靠橡胶片摆放滑动长度量尺，使量尺左端对准橡胶片下缘；再提起举升柄使摆向右侧移动，然后放下举升柄使橡胶片下缘轻轻触地，此时橡胶片下缘应与滑动长度量尺的右端齐平。

2）若齐平，则说明橡胶片两次触地的距离（滑动长度）符合126 mm的规定。校核滑动长度时，应以橡胶片长边刚刚接触路面为准，不可借摆的力量向前滑动，以免标定的滑动长度与实际不符。

3）若不齐平，升高或降低摆或仪器底座的高度。微调时用旋转仪器底座上的调平螺钉调整仪器底座高度的方法比较方便，但需注意保持水准泡居中。

4）重复上述动作，直至滑动长度符合126 mm的规定（见图7—3—7）。

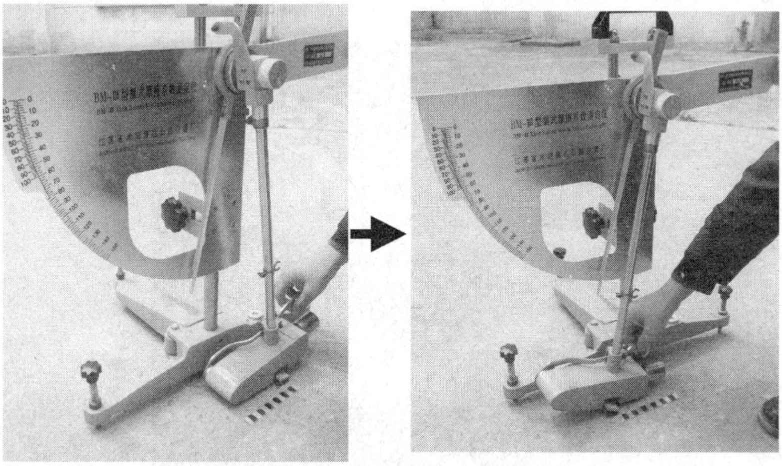

图7—3—7　校核滑动长度

想一想

如果校核滑动长度时，未以橡胶片长边刚刚接触路面为准，而是借摆的力量向前滑动，使标定的滑动长度与实际不符，对检测结果会有什么影响？

（5）将摆固定在右侧悬臂上，使摆处于水平释放位置，并把指针拨至右端与摆杆平行处。

（6）用喷水壶浇洒测点，使路面处于湿润状态（见图7—3—8）。

（7）按下释放开关，使摆在路面上滑过，当摆杆回落时，用手接住摆，指针即可指示出路面的摆值。但第一次测定，不做记录。然后使摆杆和指针重新置于水平释放位置（见图7—3—9）。

（8）重复（6）和（7）的操作测定5次，并读记每次测定的摆值。5次数值中最大值与最小值的差值不得大于3。如差值大于3，应检查产生的原因，并再次重复上述各项操作，至符合规定为止。取5次测定的平均值作为每个单点的路面抗滑值（即摆值BPN_t），取整数。

图 7—3—8　浇洒测点

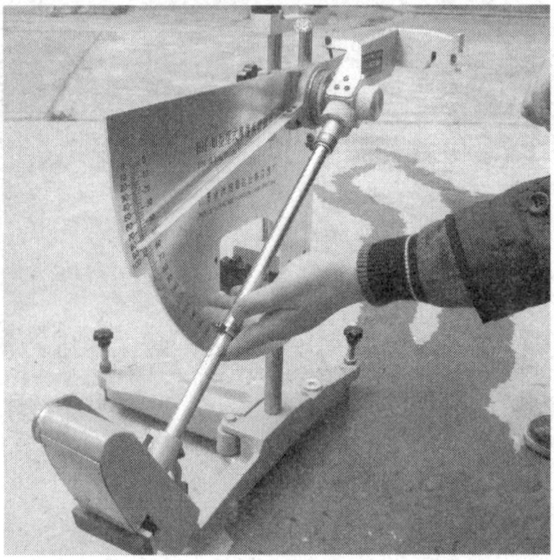

图 7—3—9　首次测试

（9）在测点位置上用温度计测记潮湿路表温度（见图 7—3—10），精确至 1℃。

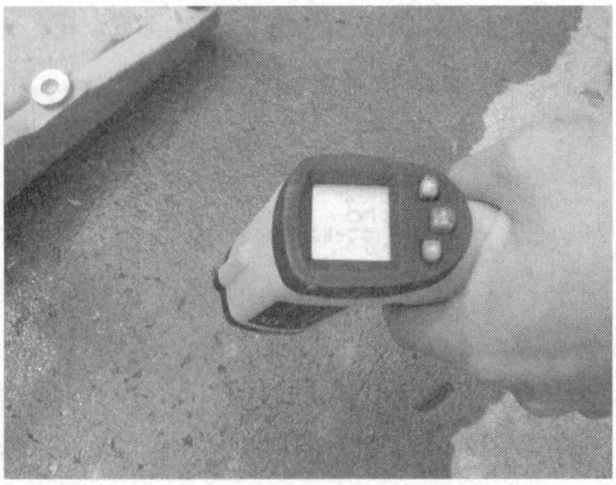

图 7—3—10　测记潮湿路表温度

(10) 每个测点由 3 个单点组成，即需按以上方法在同一测点处平行测定 3 次，以 3 次测定结果的平均值作为该测点的代表值（精确到 1）。3 个单点均应位于轮迹带上，单点间距 3 ~ 5 m。该测点的位置以中间单点的位置表示。

4. 求算每一测点的抗滑摆值 BPN（抗滑值的温度修正）

当路面温度为 t（℃）时测得的摆值为 BPN_t，必须按式（7—3—1）换算成标准温度 20℃ 的摆值 BPN_{20}。

$$BPN_{20} = BPN_t + \Delta BPN \quad (7\text{—}3\text{—}1)$$

式中 BPN_{20}——换算成标准温度 20℃ 时的摆值；

BPN_t——路面温度为 t 时测得的摆值；

ΔBPN——温度修正值，按表 7—3—2 采用。

表 7—3—2 温度修正值

温度 t（℃）	0	5	10	15	20	25	30	35	40
温度修正值 ΔBPN	−6	−4	−3	−1	0	+2	+3	+5	+7

5. 检验结果处理与评定

(1) 列表（见表 7—3—3）逐点报告路面单点测定值 BPN_t 经温度修正后的 BPN_{20}、现场温度、3 次的平均值。

(2) 评定路段路面抗滑值的平均值、标准差、变异系数。

表 7—3—3 路面摩擦因数检测记录表

工程名称：江苏省某地区在建一级公路　施工单位：× ×公路工程公司　路面类型：沥青混凝土路面

测点位置	摆值 BPN_t						温度修正			结果	
	1	2	3	4	5	平均	路面温度 t（℃）	修正值 ΔBPN	抗滑值 BPN_{20}	平均抗滑值 BPN_{20}	备注
K1 +300	48	46	47	46	46	47	15	−1	46	46	
	48	46	48	48	46	47	15	−1	46		
	46	47	48	46	46	47	15	−1	46		
K1 +500	45	47	45	44	46	45	15	−1	44	45	
	48	47	47	46	46	47	15	−1	46		
	47	48	46	47	46	47	15	−1	46		
K1 +700	48	47	46	45	46	46	15	−1	45	46	
	46	47	46	47	46	46	15	−1	45		
	46	47	48	47	46	47	15	−1	46		
测点数	3	规定值（BPN）	45	标准差		0.577	变异系数（%）	1.26		合格率（%）	100

检测　　年　月　日　　　　复核　　年　月　日

根据上述表格的计算可知，工作任务中在建一级公路所测沥青混凝土路面的抗滑摆值合格。

阅读材料

摆式仪是动力摆冲击型仪器，它其实是根据“摆的位能损失等于摆臂末端橡胶片在路面上滑动时，克服路面摩擦所做的功”这一基本原理研制而成。摆式仪调试方便，操作简单，测试数据准确，并且室内外均可使用。为了保证测试结果的精确度，在操作仪器过程中必须注意以下几点：

1. 测点位置宜紧靠铺砂法测定构造深度的测点位置，并与其一一对应。
2. 抗滑摆值测试完毕后应在测点位置上用路表温度计测记潮湿路面的温度，准确至1℃。
3. 当摆达到最高位置后下落时，应用左手将摆杆接住，防止损坏滑溜块和指针。
4. 在滑溜块上橡胶片滑动的有效范围内不应有明显的凸形和凹形，以免影响测定数值。
5. 标定滑动长度时，应以橡胶片刚刚接触路面为准，不可借摆的力量向前滑动，以免标定的滑动长度过长。
6. 摆式仪应加强日常保养，拧紧各紧固螺钉，以保证摆式仪结构处于紧凑稳固状态。
7. 路面摩擦因数沿路面的横断面而变化。通常路中小，路边大。为反映测试路段的最不利情况，应选择摩擦因数小、使用刹车较频繁的位置，即沿行车方向的左轮轮迹处。
8. 在测定时，必须同一人 5 次测定的 BPN 值相差不得超过 3 个单位。

思考与练习

1. 简述摆式仪测定路面抗滑摆值的测试步骤及注意事项。
2. 摆式仪测定路面抗滑摆值与手工铺砂法测定构造深度的测点如何确定？两测点之间有何关系？
3. 若校核滑动长度中滑动长度大于或小于 126 mm，会如何影响试验结果？

任务四　横向力系数测试系统测定路面摩擦因数

学习目标

- ◆ 熟悉横向力系数测试系统测定路面摩擦因数的基本原理及适用范围。
- ◆ 掌握横向力系数测试系统测定路面摩擦因数的方法和步骤。

工作任务

江苏省某地区在建一级公路，其路面为沥青混凝土路面，现要求利用横向力系数测试系统测定该路面的路面摩擦因数。

模块七任务一已经讲过，在无严重坑槽、车辙等病害的正常行车条件下，快速测定路面在潮湿状态下的路面摩擦因数可采用横向力系数测试法，因此本任务主要讲解横向力系数测试法的测定原理、适用范围和检测步骤。

相关理论

横向力系数测试的基本原理：测试车安装有两只标准试验轮胎，它们对车辆行驶方向偏转一定的角度。汽车以一定速度在潮湿路面上行驶时，试验轮胎受到侧向摩阻作用。此摩擦阻力除以试验轮上的荷载，即为横向力系数（SFC）。采用此方法测试摩擦因数，包含了行车前进产生的纵向摩擦与刹车制动产生的横向侧滑摩擦，比较符合汽车在路面行驶时的工作状况。在此只介绍单轮式横向力系数测试系统测定路面摩擦因数的方法。

本方法测试速度快，数据的采集、传输、记录和处理分别由专用软件自动控制进行，适用于标准的摩擦因数测试车测定沥青路面及水泥混凝土路面在无严重坑槽、车辙等病害的正常行车条件下连续采集的横向力系数，结果作为竣工验收或使用期评定路面抗滑性能的依据。

任务实施

对任务引入所描述的采用单轮式横向力系数测试系统来测定江苏省某地区在建一级公路（其路面为沥青混凝土路面）的摩擦因数，按照如下流程进行：

准备仪具与材料→测试前准备工作→在现场测试路段启动系统的采集和记录程序→SFC值的修正→不同类型摩擦因数测试相关关系对比试验→出具报告→路面横向力系数评定（根据表7—2—1要求判断摩擦因数是否合格）。

1. 准备仪具与材料

（1）测试系统（SCRIM型）构成

测试系统由承载车辆、距离测试装置、横向力测试装置、供水装置和主控制系统组成，如图7—4—1所示。主控制系统除实施对测试装置和供水装置的操作控制外，同时还控制数据的传输、记录与计算等环节。

（2）设备承载车基本技术要求和参数

横向力系数测试系统的承载车辆应为能够固定和安装测试、储供水、控制和记录等系统的载货车底盘，具有在水罐满载状态下最高车速大于100 km/h的性能。

（3）测试系统技术要求和参数

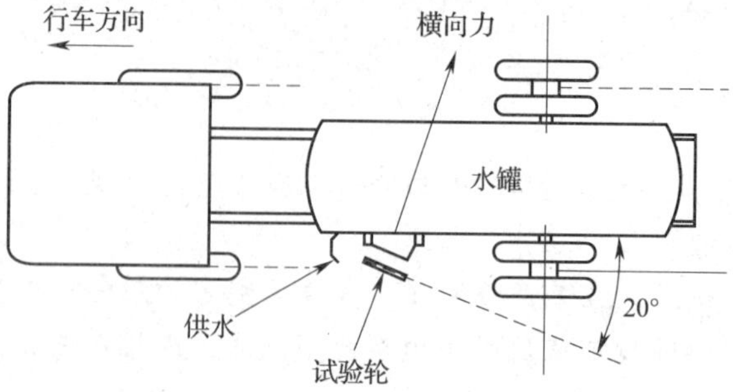

图7—4—1 单轮式横向力系数测试系统

1）测试轮胎类型。光面天然橡胶充气轮胎。

2）测试轮胎规格。3.00/20。

3）测试轮胎标准气压。（350±20）kPa。

4）测试轮偏置角。19.5°~21°。

5）测试轮静态垂直标准荷载。（2 000±20）N。

6）拉力传感器非线性误差。<0.05%。

7）拉力传感器有效量程。0~2 000 N。

8）距离标定误差。<2%。

2. 测试前准备工作

（1）每个测试项目开始前或连续测试超过1 000 km后必须按照设备使用手册规定的方法进行测试系统的标定，记录标定数据并存档。

（2）检查测试车轮胎气压，应达到车辆轮胎规定的标准气压。

（3）检查测试轮胎磨损情况，当其直径比新轮胎减小达6 mm（即胎面磨损3 mm）以上或有明显磨损裂口时，必须立即更换新轮胎。更换的新轮胎在正式测试前应试测2 km。

（4）检测测试轮气压，应达到（0.35±0.02）MPa的要求。

（5）测试轮固定螺栓应拧紧。将测试轮放到正常测试时的位置，应能够沿两侧滑柱上下自由升降。

（6）根据测试里程的需要向水罐加注清洁测试用水。

（7）检查洒水口出水情况和洒水位置是否正常。洒水位置应在测试轮触地面中点沿行驶方向前方（400±50）mm处，洒水宽度应为中心线两侧各不小于75 mm。

（8）将控制面板电源打开，检查各项控制功能键、指示灯和技术参数选择状态应正常。

3. 在现场测试路段启动系统的采集和记录程序

（1）正式开始测试前，首先应按设备操作手册规定的时间要求对系统进行通电预热。

（2）进入测试路段前应将测试轮胎降至路面上预跑约500 m。

（3）按照设备操作手册的规定和测试路段的现场技术要求设置完毕所需的测试状态。

（4）驾驶员在进入测试路段前应保持车速在规定的测试速度范围内，沿正常行车轨迹驶入测试路段。

（5）进入测试路段后，测试人员启动系统的采集和记录程序。在测试过程中必须及时准确地将测试路段的起终点和其他需要特殊标记点的位置输入测试数据记录中。

(6) 当测试车辆驶出测试路段后，仪器操作人员停止数据采集和记录，提升测量轮并恢复仪器各部分至初始状态。

(7) 操作人员检查数据文件应完整，内容应正常，否则需要重新测试。

(8) 关闭测试系统电源，结束测试。

4. SFC 值的修正

(1) SFC 值的速度修正

测试系统的标准测试速度范围规定为（50 ±4）km/h，其他速度条件下测试的 SFC 值必须通过式（7—4—1）转换至标准速度下的等效 SFC 值。

$$SFC_{标} = SFC_{测} - 0.22\ (v_{标} - v_{测}) \tag{7—4—1}$$

式中 $SFC_{标}$——标准测试速度下的等效 SFC 值；

$SFC_{测}$——现场实际测试速度条件下的 SFC 测试值；

$v_{标}$——标准测试速度，取 50 km/h；

$v_{测}$——现场实际测试速度。

(2) SFC 值的温度修正

测试系统的标准现场测试地面温度范围为（20 ± 5）℃，其他地面温度条件下测试的 SFC 值必须通过转换至标准温度下的等效 SFC 值（见表 7—4—1）。系统测试要求地面温度控制在 8 ~ 60℃范围内。

表 7—4—1　　SFC 值温度修正

温度（℃）	10	15	20	25	30	35	40	45	50	55	60
修正	-3	-1	0	+1	+3	+4	+6	+7	+8	+9	+10

5. 不同类型摩擦因数测试相关关系对比试验

详见《公路路基路面现场测试规程》（JTG E60—2008）中 T 0965—2008 单轮式横向力系数测试系统测定路面摩擦因数试验方法。

6. 出具报告

(1) 测试路段名称及桩号、公路等级、测试日期、天气情况、路面在潮湿状态下的路表温度，描述路面结构类型及外观等，见表 7—4—2。

(2) 测试过程中交叉口、转弯等特殊路段及里程桩号的记录。

(3) 数据处理打印结果，包括各测点路面摩擦因数值、行程距离、行驶速度，每一个评定路段路面摩擦因数值统计个数、平均值、标准差、变异系数。

(4) 公路沿线摩擦因数的变化图，不同摩擦因数区间的路段长度占总测试里程百分比的统计表。

7. 路面横向力系数评定

评定路段内的路面横向力系数按 SFC 的设计或验收标准值进行评定。

SFC 代表值为 SFC 算数平均值的下置信界限值，即：

$$SFC_r = \overline{SFC} - \frac{t_\alpha}{\sqrt{n}}S \qquad (7—4—2)$$

式中 SFC_r——SFC 代表值；

$\overline{SFC}$——SFC 平均值；

S——标准差；

n——检测点数；

t_α——t 分布表中随测点数和保证率（或置信度）而变的系数，可查附表 A。采用的保证率：高速公路、一级公路为 95%；其他公路为 90%。

当 SFC 代表值不小于设计或验收标准时，按单个 SFC 值计算合格率；当 SFC 代表值小于设计或标准值时，相应分项工程评为不合格。

表 7—4—2　　摩擦因数测定车测定路面横向力系数试验记录表

项目名称			施工单位			施工日期	
合同段			监理单位				
单位工程			检验单位			检测日期	
分部工程				工程部位			
分项工程				桩号范围			
检测仪器			天气情况			标准值 SFC	
桩号	车道号	现场温度（℃）	测试速度（km/h）	行程距离（m）	摩擦因数 $SFC_{测}$	摩擦因数 $SFC_{标}$	备注
自检意见							
监理意见							

检测：　　　　复核：　　　　试验室主任：　　　　试验监理工程师：

阅读材料

国际上通行的路面摩擦因数测试车有两大类：一类以英国的SCRIM为代表，测定横向力系数；另一类以美国、日本等目前使用较为普遍的GripTester纵向摩擦因数测试车为代表。纵向摩擦因数主要表示车辆在路面上沿行车方向制动时的路面抗力，与制动距离关系最为密切；而横向力系数不但表示车辆在路面上的制动抗力，而且还表征车辆发生侧滑的抗力。因此，横向力系数更能反映路面的实际抗滑能力。

目前我国制定的规范中对路面抗滑性能评价指标除构造深度和摆值外，主要以SCRIM型摩擦因数测定车测试结果（SFC）为评价指标。

测试系统在经过长期放置、长途行驶或进入温度、湿度差别较大的地区时，其性能指标都可能发生变化，因此规定在每个测试项目开始前必须对设备进行重新标定。

思考与练习

1. 为何要测定路面横向力系数？需采用哪些检测仪器？
2. 为何要对SFC值进行温度修正？

模块八

水泥混凝土强度检测

任务一　认知水泥混凝土强度检测方法

学习目标

- 了解现场检测水泥混凝土强度的意义。
- 熟悉现场检测水泥混凝土强度的方法。
- 掌握非破损法和局部破损法的适用范围及优缺点。

工作任务

混凝土是交通工程建设使用的主要建筑材料之一，尤其在桥梁结构及部分路面结构中大量使用。混凝土强度的检测可以通过在试验室制作标准试件测定强度实现，但施工现场的结构实体混凝土所处环境与试验室标准环境相差甚大。因此，若要了解结构实体混凝土的真实强度，则需要进行现场检测。那么怎样对混凝土强度进行现场检测呢?

目前现场检测混凝土强度的方法有多种，不同的方法适用于不同的对象，在试验检测前首先要根据具体情况选取正确合适的方法，下面就各种方法先做简要介绍。

相关理论

一、现场检测水泥混凝土强度的意义

混凝土结构实体的质量受材料、成型、养护工艺和施工技术水平的影响而差异较大，全

面、及时地掌握混凝土的施工质量，是混凝土施工控制的关键，也是检测人员重点关注的对象。结构实体质量检测的主要内容之一就是现场检测混凝土的强度，混凝土的强度直接关系结构实体安全性，必须采用合适的方法准确测定混凝土强度。

二、现场检测水泥混凝土强度的方法

一般情况下，混凝土强度的检测和评定应按照《混凝土结构工程施工质量验收规范》（GB 50204—2002）和《混凝土强度检验评定标准》（GB/T 50107—2010）执行，也就是对混凝土强度的检测应以在混凝土浇筑地点制备与结构实体同条件养护的试件强度为依据。此外，也可按照合同的约定，采用非破损或局部破损的检测方法。同条件养护试件的制备与试验与普通混凝土力学性能试验方法基本一致，在此不再详细介绍。本模块主要介绍非破损和局部破损法现场检测混凝土强度。

1. 局部破损法

局部破损法以不影响结构或构件的承载能力为前提，在结构或构件上直接进行局部破坏性试验，或直接钻取芯样进行破坏性试验。主要方法有钻芯法、拔出法、射钉法等。此类方法较直观可靠，测试结果易为人们接受，但对混凝土结构造成局部破坏，不宜大范围检测且费用较高，因而受到种种限制。

原则上检测结构混凝土强度不采用局部破损法，但在其他方法不能准确评定结构或构件的混凝土强度时，应采用取芯法或者取芯法结合其他方法综合评定。

2. 非破损检测法

非破损检测法又称无损检测法，它是以混凝土强度与某些物理量之间的相关性为基础，检测时在不影响结构或构件混凝土任何性能的前提下测试这些物理量，然后根据相关关系推算被测混凝土的强度推定值。其主要方法有回弹法、超声法、超声回弹综合法、射线法、成熟度法等。此类方法所用仪器简单、操作方便、费用低廉，同时便于大范围检测，在有严格的测强曲线的条件下，其测试精度较高。

当对结构中的混凝土有强度检测要求时，需要直接在混凝土结构物上运用非破损检测法测定混凝土的实际强度，具体来说非破损检测法适用于下面四种情况：

（1）当标准养护试件或同条件试件数量不足或未按规定制作试件时；当所制作的标准试件或同条件试件与所成型的构件在材料用量、配合比、水灰比等方面有较大差异，已不能代表构件的混凝土质量时；当标准试件或同条件试件的强度试验结果不符合现行标准、规范规定的对结构或构件的强度合格要求，并且对该结果持有怀疑时，应采用非破损检测方法检测和推定混凝土强度作为处理混凝土质量的一个依据。

（2）当需要了解混凝土在施工期间的强度增长情况是否满足结构或构件的拆模、出养护池、出厂、吊装、预应力筋的张拉或放张，以及施工期间负荷对混凝土强度的要求时，可运用非破损检测方法连续检测结构混凝土强度的发展，以便及时调整施工进程，在确保质量的前提下加快施工进度，加快场地周转，降低能耗。

（3）当出现由于施工控制不严或施工过程中某种意外事故可能影响混凝土的质量时，

可采用非破损检测方法作为施工过程中质量监控的重要手段，以便迅速反馈给下一道工序，及时调整工艺参数。

（4）当已建成结构受灾害性因素影响或者需要进行维修、加层、拆除时，可采用非破损检测方法对原有混凝土进行强度推定，以便为改建、加固设计提供基本强度参数。

3．混凝土强度现场检测方法比较

混凝土强度现场检测的主要方法及各方法的适用范围见表8—1—1，在工程实际中，应针对具体的工程情况选取适宜的试验方法，这将在本模块后续任务中逐一具体展开。

表8—1—1　　混凝土强度现场检测方法及适用范围比较

试验方法	适 用 范 围
回弹仪法	本方法适用于普通混凝土抗压强度的检测，不适用于表面和内部质量有明显差异或内部存在缺陷的混凝土强度检测
超声回弹法	当对结构中的混凝土（密度为2 400 kg/m^3左右）有强度检测要求时，可使用本方法进行检测，并推定结构混凝土的强度，作为混凝土结构处理的一个依据。不适用于检测因冻害、化学侵蚀、火灾、高温等已造成表面疏松、剥落的混凝土
钻芯取样法	适用于检测结构中混凝土强度不大于80 MPa的普通混凝土。通常与其他非破损检测方法配合使用

阅读材料

1.《回弹法检测混凝土抗压强度技术规程》（JGJ/T 23—2011）
2.《超声回弹综合法检测混凝土强度技术规程》（CECS 02—2005）
3.《钻芯法检测混凝土强度技术规程》（CECS 03—2007）
4.《混凝土中钢筋检测技术规程》（JGJ/T 152—2008）
5.《公路路基路面现场测试规程》（JTG E60—2008）
6.《混凝土结构工程施工质量验收规范》（GB 50204—2002）
7.《混凝土强度检验评定标准》（GB/T 50107—2010）

思考与练习

1. 常用的混凝土的测强技术有哪些？
2. 混凝土非破损检测的优势是什么？
3. 当回弹法的测试结果和混凝土试块强度不一致时，可以用回弹法的测试结果代替混凝土的强度评定吗？
4. 什么情况下才进行钻芯取样测定混凝土强度？

任务二　回弹仪测定水泥混凝土强度

学习目标

- 掌握回弹仪法的基本原理及适用范围。
- 掌握回弹仪测定水泥混凝土强度的方法和步骤。
- 掌握回弹值和混凝土强度值的计算方法。

工作任务

江苏省某市在建跨运河大桥，大桥高于河面12 m，桥长460 m，宽21.5 m，按双幅桥设计，主桥预应力混凝土连续箱梁结构，设计混凝土强度等级为C50。目前第一联箱梁已浇筑完成，经养护已到7天龄期，为确定是否可以进行下一步的预应力钢束张拉，需了解混凝土强度增长情况，检测其强度是否达到混凝土设计强度等级的90%。

对于施工过程中为掌握混凝土强度增长情况而对结构实体强度的检测，采用回弹法比较简便、快捷，可按照《回弹法检测混凝土抗压强度技术规程》（JGJ/T 23—2011）的要求对该构件进行强度检测。

相关理论

一、基本原理

回弹法是利用弹簧驱动重锤，通过弹击杆弹击混凝土表面，测出重锤被反弹回来的距离，以反弹距离与弹簧初始长度之比即回弹值作为与强度相关的指标，来推定混凝土强度的一种方法。混凝土强度越高，弹击杆弹击混凝土时，混凝土变形越小，吸收的重锤能量越少，重锤弹回的距离越远，对应的回弹值就越大，反之亦然。回弹法具有简单、灵活、快捷的特点，在我国应用日益广泛，当需要检测混凝土构件实际强度时，可采用回弹法进行，检测结果作为处理混凝土质量的依据。

二、适用范围

本方法适用于普通混凝土抗压强度的检测，不适用于表面和内部质量有明显差异或内部存在缺陷的混凝土强度检测。

任务实施

对任务引入所描述测定混凝土构件强度的案例，采用回弹法按照如下流程进行测定：

准备仪具与材料→准备资料→确定结构或构件检测数量→布置测区→测量回弹值→测量碳化深度→计算回弹值→确定混凝土强度→出具报告。

1．准备仪具与材料

（1）回弹仪

回弹仪有数字式和指针直读式两种。数字式回弹仪要求应带有指针直读示值系统，且数字显示的回弹值与指针直读示值相差不超过1。图8—2—1所示是回弹仪构造图及实物图。

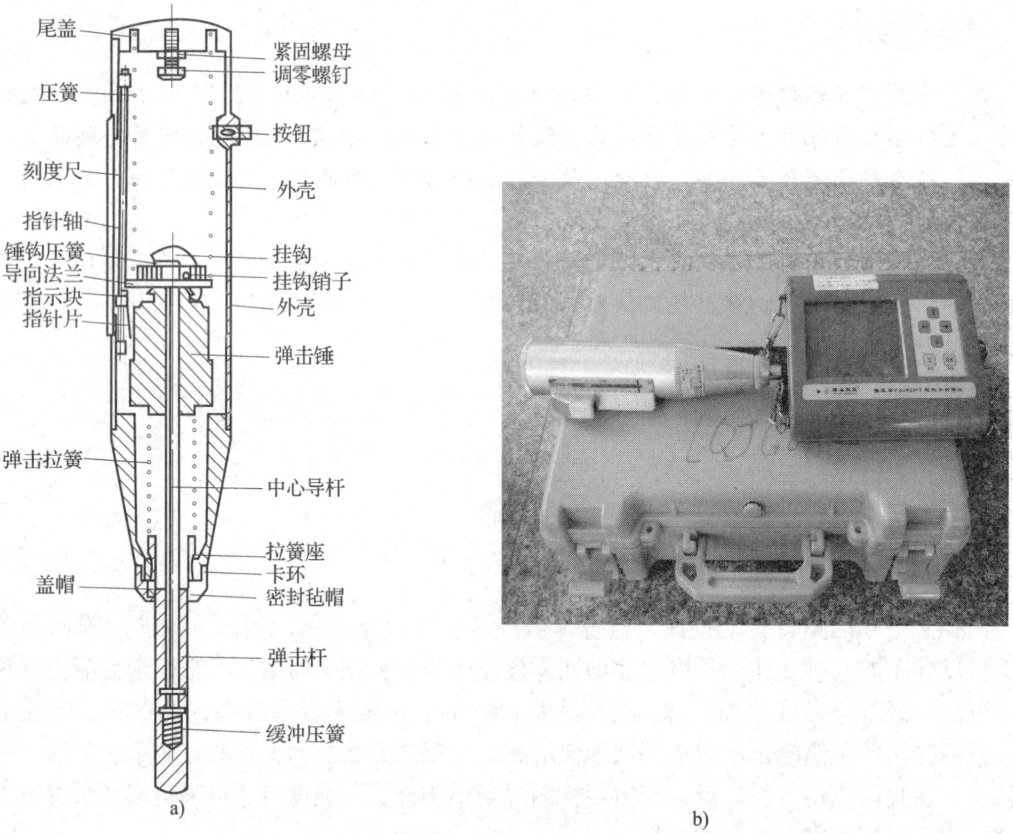

图8—2—1　回弹仪

a）指针直读式　b）数字式

1）回弹仪的技术要求。回弹仪除应符合《回弹仪》（GB/T 9138—1988）的规定外，还应符合下面的规定：

①水平弹击时，弹击锤脱钩的瞬间，回弹仪的标准能量应为2.207 J。

②弹击锤与弹击杆碰撞的瞬间，弹击拉簧应处于自由状态，此时弹击锤起跳点应位于指针指示刻度尺上的“0”处。

③在洛氏硬度HRC为60±2的钢砧上，回弹仪的率定值应为80±2。

④回弹仪使用时的环境温度应为－4～40℃。

2）回弹仪的检定。回弹仪检定周期为半年，出现下列情况时应送检定机构检定：

①新回弹仪启用前。

②超过检定有效期限（有效期为半年）。

③经常规保养后钢砧率定值不符合80±2。

④遭受严重撞击或其他损害。

⑤数字式回弹仪数字显示的回弹值与指针直读示值相差超过1。

3）回弹仪的率定。在回弹仪当天使用前后及测试过程中对回弹仪性能有怀疑时，回弹仪应在钢砧上做率定试验使其符合技术要求（见图8—2—2）。

图8—2—2　回弹仪的率定

①回弹仪率定试验宜在干燥、室温为5～35℃的条件下进行。

②钢砧表面应干燥、清洁，并稳固地平放在刚度大的物体上。

③测定回弹值时，弹击杆应分三次旋转，每次旋转宜为90°，每旋转一次应连续向下弹击三次，取三次稳定回弹值的平均值，该平均值均应符合80±2的要求。

如率定值不在80±2范围内，应对回弹仪进行常规保养后再次率定，再次率定仍不符合要求，则送检定机构检定。

4）回弹仪的常规保养。常规保养主要是将回弹仪拆开后，清洁内部各零件及机壳内壁，并为中心导杆涂油，检查指针摩擦力是否为0.5～0.8 N。回弹仪有下列情况之一时，应进行常规保养：

①弹击超过2 000次。

②对检测值有怀疑时。

③在钢砧上的率定值不符合80±2。

（2）碳化深度测深尺。

（3）酚酞酒精溶液，浓度为1%。

（4）钢砧（见图8—2—2）。

（5）手提式砂轮。

（6）其他：卷尺、钢直尺、凿子、锤、毛刷等。

2. 准备资料

需进行非破损检测法测试的结构或构件，在检测前，应具备下列有关资料：

（1）工程名称及设计、施工、监理和建设单位名称。

（2）结构或构件名称、外形尺寸、数量及混凝土类型及强度等级。

（3）水泥品种、强度等级、安定性、出厂厂名；砂、石种类，粒径；外加剂或掺和料品种、掺量；混凝土配合比等。

（4）施工模板、混凝土浇筑、养护情况及成型日期等。

（5）必要的设计图样和施工记录。

（6）检测原因。

3. 确定结构或构件检测数量

结构或构件混凝土强度检测可采用下面两种方式：

（1）单个检测

适用于单个结构或构件的检测。

（2）批量检测

适用于在相同的生产工艺条件下，混凝土强度等级相同，原材料、配合比、成型工艺、养护条件基本一致且龄期相近的同类结构或构件。按批进行检测的构件，抽检数量不得少于同批构件总数的30%且构件数量不得少于10件。抽检构件时，应随机抽取构件。

4. 布置测区

检测结构或构件时，需要布置测区，因为测区是进行测试的单元。每一结构或构件的测区应符合下列规定：

（1）每一结构或构件的测区数不应少于10个，当构件数量超过30个且不需提供单个构件推定强度或受测构件某一方向的尺寸小于4.5 m且另一方向小于0.3 m时，其测区数量可视情况减少，但不应少于5个。

（2）相邻两测区的间距应控制在2 m以内，测区离构件端部或施工缝边缘的距离宜在0.2～0.5 m。

（3）测区宜优先选在能使回弹仪处于水平方向检测混凝土浇筑侧面，否则应对测出的回弹值进行修正。

（4）测区宜选在构件的两个对称可测面上，也可选在一个可测面上，且应均匀分布。在构件的重要部位及薄弱部位必须布置测区，并应避开预埋件。

（5）测区的面积不宜大于0.04 m^2。

（6）测区表面应为混凝土原浆面，并应清洁、平整，不应有疏松层、浮浆、油垢、涂层以及蜂窝、麻面，必要时可用砂轮片清除疏松层和杂物，且不应有残留的粉末和碎屑。

5. 测量回弹值

选好测区后，用回弹仪在测区内弹击16个测点，同一测点只应弹击一次。测点宜在测区范围内均匀分布，相邻两测点的间距不宜小于20 mm；测点距外露钢筋、预埋件的距离不宜小于30 mm。测点不应在气孔或外露石子上，当测点处在被较薄的水泥浆覆盖的气孔或石子上时，回弹值会出现异常，应予以舍去。

弹击时应注意不论结构物测试面与地面的角度如何，必须保证回弹仪的轴线始终垂直于混凝土检测面，操作时应缓慢施压、准确读数、快速复位，切忌快速弹击，以免测量数据不准确。每个测点读取的回弹值应精确到1，如图8—2—3所示。

图 8—2—3 回弹仪的操作

想一想

回弹仪操作时轴线应始终垂直于混凝土表面还是始终保持水平方向?

6. 测量碳化深度

（1）测点布置

回弹值测量完毕后，应在有代表性位置上测量碳化深度值，测点数不应小于构件测区数的 30%，取其平均值为该构件每测区的碳化深度值。当碳化深度值级差大于 2.0 mm 时，表明该构件混凝土强度可能不均匀，这时应在每一测区测量碳化深度值。

（2）测试方法（见图 8—2—4）

a)

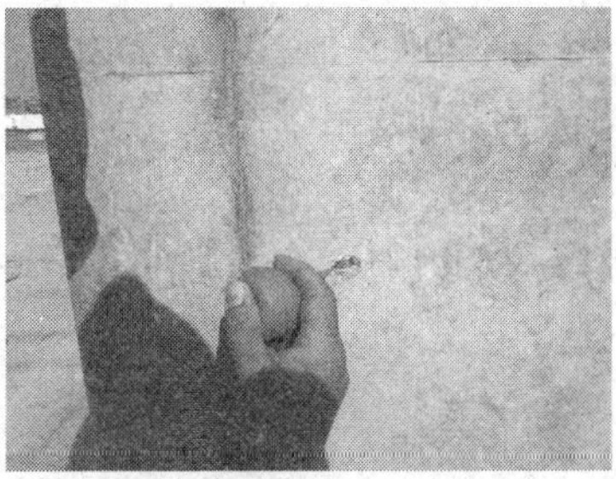

b)

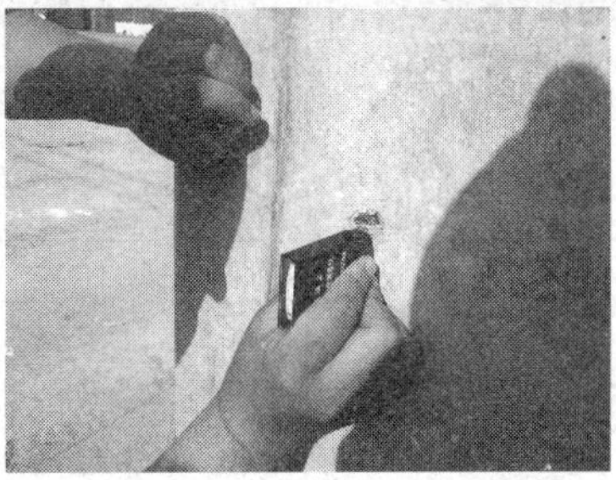

c)

图 8—2—4 碳化深度的测试方法

a）凿孔 b）清孔 c）测量

1）凿孔。用适当的工具在测区的表面形成直径约为15 mm的孔洞，其深度应大于混凝土的碳化深度。

2）清孔。清除洞中粉末和碎屑，注意不能用水冲洗孔洞。

3）测量。用1%的酚酞酒精溶液滴在孔洞内壁的边缘处，当已碳化与未碳化界线清楚时，再用碳化深度测深尺测量已碳化与未碳化混凝土交界面到混凝土表面的垂直距离，测量不应少于3次，每次读数精确至0.25 mm，取其平均值作为最终结果，并精确至0.5 mm。如结果大于等于6.0 mm，记为6.0 mm。新浇混凝土龄期未超过3个月时，可视为无碳化。

小资料

混凝土的碳化作用指混凝土内的$Ca(OH)_2$受空气中CO_2气体作用生成硬度较高的$CaCO_3$。混凝土碳化使混凝土表面强度变大，从而使测出的回弹值增大，但混凝土内部未碳化部分强度并未变化，这样测出的回弹值将不能反映构件混凝土本身的强度。所以，要借助于碳化深度测深尺对混凝土的碳化深度进行测试，根据碳化深度对回弹值带来的影响进行必要的修正。

7．计算回弹值

（1）测区平均回弹值的计算

从该测区的16个回弹值中剔除3个最大值和3个最小值，按式（8—2—1）计算余下的10个回弹值的平均值：

$$R_m = \frac{\sum_{i=1}^{10} R_i}{10} \tag{8—2—1}$$

式中　R_m——测区平均回弹值，精确至0.1；

R_i——第i个测点的回弹值。

（2）测试角度修正

非水平方向检测混凝土浇筑侧面时，测区平均回弹值根据回弹仪轴线与水平方向的角度α（见图8—2—5）按式（8—2—2）修正。

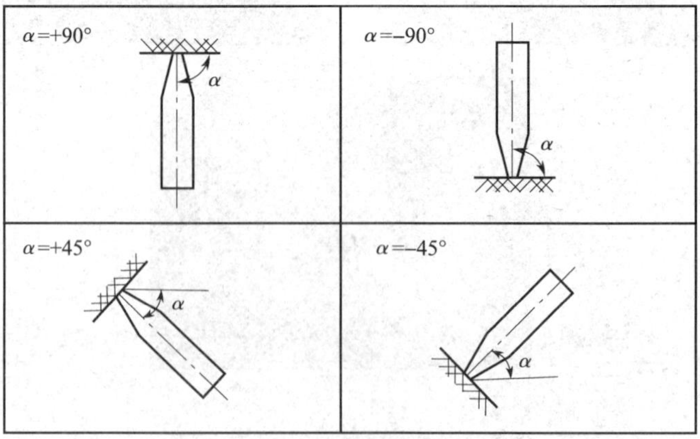

图8—2—5　回弹仪测试角度示意图

$$R_{m}=R_{m\alpha}+R_{a\alpha} \quad (8—2—2)$$

式中　$R_{m\alpha}$——非水平状态检测时测区的平均回弹值，精确至0.1；

$R_{a\alpha}$——非水平状态检测时回弹值修正值，可按表8—2—1查取。

表8—2—1　非水平状态检测时的回弹值修正值

$R_{m\alpha}$	检测角度							
	向上				向下			
	+90°	+60°	+45°	+30°	-30°	-45°	-60°	-90°
20	-6.0	-5.0	-4.0	-3.0	+2.5	+3.0	+3.5	+4.0
21	-5.9	-4.9	-4.0	-3.0	+2.5	+3.0	+3.5	+4.0
22	-5.8	-4.8	-3.9	-2.9	+2.4	+2.9	+3.4	+3.9
23	-5.7	-4.7	-3.9	-2.9	+2.4	+2.9	+3.4	+3.9
24	-5.6	-4.6	-3.8	-2.8	+2.3	+2.8	+3.3	+3.8
25	-5.5	-4.5	-3.8	-2.8	+2.3	+2.8	+3.3	+3.8
26	-5.4	-4.4	-3.7	-2.7	+2.2	+2.7	+3.2	+3.7
27	-5.3	-4.3	-3.7	-2.7	+2.2	+2.7	+3.2	+3.7
28	-5.2	-4.2	-3.6	-2.6	+2.1	+2.6	+3.1	+3.6
29	-5.1	-4.1	-3.6	-2.6	+2.1	+2.6	+3.1	+3.6
30	-5.0	-4.0	-3.5	-2.5	+2.0	+2.5	+3.0	+3.5
31	-4.9	-4.0	-3.5	-2.5	+2.0	+2.5	+3.0	+3.5
32	-4.8	-3.9	-3.4	-2.4	+1.9	+2.4	+2.9	+3.4
33	-4.7	-3.9	-3.4	-2.4	+1.9	+2.4	+2.9	+3.4
34	-4.6	-3.8	-3.3	-2.3	+1.8	+2.3	+2.8	+3.3
35	-4.5	-3.8	-3.3	-2.3	+1.8	+2.3	+2.8	+3.3
36	-4.4	-3.7	-3.2	-2.2	+1.7	+2.2	+2.7	+3.2
37	-4.3	-3.7	-3.2	-2.2	+1.7	+2.2	+2.7	+3.2
38	-4.2	-3.6	-3.1	-2.1	+1.6	+2.1	+2.6	+3.1
39	-4.1	-3.6	-3.1	2.1	+1.6	+2.1	+2.6	+3.1
40	-4.0	-3.5	-3.0	-2.0	+1.5	+2.0	+2.5	+3.0
41	-4.0	-3.5	-3.0	-2.0	+1.5	+2.0	+2.5	+3.0
42	-3.9	-3.4	-2.9	-1.9	+1.4	+1.9	+2.4	+2.9
43	-3.9	-3.4	-2.9	-1.9	+1.4	+1.9	+2.4	+2.9
44	-3.8	-3.3	-2.8	-1.8	+1.3	+1.8	+2.3	+2.8

续表

$R_{m\alpha}$	检测角度							
	向上				向下			
	+90°	+60°	+45°	+30°	-30°	-45°	-60°	-90°
45	-3.8	-3.3	-2.8	-1.8	+1.3	+1.8	+2.3	+2.8
46	-3.7	-3.2	-2.7	-1.7	+1.2	+1.7	+2.2	+2.7
47	-3.7	-3.2	-2.7	-1.7	+1.2	+1.7	+2.2	+2.7
48	-3.6	-3.1	-2.6	-1.6	+1.1	+1.6	+2.1	+2.6
49	-3.6	-3.1	-2.6	-1.6	+1.1	+1.6	+2.1	+2.6
50	-3.5	-3.0	-2.5	-1.5	+1.0	+1.5	+2.0	+2.5

①$R_{m\alpha}$小于20或大于50时，分别按20或50查表。

②表中未列入的相应于$R_{m\alpha}$的修正值$R_{a\alpha}$，可用内插法求得，精确至0.1。

（3）测试面修正

水平方向检测混凝土浇筑表面或底面时，应按下式进行修正：

$$R_m = R_m^t + R_a^t \quad (8—2—3)$$

$$R_m = R_m^b + R_a^b \quad (8—2—4)$$

式中 R_m^t，R_m^b——水平方向检测混凝土浇筑表面或底面时，测区的平均回弹值，精确至0.1；

R_a^t，R_a^b——混凝土浇筑表面、底面回弹值的修正值，按表8—2—2查取。

表8—2—2 **不同浇筑面的回弹值修正值**

R_m^t 或 R_m^b	表面修正值（R_a^t）	底面修正值（R_a^b）	R_m^t 或 R_m^b	表面修正值（R_a^t）	底面修正值（R_a^b）
20	+2.5	-3.0	30	+1.5	-2.0
21	+2.4	-2.9	31	+1.4	-1.9
22	+2.3	-2.8	32	+1.3	-1.8
23	+2.2	-2.7	33	+1.2	-1.7
24	+2.1	-2.6	34	+1.1	-1.6
25	+2.0	-2.5	35	+1.0	-1.5
26	+1.9	-2.4	36	+0.9	-1.4
27	+1.8	-2.3	37	+0.8	-1.3
28	+1.7	-2.2	38	+0.7	-1.2
29	+1.6	-2.1	39	+0.6	-1.1

续表

R_m^t 或 R_m^b	表面修正值 (R_a^t)	底面修正值 (R_a^b)	R_m^t 或 R_m^b	表面修正值 (R_a^t)	底面修正值 (R_a^b)
40	+0.5	-1.0	46	0	-0.4
41	+0.4	-0.9	47	0	-0.3
42	+0.3	-0.8	48	0	-0.2
43	+0.2	-0.7	49	0	-0.1
44	+0.1	-0.6	50	0	0
45	0	-0.5			

提示

①R_m^t 或 R_m^b 小于20或大于50时，均分别按20或50查表。

②表中有关混凝土浇筑表面的修正系数是指一般原浆抹面的修正值。

③表中有关混凝土浇筑底面的修正系数是指构件底面与侧面采用同一类模板在正常浇筑情况下的修正值。

④表中未列入的相应于 R_m^t 或 R_m^b 的 R_a^t 和 R_a^b 值，可用内插法求得，精确至0.1。

如果测试时仪器既非水平方向又非混凝土的浇筑侧面，则应对回弹值先进行角度修正，再对修正后的回弹值进行浇筑面修正。

想一想

修正后的回弹值就是混凝土的强度值吗？

8. 确定混凝土强度

(1) 测区混凝土强度换算值的确定

测区平均回弹值经过修正后结合碳化深度值换算为测区混凝土强度，混凝土强度换算值通过测强曲线得出，测强曲线有统一测强曲线、地区测强曲线和专用测强曲线三种。有条件的地区和部门，应制定本地区的测强曲线或专用测强曲线。检测单位宜按专用测强曲线、地区测强曲线、统一测强曲线的顺序选用测强曲线。

当符合下列条件时，可采用统一测强曲线，对于非泵送混凝土，测区强度按照测区混凝土强度换算表进行强度换算，对于泵送混凝土，测区强度按照泵送混凝土测区强度换算表进行强度换算：

1) 混凝土采用的水泥、砂石、外加剂、掺和料、拌和用水符合国家现行有关标准。

2) 采用普通成型工艺。

3) 采用符合国家标准规定的模板。

4）蒸汽养护出池经自然养护 7 天以上，且混凝土表层为干燥状态。

5）自然养护且龄期为 14 ~1 000 天。

6）抗压强度为 10.0 ~60.0 MPa。

（2）混凝土强度计算

1）结构或构件的测区混凝土强度平均值（mf_{cu}^{c}）可根据各测区的混凝土强度换算值（$f_{cu,i}^{c}$）计算。当测区数为 10 个及以上时，应计算强度标准差。平均值和标准差按下列公式计算：

$$mf_{cu}^{c}=\frac{\sum_{i=1}^{n}f_{cu,i}^{c}}{n} \tag{8—2—5}$$

$$sf_{cu}^{c}=\sqrt{\frac{\sum_{i-1}^{n}(f_{cu,i}^{c})^{2}-n(mf_{cu}^{c})^{2}}{n-1}} \tag{8—2—6}$$

式中 mf_{cu}^{c}——结构或构件测区混凝土强度换算值的平均值（MPa），精确至 0.1 MPa；

$f_{cu,i}^{c}$——各测区混凝土强度换算值，MPa；

n——对于单个检测的构件，取该构件的测区数；对批量检测的构件，取被抽检构件测区数之和；

sf_{cu}^{c}——结构或构件测区混凝土强度换算值的标准差（MPa），精确至 0.01 MPa。

2）结构或构件的混凝土强度推定值应按下式确定：

①当该结构或构件测区数少于 10 个时：

$$f_{cu,e}=f_{cu,min}^{c} \tag{8—2—7}$$

式中 $f_{cu,min}^{c}$——构件中最小的测区混凝土强度换算值。

②当该结构或构件测区强度值中出现小于 10.0 MPa 时记为：

$$f_{cu,e}<10.0\ \text{MPa} \tag{8—2—8}$$

③当该结构或构件测区数不少于 10 个或按批量检测时，应按下列公式计算：

$$f_{cu,e}=mf_{cu}^{c}-1.645\ sf_{cu}^{c} \tag{8—2—9}$$

结构或构件的混凝土强度推定值是指相应于强度换算值总体分布中保证率不低于 95% 的结构或构件中的混凝土抗压强度值。

④对按批量检测的构件，当出现 $mf_{cu}^{c}<25.0$ MPa 且 $sf_{cu}^{c}>4.50$ MPa 或者 25.0 MPa$\leqslant mf_{cu}^{c}\leqslant$ 60.0 MPa 且 $sf_{cu}^{c}>5.50$ MPa 时，该批构件应全部按单个构件检测。

9. 出具报告

本试验采用的记录格式见表 8—2—3，按上述 1 ~6 的步骤进行现场检测，试验结果填入表中，并进行回弹值的计算和测区混凝土强度的确定。

表 8—2—3　　　　回弹法检测混凝土强度记录表

施工单位	/			结构物名称		运河大桥	
构件名称	第一联左幅第一跨箱梁顶板			浇筑日期		2012 年 7 月 10 日	
设计强度（MPa）	50	型号：	ZC3 - A	编号：	/	率定值	80

编号	回弹值（R_i）																平均值
测区	1	2	3	4	5	6	7	8	9	10	11	12	13	14	15	16	
1	50	48	48	44	46	50	46	46	48	46	48	46	50	46	48	48	47.2
2	46	50	50	56	50	49	48	44	49	47	48	49	51	50	44	43	48.6
3	45	47	49	49	51	47	47	47	46	47	49	50	48	49	47	51	47.9
4	49	49	48	44	50	48	43	45	51	47	46	47	49	46	45	55	47.4
5	43	43	48	48	49	49	51	48	45	45	44	48	45	49	44	44	46.4
6	49	45	43	49	46	46	44	45	45	45	47	49	50	49	51	49	47.0
7	47	45	48	46	43	53	51	46	45	48	52	46	45	47	46	51	47.0
8	47	48	48	48	46	51	52	48	49	46	44	46	46	51	45	44	47.2
9	52	47	49	46	45	49	49	46	47	49	49	46	47	50	47	46	47.6
10	49	47	49	48	49	47	49	47	48	47	47	45	49	47	46	49	47.8

测面状态	1. 侧面　2. 表面　3. 底面　4. 干　5. 湿	测试角度	1. 水平　2. 向上　3. 向下
碳化深度（mm）	0		

	测区号	1	2	3	4	5	6	7	8	9	10
回弹值 N	测区平均值	47.2	48.6	47.9	47.4	46.4	47.0	47.0	47.2	47.6	47.8
	角度修正值	−3.7	−3.6	−3.7	−3.7	−3.7	−3.7	−3.7	−3.7	−3.7	−3.7
	角度修正后	43.5	45.0	44.2	43.7	42.7	43.3	43.3	43.5	43.9	44.1
	浇筑面修正值	−0.7	−0.5	−0.6	−0.7	−0.8	−0.7	−0.7	−0.7	−0.7	−0.6
	浇筑修正后	42.8	44.5	43.6	43.0	41.9	42.6	42.6	42.8	43.2	43.5
碳化深度值（mm）											
测区强度值（MPa）											
泵送混凝土强度修正值（MPa）											
泵送修正后混凝土强度值（MPa）		50.4	54.4	52.3	50.9	48.4	50.0	50.0	50.4	51.3	52.0

强度计算（MPa）	mf^{e}_{cu}（MPa）	sf^{e}_{cu}（MPa）	$f^{e}_{cu,min}$（MPa）	$f^{e}_{cu,e}$（MPa）
$n=10$	51.0	1.629	48.4	48.3

使用测区强度换算表名称	1. 规程　2. 地区　4. 专用	备注	

经过计算该构件混凝土强度推定值为 48.3 MPa，已达到设计强度的 96.7%，可以进行下一步预应力钢束的张拉。

思考与练习

1．如何对回弹仪进行率定？

2．回弹法检测时，如何布置测区？

3．混凝土碳化深度如何测量？

4．当在同一测点重复弹击时，回弹值是变大还是变小？为什么？

5．为什么在测量碳化深度时不能用水清洗空洞的粉末和碎屑？

6．某箱梁顶板通过回弹法检测了10个测区，测区为混凝土浇筑面的顶面，10个测区的回弹平均值分别为：48.9、49.9、50.8、49.8、49.2、49.4、48.5、49.0、48.6、49.5，试计算该箱梁顶板混凝土强度推定值。

任务三　超声回弹综合法检测水泥混凝土强度

学习目标

◆ 掌握超声回弹综合法的基本原理及适用范围。

◆ 掌握超声回弹综合法测定回弹值和声速值方法及计算公式。

◆ 掌握超声回弹综合法强度推定方法。

工作任务

江苏省某在建桥梁，主桥承台为混凝土现浇，设计混凝土强度等级为C50。承台浇筑后经养护已到28天龄期，检测单位采用回弹法检测，推定强度为49.0 MPa，未达到设计强度，检测单位决定采用其他方法进行复测，以确定该构件强度是否符合要求。

对结构或构件进行复测，应选取精度更高、更准确的检测方法，任务一介绍的方法中，超声回弹综合法和钻芯法比较适合，由于钻芯法相对比较烦琐且对承台结构造成破坏，而回弹法测得强度49.0 MPa基本接近设计值，采用超声回弹综合法验证即可。下面按照《超声回弹综合法检测混凝土强度技术规程》（CECS 02—2005）对该承台构件进行检测。

相关理论

一、基本原理

超声回弹综合法是指采用混凝土超声波检测仪和回弹仪，在结构混凝土同一测区分别测量超声波穿透构件内部的声速值和反应构件表面强度的回弹值，然后利用已建立起来的测强公式推算该测区混凝土强度的一种方法，实质上就是超声法和回弹法两种单一方法联合起来测试混凝土强度。该方法在我国公路、桥梁等工程中已广泛应用。实践证明，同单一方法相比，具有精度高、适用范围广、能更加全面反映结构混凝土的实际质量等特点。

二、适用范围

1. 本方法适用于当出现混凝土试件与结构实体强度不一致、混凝土试件强度评定不合格或者需要对使用中的结构检测届时的混凝土强度时，可使用本方法进行检测，并推定结构混凝土的强度，作为混凝土结构处理的一个依据。

2. 本方法适用于密度为 2 400 kg/m^3左右的结构混凝土，不适用于检测因冻害、化学侵蚀、火灾、高温等已造成表面疏松、剥落的混凝土。

提 示

现场用超声回弹法测定不能代替标准试件的抗压强度来检测混凝土的强度，本试验不适用于作为仲裁试验或工程验收的最终依据。

任务实施

对任务引入所描述复测混凝土构件强度，采用超声回弹法按照如下流程进行测定：

准备仪具与材料→回弹测试→超声测试→计算回弹值及声速值→确定混凝土强度→出具报告。

1. 准备仪具与材料

(1) 超声波检测仪（见图 8—3—1）。具有良好的稳定性，仪器具有示波屏显示及手动游标测读功能。显示应清晰稳定，测试精度为 0.1 μs；具有最小分度值为 1 dB 的信号幅度调整系统；接收放大器频响范围为 10 ~ 500 kHz，总增益不小于 80 dB，接收灵敏度（信噪比 3∶1 时）不大于 50 μV；电源电压波动范围在标称值 ±10% 情况下能正常工作；连续正常工作时间不少于 4 h。

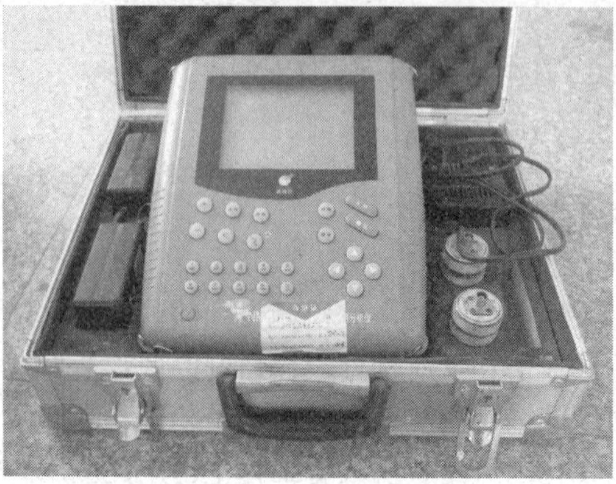

图 8—3—1 超声波检测仪

（2）换能器。工作频率在 50 ~ 100 kHz 范围内，实测频率与标称频率相差不大于 ±10%。

（3）耦合剂。采用易于变形、有较大的声音、有较好黏性且不流淌的材料，通常采用黄蜡油，也可使用凡士林、蜡泥型料等。

（4）回弹仪。回弹仪的构造及仪器应符合的要求参见前文相关介绍。

（5）手持砂轮。

（6）其他。油污清洗剂、毛刷、抹布等。

2. 回弹测试

按照任务二中的方法与步骤进行操作。

3. 超声测试

超声测试按照换能器布置方式分为对测、角测和平测，如图 8—3—2 所示。优先选用对测和角测，当被测构件只有一个表面可以检测，无法进行对测和角测时，可采用单面平测。

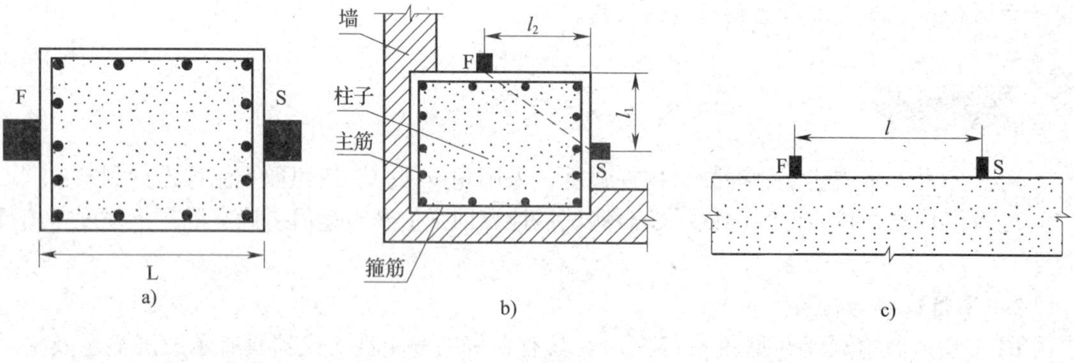

图 8—3—2 超声测试示意图

a）对测 b）角测 c）平测

测点应选在回弹测试的同一测区内，每个测区布置 3 个测点。测试时，先在测点上涂少许耦合剂，再将发射换能器与接收换能器分别贴在相应测点上，使之与混凝土表面接触，并应保证换能器辐射面通过耦合剂与混凝土测试面良好耦合，如图 8—3—3 所示。

a) b)

图 8—3—3 现场超声测试

a）测点涂耦合剂 b）超声测试

角测时还应注意换能器中心与构件边缘的距离 l_1、l_2 不小于 200 mm。平测时应注意使发射和接收换能器的连线与附近钢筋轴线成 40° ~ 50°，超声测距 l 宜采用 350 ~ 450 mm。

4. 计算回弹值及声速值

回弹值的计算方法同任务二。声速代表值根据测区 3 个测点的声速值按式（8—3—1）计算：

$$v = \frac{1}{3}\sum_{i=1}^{3}\frac{l_i}{t_i - t_0} \qquad (8—3—1)$$

式中 v——测区混凝土中声速代表值，km/s，精确至 0.01 km/s；

l_i——第 i 个测点的超声波测距，mm，精确至 1 mm；

t_i——第 i 个测点的声时读数，μs，精确至 0.1 μs；

t_0——声时初读数，μs。

提 示

当采用平测时应对声速值 v 修正，乘以修正系数 λ，λ 为同一构件对测声速 v_d 与平测声速 v_p 的比值，也可通过选取构件代表性部位分别读取测距为 200 mm、250 mm、300 mm、350 mm、400 mm、450 mm、500 mm 对应的声时值，得出回归方程 $l = a + bt$，以回归系数 b 代替对测声速 v_d。

测试面为混凝土浇筑的顶面或底面时，测区声速代表值按式（8—3—2）进行修正：

$$v_a = \beta \times v \qquad (8—3—2)$$

式中 v_a——修正后的测区混凝土中声速代表值，km/s；

β——超声测试面的声速修正系数，在混凝土浇筑的顶面和底面对测或斜测时 β = 1.034；在混凝土浇筑的顶面平测时 β = 1.05；在混凝土浇筑的底面平测时 β = 0.95。

5. **确定混凝土强度**

（1）测区混凝土强度换算值的确定

符合下列条件的普通混凝土，可以进行超声回弹法的强度换算：

1）混凝土用水泥符合《通用硅酸盐水泥》（GB 175—2007/XG1—2009）。

2）混凝土用砂、石骨料应符合《普通混凝土用砂、石质量及检验方法标准》（JGJ 52—2006）的要求。

3）可掺或不掺矿物掺和料、外加剂、粉煤灰、泵送剂。

4）人工或一般机械搅拌的混凝土或泵送混凝土。

5）自然养护。

6）龄期 7 ~ 2 000 天。

7）混凝土强度 10 ~ 70 MPa。

结构或构件中第 i 个测区的混凝土抗压强度换算值，可按任务二回弹法求得修正后的测区回弹代表值 R_{ai} 和式（8—3—1）、式（8—3—2）求得声速代表值 v_{ai} 后，优先采用专用测强曲线或地区测强曲线换算而得，专用或地区测强曲线应符合《超声回弹综合法检测混凝土强度技术规程》（CECS 02—2005）中相关要求。

当无专用和地区测强曲线时，可按《超声回弹综合法检测混凝土强度技术规程》（CECS 02—2005）附录 D 通过验证后，采用全国统一测区混凝土抗压强度换算表即附录 C 换算，也可按下列国家统一测区混凝土抗压强度换算公式计算：

粗骨料为卵石时：

$$f_{cu,i}^{c} = 0.005\,6\, v_{ai}^{1.439} R_{ai}^{1.769} \tag{8—3—3}$$

粗骨料为碎石时：

$$f_{cu,i}^{c} = 0.016\,2\, v_{ai}^{1.656} R_{ai}^{1.410} \tag{8—3—4}$$

式中 $f_{cu,i}^{c}$——结构或构件第 i 个测区混凝土抗压强度换算值，MPa，精确至 0.1 MPa。

当结构或构件所采用的材料及其龄期与制定测强曲线所采用的材料及其龄期有较大差异时，应采用同条件立方体试件或从结构或构件测区中钻取的混凝土芯样试件的抗压强度进行修正，试件数量不应少于 4 个。式（8—3—3）、式（8—3—4）计算的测区混凝土抗压强度换算值应乘以修正系数 η，修正系数 η 按下式计算：

采用同条件立方体试件时：

$$\eta = \frac{1}{n}\sum_{i=1}^{n} f_{cu,i}^{o} / f_{cu,i}^{c} \tag{8—3—5}$$

采用混凝土芯样试件时：

$$\eta = \frac{1}{n}\sum_{i=1}^{n} f_{cor,i}^{o} / f_{cu,i}^{c} \tag{8—3—6}$$

式中 η——修正系数，精确至 0.01；

$f_{cu,i}^{c}$——对应于第 i 个立方体试件或芯样试件的混凝土抗压强度换算值，MPa，精确至 0.1 MPa；

$f_{cu,i}^{o}$——第 i 个混凝土立方体（边长 150 mm）试件的抗压强度实测值，MPa，精确至

0.1 MPa；

$f^{o}_{cor,i}$——第 i 个混凝土芯样（$\phi 100\times100$ mm）试件的抗压强度实测值，MPa，精确至 0.1 MPa；

n——试件数。

（2）混凝土强度计算

1）结构或构件的测区混凝土强度平均值（mf^{c}_{cu}）可根据各测区的混凝土强度换算值（$f^{c}_{cu,i}$）计算。当测区数为 10 个及以上时，应计算强度标准差。平均值和标准差按下列公式计算：

$$mf^{c}_{cu}=\frac{\sum_{i=1}^{n}f^{c}_{cu,i}}{n} \quad (8—3—7)$$

$$sf^{c}_{cu}=\sqrt{\frac{\sum_{i-1}^{n}(f^{c}_{cu,i})^2-n(mf^{c}_{cu})^2}{n-1}} \quad (8—3—8)$$

式中 mf^{c}_{cu}——结构或构件测区混凝土强度换算值的平均值，MPa，精确至 0.1 MPa；

$f^{c}_{cu,i}$——各测区混凝土强度换算值，MPa；

n——对于单个检测的构件，取该构件的测区数；对批量检测的构件，取被抽检构件测区数之和；

sf^{c}_{cu}——结构或构件测区混凝土强度换算值的标准差，MPa，精确至 0.01 MPa。

2）结构或构件的混凝土强度推定值应按下式确定：

①当该结构或构件测区数少于 10 个时：

$$f_{cu,e}=f^{c}_{cu,min} \quad (8—3—9)$$

式中 $f^{c}_{cu,min}$——结构或构件中最小的测区混凝土强度换算值。

②当该结构或构件测区强度值中出现小于 10.0 MPa 时记为：

$$f_{cu,e}<10.0\ \text{MPa} \quad (8—3—10)$$

③当该结构或构件测区数不少于 10 个或按批量检测时，应按下列公式计算：

$$f_{cu,e}=mf^{c}_{cu}-1.645\ sf^{c}_{cu} \quad (8—3—11)$$

④对按批量检测的构件，当出现 $mf^{c}_{cu}<25.0$ MPa 且 $sf^{c}_{cu}>4.50$ MPa 或者 25.0 MPa≤mf^{c}_{cu}≤50.0 MPa 且 $sf^{c}_{cu}>5.50$ MPa 以及 $mf^{c}_{cu}>50.0$ MPa 且 $sf^{c}_{cu}>6.50$ MPa 时，则该批构件应全部按单个构件检测。

6. 出具报告

本试验采用的记录格式见表 8—3—1，按上述 1 ~ 3 的步骤进行现场检测，试验结果填入表中，并进行回弹值及声速值计算，进而确定构件混凝土强度的推定值。

通过超声回弹综合法的复测，计算得到该承台混凝土强度为 51.1 MPa，达到设计强度要求。

表 8—3—1　**结构物混凝土回弹（超声回弹）法强度检测记录表**

项目编号		回弹值 R																	角度修正值 $R_{n\alpha}$	修正后回弹值 R_n	超声声时值（μs）				测距（mm）	声速值 v（km/s）	修正后声速值 v（km/s）	换算强度（MPa）
结构物名称	测区	1	2	3	4	5	6	7	8	9	10	11	12	13	14	15	16	R_m			t_1	t_2	t_3	t_m				
××大桥承台	1	43	38	44	38	43	46	38	36	43	43	41	42	39	40	37	38	40.5	/	/	53.3	53.4	53.0	53.2	260	4.88	5.63	52.3
	2	43	40	46	43	44	41	44	44	46	47	42	49	40	39	42	45	43.4	/	/	55.3	54.5	54.4	54.7	260	4.75	5.48	55.1
	3	42	41	40	40	45	41	43	43	49	42	51	46	46	43	44	36	43.0	/	/	54.3	56.4	55.0	55.2	260	4.71	5.43	53.6
	4	42	43	47	39	42	41	42	51	45	38	42	45	42	40	47	43	42.7	/	/	54.6	56.1	54.9	55.2	260	4.71	5.43	53.1
	5	45	43	39	49	54	43	42	45	50	50	50	42	39	44	47	41	45.0	/	/	51.7	52.2	52.6	52.2	260	4.98	5.74	62.8
	6	42	40	39	44	40	42	47	51	49	52	46	46	42	47	41	43	44.0	/	/	51.3	55.1	51.5	52.6	260	4.94	5.69	59.9
	7	43	39	38	41	44	47	40	41	47	47	54	44	50	41	42	45	43.5	/	/	52.2	52.6	53.7	52.8	260	4.92	5.67	58.6
	8	41	48	44	44	42	51	46	47	47	47	43	38	40	45	48	46	45.1	/	/	54.5	54.8	54.5	54.6	260	4.76	5.49	58.4
	9	42	48	40	47	42	42	46	43	49	48	37	42	43	48	42	46	44.1	/	/	52.6	52.7	54.1	53.1	260	4.89	5.64	59.2
	10	47	43	42	40	46	40	43	46	36	44	51	44	42	41	43	41	42.9	/	/	55.2	55.0	52.4	54.2	260	4.80	5.53	55.1

备注	设计强度：50（MPa）　龄期：28（天）　回弹测试角度：水平　测试面：侧面　碳化深度平均值：0（mm） 超声测试方法：平测　是否泵送混凝土：是　岩性：　粗骨料级配：

结构物（构件）强度	平均值（MPa）：	56.8	均方差（MPa）：	3.45	最小值（MPa）：	52.3	推定值（MPa）：	51.1

思考与练习

1. 采用对测法在某件浇筑侧面进行超声回弹测试，调试超声波检测仪时，测得 t_0 = 5.0 μs，已知某测点声距 L = 400 mm，仪器显示声时为 105.0 μs，则超声波在混凝土中传播的声速为多少？

2. 超声测试有哪几种方法？分别适用于何种情况？

3. 分析回弹法和超声回弹法在确定测区强度方面有何区别？

任务四　钻芯法检测水泥混凝土强度

学习目标

◆ 掌握钻芯法的试验原理和适用范围。
◆ 掌握钻芯法测定水泥混凝土强度的方法和步骤。
◆ 掌握钻芯法确定混凝土强度推定值的方法。

工作任务

江苏省某市在建立交桥，设计荷载等级为公路Ⅰ级，主线桥全长 1 073 m，按双幅桥设计，桥面净宽 23 m。主线桥下部构造中桥墩为双柱花瓶墩，设计混凝土强度等级为 C30。左幅 1# 桥墩已完成浇筑，施工是在冬季，混凝土浇筑时检测单位测量混凝土入模温度过低，并发现后期养护不到位，经养护已到 28 天龄期，检测单位要对该桥墩结构混凝土强度进行现场检测。

考虑到混凝土可能受冻，内外质量差别较大，不适于用回弹法及回弹综合法检测，现按《钻芯法检测混凝土强度技术规程》（CECS 03—2007）进行强度检测。

相关理论

一、基本原理

钻芯法检测水泥混凝土强度是从结构混凝土中钻取芯样来测定混凝土的抗压强度，无须进行某种物理量与强度之间的换算，是一种直观准确的方法。此外，钻芯法还可用来检测混凝土的裂缝、接缝、分层、孔洞、离析等缺陷，具有直观、精确度高的特点。该方法与回弹法、超声回弹综合法等混凝土非破损方法一起使用时，可用芯样抗压强度值对非破损方法结果进行修正。

二、适用范围

由于在检测时会对结构混凝土造成局部损伤，取芯位置及数量易受限制，而且往往工作量大、成本较高，因此使用有一定局限性。通常在下列情况下使用：

1．对立方体试块的抗压强度值产生怀疑时，例如试块强度很高，而结构混凝土的外观质量很差或者试块强度较低而结构混凝土外观质量较好等情况。

2．因材料、施工或养护不良而发生混凝土质量事故时。

3．混凝土遭受化学腐蚀、火灾、冻害或其他损害，不适宜用回弹法或者回弹综合法检测。

4．需对使用年限较长的结构物混凝土进行强度检测时。

任务实施

对任务引入所描述检测混凝土构件强度，采用取芯法按照如下流程进行测定：

准备仪具与材料→准备资料→芯样钻取→芯样加工→芯样试压→确定混凝土强度→出具报告。

1．准备仪具与材料

（1）钻芯机

钻芯机应具有足够的刚度，操作灵活，固定和移动方便，并带有水冷却系统，图8—4—1所示为钻芯机结构图及实物图。

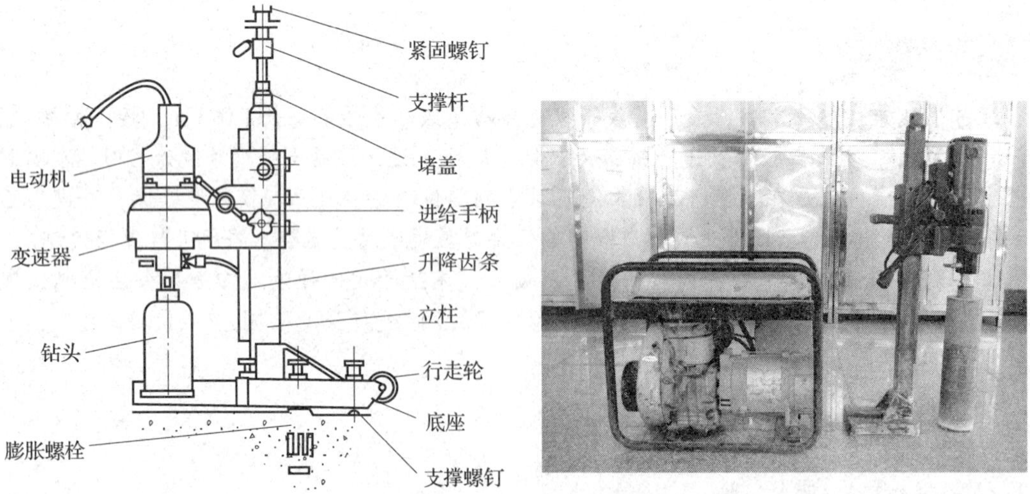

a)　　b)

图8—4—1　钻芯机

a）结构图　b）实物图

（2）芯样切割机（见图 8—4—2）

锯切芯样时使用的切割机应具有冷却系统和牢固夹紧芯样的装置；配套使用的人造金刚石圆锯片应有足够的刚度。

图 8—4—2　芯样切割机

（3）芯样磨平机（见图 8—4—3）

芯样磨平机应具有冷却系统和牢固夹紧芯样的装置，配套使用的人造金刚石圆锯片应有足够的刚度。

（4）钢筋位置探测仪（见图 8—4—4）

探测钢筋位置的定位仪，应适用于现场操作，最大探测深度不应小于 60 mm，探测位置偏差不宜大于 ±5 mm。

图 8—4—3　芯样磨平机

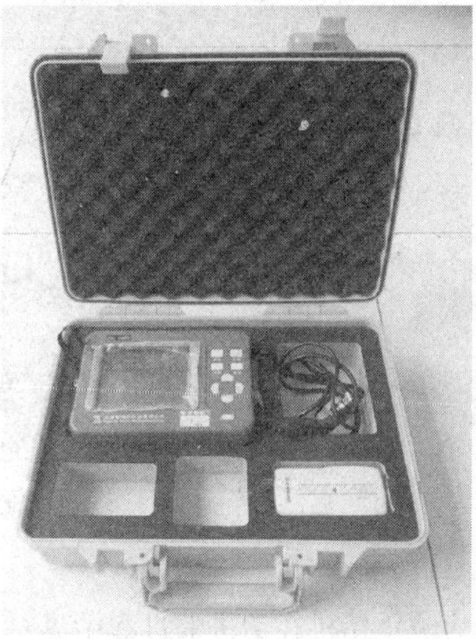

图 8—4—4　钢筋位置探测仪

2. 准备资料

检测前应准备好下列资料：

（1）工程名称或代号，以及设计、施工、监理、建设单位名称。

（2）结构或构件种类、外形尺寸及数量。

(3) 设计混凝土强度等级。

(4) 混凝土的成型日期、原材料及试件抗压强度试验报告。

(5) 结构或构件的现有质量状况以及施工中存在的质量问题。

(6) 有关的结构设计图和施工图。

3. 芯样钻取

(1) 确定钻芯直径

一般情况下，抗压试验芯样公称直径不宜小于骨料最大粒径的 3 倍。在钢筋过密或因取芯位置不允许钻取较大芯样的特殊情况下，也可采用小直径芯样试件，但其公称直径不应小于 70 mm 且不得小于骨料最大粒径的 2 倍。

(2) 确定取芯位置

取芯时应本着便于钻芯机安放与操作，避开主筋、预埋件和管线位置，对结构或构件受力影响较小的原则。首先，根据设计资料，确定检测区域内钢筋可能分布的情况，选择适当的检测面。其次，用钢筋位置探测仪确定结构中钢筋的位置，将钢筋探测仪预热和调零后，操作探头在检测面上移动，直到钢筋探测仪保护层厚度示值最小，如图 8—4—5 所示。此时探头中心线与钢筋轴心重合，在相应位置做好标记，取芯时应避开标记位置，选择合适的部位钻芯。

图 8—4—5　确定钢筋位置

(3) 钻取芯样

1) 为防止钻机在钻进的过程中晃动造成钻头损坏、芯样折断，应先将钻机安放平稳，调至水平，然后固定。

2) 通电检查主轴旋转方向是否正确，然后安装钻头，接通水源，启动电动机，然后操作加压手柄，使钻头慢慢接触混凝土表面，钻进的速度应平稳，如钻进过快会造成芯样损坏，如图 8—4—6 所示。在钻进过程用于冷却钻头和排除混凝土碎屑的冷却水流量控制在 3 ~ 5 L/min。

图 8—4—6　芯样钻取

3）钻至预期深度后，移开钻机，将带弧度的钢钎插入圆形槽，用锤轻轻敲击，使芯样在底部与结构断离，然后将芯样提出。取出的芯样应进行标记，防止芯样位置出现混乱，并检查外观是否符合要求，否则应重新钻取芯样。取出的芯样如图 8—4—7 所示。

图 8—4—7　钻取的芯样

4）芯样应妥善保存，采用编织袋、纸板等材料仔细包装，防止在运输中损坏。

5）及时修补钻芯后留下的孔洞，以保证结构的工作性能。

为了保证安全操作，取芯机操作人员必须穿戴绝缘鞋及其他防护用品。

4．芯样加工

（1）芯样试件的要求

有研究表明未经端面加工的切割芯样抗压强度比端面加工后的芯样抗压强度下降 10% ~30%，因此用于抗压试验的芯样试件必须满足下面的一些要求。

1）芯样试件内尽可能避免含有钢筋，否则应满足下列要求：

①标准芯样试件，每个试件内最多只允许有2根直径小于10 mm的钢筋。

②公称直径小于100 mm的芯样试件，每个试件内最多只允许有一根直径小于10 mm的钢筋。

③芯样内的钢筋应与芯样试件的轴线基本垂直并距离端面10 mm以上。

2）抗压芯样宜加工成高度与直径之比为1.00的试件，并不能超出要求高径比的0.95～1.05的范围。

3）芯样试样端面的不平整度在100 mm长度内不超过0.1 mm。

4）芯样端面与轴线的不垂直度不超过1°。

5）沿芯样试件高度的任一直径与平均直径相差不超过2 mm。

6）芯样外面没有裂缝或其他较大缺陷。

图8—4—8　加工后的芯样

加工成型的芯样如图8—4—8所示。

（2）芯样切割

按照切割机的操作方法将标记过的芯样切成要求的规格，切割时应将影响强度试验的缺边、掉角、孔洞、疏松层、钢筋等部分切除。当需要检测混凝土受冻或疏松层的强度时，应保留这部分混凝土。

（3）芯样端面修整

芯样在锯切过程中，由于受到振动，夹持不紧或圆锯片偏斜等因素的影响，芯样端面的平整度及垂直度很难完全满足抗压试件的要求，需采用磨平机进行磨平处理或采用环氧胶泥、聚合物水泥砂浆补平；对于抗压强度低于40 MPa的芯样试件，当芯样试件处于潮湿状态时，可采用水泥砂浆、水泥净浆或聚合物水泥砂浆补平，补平层厚度不宜大于5 mm；当芯样试件处于自然干燥状态时，采用硫黄胶泥补平，补平层厚度不宜大于1.5 mm。

（4）芯样尺寸测量（见图8—4—9）

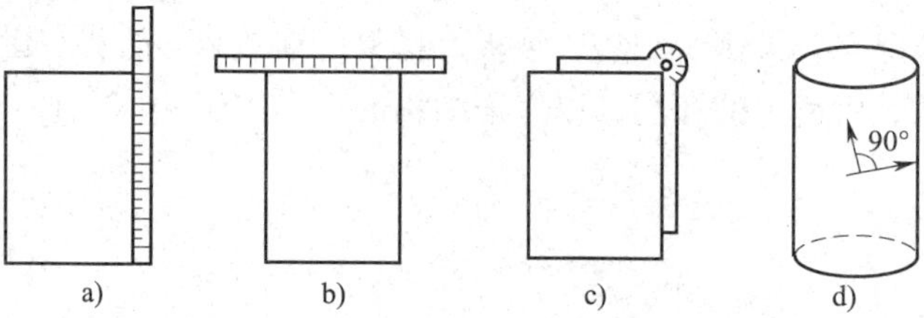

图8—4—9　芯样尺寸测量示意图

a）测高度　b）测平整度　c）测垂直度　d）测平均直径

芯样试件经过加工后应按照规定测量尺寸，符合要求才能进行抗压试验，测量的方法如下：

1）芯样高度测量。用钢卷尺或钢直尺进行测量，精确至1 mm。

2）端面平整度测量。用钢直尺或90°角尺紧靠在芯样试件端面上，一边转动钢直尺，一边用塞尺测量钢直尺与芯样试件之间的缝隙。

3）垂直度测量。用游标量角器分别测量两个端面与轴线间的夹角，精确至0.1°。

4）平均直径测量。用游标卡尺测量芯样中部，在互相垂直的两个位置上取其两次测量的算术平均值作为平均直径，精确至0.5 mm。

5. 芯样试压

为了使抗压试验结果更真实反映结构实际工作环境下的强度，《钻芯法检测混凝土强度技术规程》（CECS 03—2007）规定了自然干燥状态和潮湿状态两种试验情况。当结构工作条件比较干燥时，芯样试件应以自然干燥状态进行试验。当结构工作条件比较潮湿时，芯样试件应以潮湿状态进行试验，芯样试件首先应在（20±5）℃的清水中浸泡40~48 h，然后从水中取出后立即进行试验。

芯样试件的抗压试验应按照《普通混凝土力学性能试验方法》（GB/T 50081—2002）中对立方体试块抗压试验的规定进行操作，如图8—4—10所示。

图8—4—10　芯样试件的抗压强度试验

6. 确定混凝土强度

（1）芯样试件的混凝土抗压强度值计算

芯样试件的混凝土抗压强度可按式（8—4—1）计算：

$$f_{cu,cor}=\frac{F_c}{A} \tag{8—4—1}$$

式中 $f_{cu,cor}$——芯样试件的混凝土抗压强度值，MPa；

F_c——芯样试件的抗压试验测得的最大压力，N；

A——芯样试件抗压截面面积，mm^2。

（2）混凝土强度值计算

1）批混凝土强度推定。标准芯样试件的最小样本量不宜少于15个，小直径芯样试件的最小样本量应适当增加。芯样应从检验批的结构构件中随机抽取，每个芯样应取自一个构件或结构的局部部位。首先计算推定区间，推定区间的上、下限值按下式计算：

上限值：
$$f_{cu,e,1}=f_{cu,cor,m}-k_1S_{cor} \tag{8—4—2}$$

下限值：
$$f_{cu,e,2}=f_{cu,cor,m}-k_2S_{cor} \tag{8—4—3}$$

平均值：
$$f_{cu,cor,m}=\frac{\sum_{i=1}^{n}f_{cu,cor,i}}{n} \tag{8—4—4}$$

标准差：
$$S_{cor}=\sqrt{\frac{\sum_{i=1}^{n}(f_{cu,cor,i}-f_{cu,cor,m})^2}{n-1}} \tag{8—4—5}$$

式中 $f_{cu,cor,m}$——芯样试件的混凝土抗压强度平均值，MPa，精确至0.1 MPa；

$f_{cu,cor,i}$——单个芯样试件的混凝土抗压强度值，MPa，精确至0.1 MPa；

$f_{cu,e,1}$——混凝土抗压强度上限值，MPa，精确至0.1 MPa；

$f_{cu,e,2}$——混凝土抗压强度下限值，MPa，精确至0.1 MPa；

k_1，k_2——推定区间上限值系数和下限值系数，按表8—4—1查得；

S_{cor}——芯样试件强度样本的标准差，MPa，精确至0.1 MPa。

表8—4—1 k_1、k_2 系数

试件数 n	k_1（0.10）	k_2（0.05）	试件数 n	k_1（0.10）	k_2（0.05）	试件数 n	k_1（0.10）	k_2（0.05）
15	1.222	2.566	30	1.332	2.220	45	1.383	2.092
16	1.234	2.524	31	1.336	2.208	46	1.386	2.086
17	1.244	2.486	32	1.341	2.197	47	1.389	2.081
18	1.254	2.453	33	1.345	2.186	48	1.391	2.075
19	1.263	2.423	34	1.349	2.176	49	1.393	2.070
20	1.271	2.396	35	1.352	2.167	50	1.396	2.065
21	1.279	2.371	36	1.356	2.158	60	1.415	2.022
22	1.286	2.349	37	1.360	2.149	70	1.431	1.990
23	1.293	2.328	38	1.363	2.141	80	1.444	1.964
24	1.300	2.309	39	1.366	2.133	90	1.454	1.944
25	1.306	2.292	40	1.369	2.125	100	1.463	1.927
26	1.311	2.275	41	1.372	2.118	110	1.471	1.912
27	1.317	2.260	42	1.375	2.111	120	1.478	1.899
28	1.322	2.246	43	1.378	2.105	—	—	—
29	1.327	2.232	44	1.381	2.098	—	—	—

$f_{cu,e,1}$和$f_{cu,e,2}$构成的推定区间的置信度宜为0.85，要求$f_{cu,e,1}$与$f_{cu,e,2}$之间的差值不宜大于5.0 MPa和$f_{cu,cor,m}$两者的较大值，并以$f_{cu,e,1}$作为检验批混凝土强度的推定值。

2）单个构件混凝土强度推定。钻芯确定单个构件的混凝土强度推定值时，有效芯样试件的数量不应少于3个；对于较小构件，有效芯样试件的数量不得少于2个。单个构件的混凝土强度推定值不再进行数据的舍弃，而应按有效芯样试件混凝土抗压强度值中的最小值确定。

7. 出具报告

本试验采用的记录格式见表8—4—2。按任务要求对构件进行钻芯，经室内抗压强度试验，将试验结果填入表中。

表 8—4—2　　水泥混凝土芯样抗压强度试验记录表

试样编号	试件编号	试件直径（mm）			试件高度（mm）					破坏荷载 F（kN）	高径比	抗压强度测值 f_{cu}（MPa）	抗压强度测定值 f_{cu}'（MPa）	备注
		d_1	d_2	d	h_1	h_2	h_3	h_4	h					
1	1－1	99.5	99.5	99.5	99	98	98	98	98	208.0	0.98	26.8	26.8	左幅 1#桥墩
	1－2	100.0	100.0	100.0	100	100	99	99	100	222.0	1.00	28.3		
	1－3	99.0	100.0	99.5	100	99	99	99	99	236.0	0.99	30.4		

按照单个构件混凝土强度推定，该桥墩混凝土强度为 26.8 MPa，低于设计混凝土强度等级 C30，判定该构件强度不合格。

思考与练习

1. 哪些情况下适宜采用钻芯取样法测混凝土强度？

2. 简述钻芯取样法的步骤。

3. 芯样进行抗压强度试验应符合哪些要求？

4. 某批混凝土预制梁需采用取芯法检测混凝土强度，共钻取符合试验要求的芯样 15 个，经过室内抗压强度试验芯样强度分别为 51.3 MPa、52.8 MPa、53.6 MPa、55.8 MPa、51.6 MPa、45.8 MPa、51.8 MPa、58.6 MPa、53.7 MPa、57.6 MPa、52.8 MPa、50.1 MPa、52.2 MPa、51.8 MPa、48.8 MPa，试确定该批预制梁混凝土强度推定值。

模块九

路面其他性能检测

任务一　沥青路面渗水系数检测

学习目标

- 了解渗水系数检测的概念及计算公式。
- 掌握沥青路面渗水系数检测的方法与步骤。

工作任务

沥青路面必须具有良好的防渗水性，如果整个沥青面层透水，则水势必进入基层或路基，使面层承载力降低，导致基层软化、沥青面层开裂、松散等病害，降低路面的耐久性。

江苏省某地区在建高速公路，路面中面层采用沥青混凝土，结构类型为 AC－20，底基层与基层为水泥稳定碎石，根据《公路工程质量检验评定标准》（JTG F80/1—2004）的要求，渗水系数合格标准为不大于300 mL/min，试对该路面进行渗水测试，并进行评定。

相关理论

沥青路面渗水性能是反映路面沥青混合料级配组成的一个间接指标，也是沥青路面水稳定性的一个重要指标。

沥青路面渗水性能通常用渗水系数（C_W）表征，路面渗水系数是指在规定的水头压力下，水在单位时间内通过一定面积的路面渗入下层的数量，单位为 mL/min。

沥青路面的渗水系数按式（9—1—1）计算。计算时以水面从 100 mL 下降至 500 mL 所需要的时间为标准，若渗水时间过长，也可采用 3 min 通过的水量计算。

$$C_W = \frac{V_2 - V_1}{t_2 - t_1} \times 60 \tag{9—1—1}$$

式中 C_W——路面渗水系数，mL/min；

V_1——第一次读数时的水量，mL，通常为 100 mL；

V_2——第二次读数时的水量，mL，通常为 500 mL；

t_1——第一次读数时的时间，s；

t_2——第二次读数时的时间，s。

想一想

在路面边缘渗水试验过程中，如发现有水从路面结构层侧面渗出应怎么处理？

任务实施

采用渗水仪测定某高速公路沥青路面下面层的渗水系数，按照如下流程进行：

准备仪具与材料→在测试路段的行车道路面上根据随机选点法选定测试位置及测点→画出密封区域并用密封材料密封→放置渗水仪，安放配重块→往渗水仪量筒中注满水→渗水测定→记录并计算，根据规范要求判断渗水系数是否合格。

1．准备仪具与材料

（1）路面渗水仪

路面渗水仪由盛水筒、支架、底座、细管和压重铁圈组成，其形式如图 9—1—1 所示。上部盛水量筒为透明有机玻璃制成，容积为 600 mL，上有刻度，在 100 mL 和 500 mL 处有粗标线，下方通过 ϕ10 mm 的细管与底座相连，中间有一个开关（阀门）。量筒通过支架连接，底座下方开口内径为 150 mm，外径为 220 mm。仪器附不锈钢圈压重 2 个，每个质量约为 5 kg，内径为 160 mm。

（2）水桶及大漏斗。

（3）秒表。

（4）密封材料。防水腻子、油灰或橡皮泥。

（5）其他。水、粉笔、塑料圈、刮刀、扫帚等。

2．测试方法与步骤

（1）准备工作

1）在测试路段按“公路路基路面现场测试随机选点方法”决定测点所在横断面的位置，每一个检测路段应测定 5 个测点，并用粉笔做出标记。

2）用扫帚清扫表面，并用刷子将路面表面的杂物刷去。杂物的存在一方面会影响水的渗入；另一方面也会影响渗水仪和路面或者试件的密封效果。

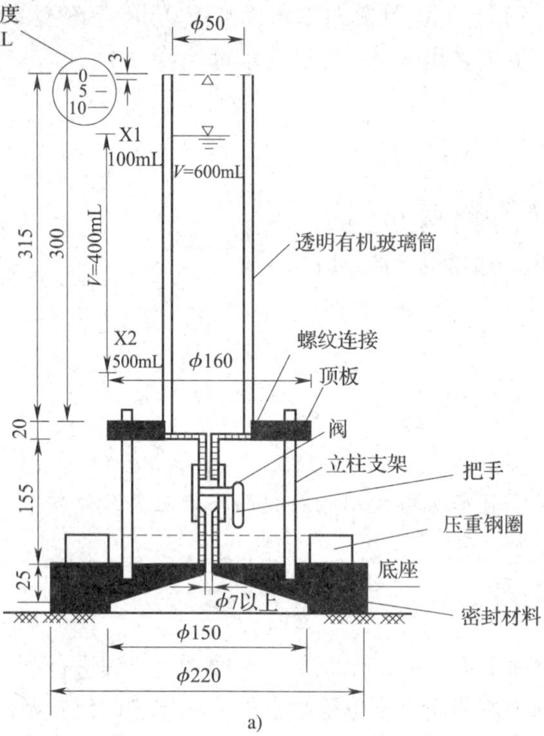

a)

b)

图 9—1—1　渗水仪（单位：mm）

a）结构图　b）实物图

（2）测试步骤

1）将塑料圈置于试件中央或者路面表面的测点上，用粉笔分别沿塑料圈的内侧和外侧画上圈，如图 9—1—2 所示，在外环和内环之间的部分就是需要用密封材料进行密封的区域。

2）用密封材料对环状密封区域进行密封处理，注意不要使密封材料进入内圈。如果密封材料不小心进入内圈，必须用刮刀将其刮走。然后再将搓成拇指粗细的条状密封材料摞在环状密封区域的中央，并且摞成一圈，如图 9—1—3 所示。

图 9—1—2　用粉笔画密封区域

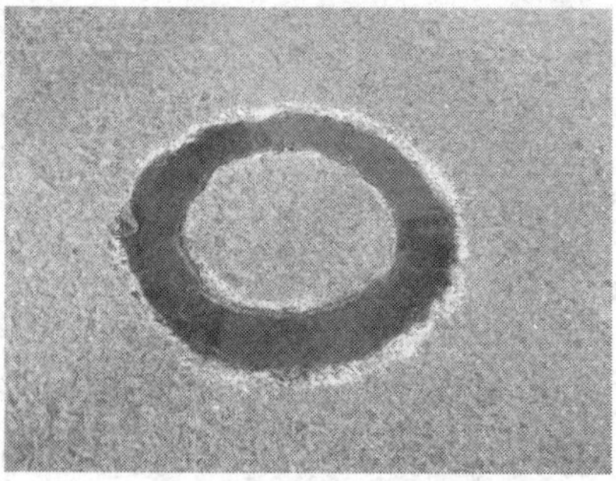

图 9—1—3　在内圈之外涂密封材料

想一想

如果密封材料进入内圈，试验结果会有什么影响？

3）将渗水仪放在试件或者路表面的测点上（见图 9—1—4），注意使渗水仪的中心尽量和圆环中心重合，然后略微使劲将渗水仪压在条状密封材料表面，再将配重加上（见图 9—1—5），以防压力水从底座与路面间流出。

图 9—1—4　将渗水仪放在测点上

图 9—1—5　加上配重块

4）将开关关闭，向量筒中注满水，然后打开开关，使量筒中的水流出，使渗水仪底部内的空气排出，当量筒中水面下降速度变慢时用双手轻压渗水仪使渗水仪底部的气泡全部排出。关闭开关，并再次向量筒中注满水，如图 9—1—6 所示。

5）将开关打开，待水面下降至 100 mL 刻度时，立即打开秒表开始计时，如图 9—1—7

图 9—1—6　向量筒内注水

图 9—1—7　水面下降至 100 mL 时开启秒表

所示，每间隔 60 s，读记仪器管的刻度一次，至水面下降 500 mL 时为止。测试过程中，若水从底座与密封材料间渗出，说明底座与路面密封不好，应移至附近干燥路面处重新操作。若水面下降速度较慢，则测定 3 min 的渗水量即可停止；如果水面下降速度较快，在不到 3 min 的时间内到达了 500 mL 刻度线，则记录到达 500 mL 刻度线时的时间；若水面下降至一定程度后基本保持不动，说明基本不透水或根本不透水，在报告中注明即可。

想一想

为什么若水面下降速度较慢，则测定 3 min 的渗水量即可停止？

6）按以上步骤在同一个检测路段测定 5 个测点的渗水系数，取其平均值作为检测结果。

3．检测结果及结论

（1）现场检测，每一个检测路段应测定 5 个测点，计算其平均值作为检测结果。若路面不透水，则在报告中注明为 0。

（2）其现场检测数据记录格式见表 9—1—1，根据渗水系数计算公式计算出渗水系数，并计算其平均值、标准差和变异系数。

表 9—1—1　　沥青路面渗水试验记录表

工程名称　××高速公路　合同号　××标段　编号

任务单号	—	试验环境	晴
试验日期	2012. 4. 10	试验设备	渗水仪、秒表
试验规程	JTG E60—2008	试验人员	××
评定标准	JTG F80/1—2004	复核人员	××

施工单位　××工程公司　　工程部位　沥青混凝土路面中面层

现场桩号　K15 +000 ~ K16 +000　　试样描述　表面均匀

测点编号	桩号	横距（m）	外观描述	渗水情况读数（mL）			500 mL	渗水系数	备注
				1 min 末	2 min 末	3 min 末	s	（mL/min）	
1	K15 +100	0. 3	表面均匀	160	220	274	—	58	
2	K15 +120	5. 8	表面均匀	100	100	100	—	0	
3	K15 +140	7. 6	表面均匀	136	171	202	—	34	
4	K15 +160	2. 4	表面均匀	280	455	—	132	182	
5	K15 +180	4. 0	表面均匀	112	120	133	—	11	

平均值（mL/min）	标准差（mL/min）	变异系数（%）
57	73. 3	128. 7
结论：该检测段落的渗水系数为 57 mL/min，依据 JTG F80/1—2004，判定合格。		

测点编号1渗水系数的计算：$C_W = \frac{V_2 - V_1}{t_2 - t_1} \times 60 = \frac{274 - 100}{180 - 0} \times 60 = 58\ mL/min$

测点编号2渗水系数的计算：$C_W = \frac{V_2 - V_1}{t_2 - t_1} \times 60 = \frac{100 - 100}{180 - 0} \times 60 = 0\ mL/min$

测点编号3渗水系数的计算：$C_W = \frac{V_2 - V_1}{t_2 - t_1} \times 60 = \frac{202 - 100}{180 - 0} \times 60 = 34\ mL/min$

测点编号4渗水系数的计算：$C_W = \frac{V_2 - V_1}{t_2 - t_1} \times 60 = \frac{500 - 100}{132 - 0} \times 60 = 182\ mL/min$

测点编号5渗水系数的计算：$C_W = \frac{V_2 - V_1}{t_2 - t_1} \times 60 = \frac{133 - 100}{180 - 0} \times 60 = 11\ mL/min$

思考与练习

1. 渗水系数的概念和计算公式分别是什么？
2. 简述渗水试验步骤。

任务二　沥青路面车辙测试

学习目标

- 了解路面车辙的概念。
- 掌握沥青路面车辙测试的方法及步骤。

工作任务

车辙是路面结构层在行车荷载作用下的补充压实以及结构层中材料的侧向位移产生的累积永久变形。这种变形出现在行车轮迹带处，形成路面的纵向带状凹陷（见图9—2—1）。在公路行业，用路面横断面方向上的车辙深度衡量车辙的大小，以毫米（mm）为单位。车辙深度即衡量路面车辙严重程度的指标，车辙深度值越大，说明车辙越严重；车辙深度值越小，说明车辙越轻。《公路沥青路面养护技术规范》（JTJ073.2—2001）中把车辙分为两个等级，见表9—2—1。

图 9—2—1　行车轮迹带处车辙

表 9—2—1　　车辙分级

破损类型	分级	外观描述	分级指标
车辙	轻	变形较浅	≤25 mm
	重	变形较深	>25 mm

现有江苏省某地区一级公路，路面结构类型为沥青混凝土，已通车运营 5 年，需对该公路进行车辙检测，依据《公路沥青路面养护技术规范》（JTJ073. 2—2001），判断车辙的轻重程度等级。

沥青路面可用激光或超声波车辙仪、路面横断面仪及横断面尺测试，供评定路面使用状况及计算维修工作量时使用。

小资料

车辙的分类及产生原因

1. 磨耗型车辙

产生原因：在交通车辆轮胎磨耗和环境条件的综合作用下，路面磨损，面层内集料颗粒逐渐脱落；在冬季路面铺撒防滑料（如砂）时，磨损型车辙会加速发展。

2. 结构型车辙

产生原因：这类车辙主要是基层等路面结构层或路基强度不足，在交通荷载反复作用下产生向下的永久变形，作用或反射于路面。

3. 失稳型车辙

产生原因：绝大多数车辙是由于在交通荷载产生的剪切应力的作用下，路面层材料失稳，凹陷和横向位移形成的。此类车辙的外观特点是沿车辙两侧可见混合料失稳横向蠕变位移形成的凸缘。一般出现在车辆轮迹的区域内，当经碾压的路面材料的强度不足以抵抗交通荷载作用于它上面的应力，特别是重载车辆高频率通过，路面反复承受高频重载时，极易产生此类车辙。

此外，在高速公路的进口、出口、交费站或一般公路的交叉路口等减速或缓行区，这类车辙也较为严重。因为这些地区车速较低，交通荷载对路面的作用时间较长，易于引起路面材料失稳，产生横向位移和永久变形。

任务实施

对路面车辙的测试，按照如下流程进行：准备仪具与材料→在测试路段的行车道路面上选择测试断面→安置仪器→记录或采集数据→绘图计算。

1. 准备仪具与材料

（1）路面横断面仪

如图9—2—2所示，长度不小于一个车道宽度，横梁上有一个位移传感器，可自动记录横断面形状，测试间距小于20 cm，测试精度为1 mm。

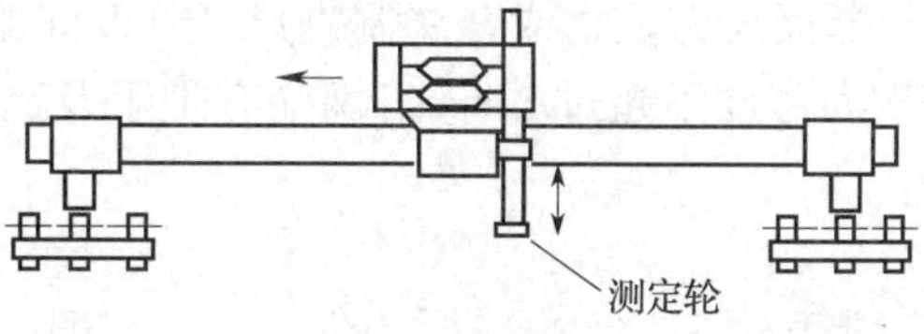

a)

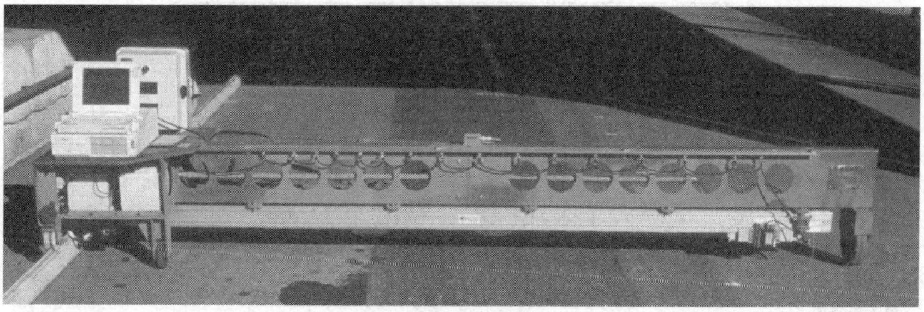

b)

图9—2—2　路面横断面仪

a）结构图　b）实物图

（2）激光或超声波车辙仪

如图9—2—3所示，包括多点激光或超声波车辙仪、线激光车辙仪和线扫描激光车辙仪等类型，通过激光测距技术或激光成像和数字图像分析技术得到车道横断面相对高程数据，并按规定模式计算车辙深度。

要求激光或超声波车辙仪有效测试宽度不小于3.2 m，测试点不少于13点，测试精度为1 mm。

图9—2—3　超声波车辙仪

（3）横断面尺

如图9—2—4所示，横断面尺为硬木或金属制直尺，刻度间距为5 cm，长度不小于一个车道宽度。顶面平直，最大弯度不超过1 mm。两端有把手及高度为10～20 cm的支脚，两支脚的高度相同。

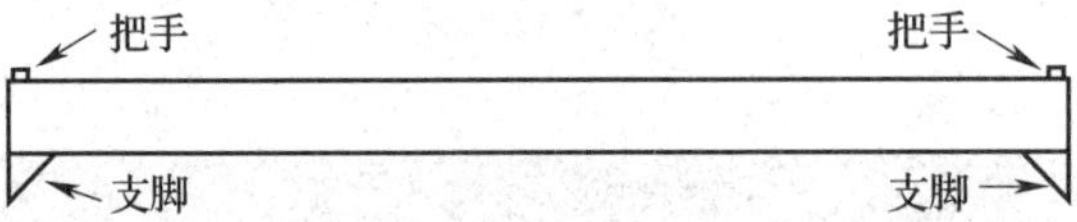

图9—2—4　横断面尺

（4）量尺

钢直尺、卡尺、塞尺，量程大于车辙深度，精度至1 mm。

（5）其他

皮尺、粉笔等。

2. 测试方法与步骤

（1）车辙测定的基准测量宽度应符合下列规定：

1）对高速公路及一级公路，以一个车道的宽度即道路上一个车道两侧的区划线中心到中心的距离为基准测量宽度。

2）对二级及二级以下公路，有车道区划线时，以一个车道的宽度为基准测量宽度；无车道区划线时，以中线两侧形成车辙部位的一个车道的宽度，作为基准测量宽度。

（2）以一个评定路段为单位，用激光车辙仪连续检测时，测定断面间隔不大于10 m，用其他方法非连续测定时，在行车道上每隔50 m作为一个测定断面，用粉笔画上标记。根据需要也可以按公路路基路面现场测试随机选点方法在行车道上随机选取测定断面，在特殊需要的路段如交叉口前后可予加密。

（3）采用激光或超声波车辙仪的测试步骤

1）将检测车辆就位于测定区间起点前。

2）启动并设定检测系统参数。

3）启动车辙和距离测试装置，开动测试车沿着车道轮迹位置且平行于车道线平稳行驶，测试系统自动记录每个断面和距离数据，如图 9—2—5 所示。

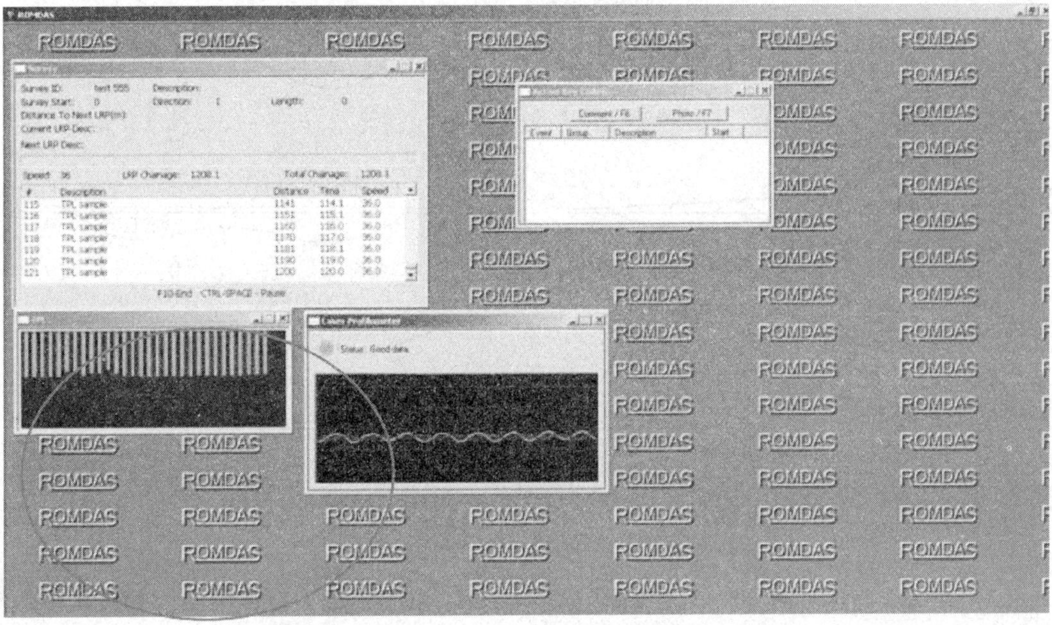

图 9—2—5　测试系统自动记录每个断面和距离数据

4）到达测定区间终点后，结束测定。

5）系统处理软件按规定的模式通过各横断面相对高程数据计算车辙深度。

（4）采用路面横断面仪的测试步骤

1）将路面横断面仪就位于测定断面上，方向与道路中心线垂直，两端支脚立于测定车道的两侧边缘，记录断面桩号。

2）调整两端支脚高度，使其等高。

3）移动横断面仪的测量器，从测定车道的一端移至另一端，记录出断面形状。

（5）采用横断面尺的测试步骤

1）将横断面尺就位于测定断面上，两端支脚置于测定车道两侧。

2）沿横断面尺每隔 20 cm 设一点，用量尺垂直立于路面上，用目光平视测记横断面尺顶面与路面之间的距离，准确至 1 mm，如断面的最高处或最低处明显不在测定点应加测该点距离。

3）记录测定读数，给出断面图，最后连接成圆滑的横断面线。

4）当不需要测定横断面，仅需要测定最大车辙时，也可用不带支脚的横断面尺架在路面上由目测确定最大车辙位置，用尺量取。

横断面尺也可用线绳代替。

3．计算、整理测定结果

（1）根据断面线按图 9—2—6 的方法画出横断面图及顶面基准线，通常为其中的一种形式。

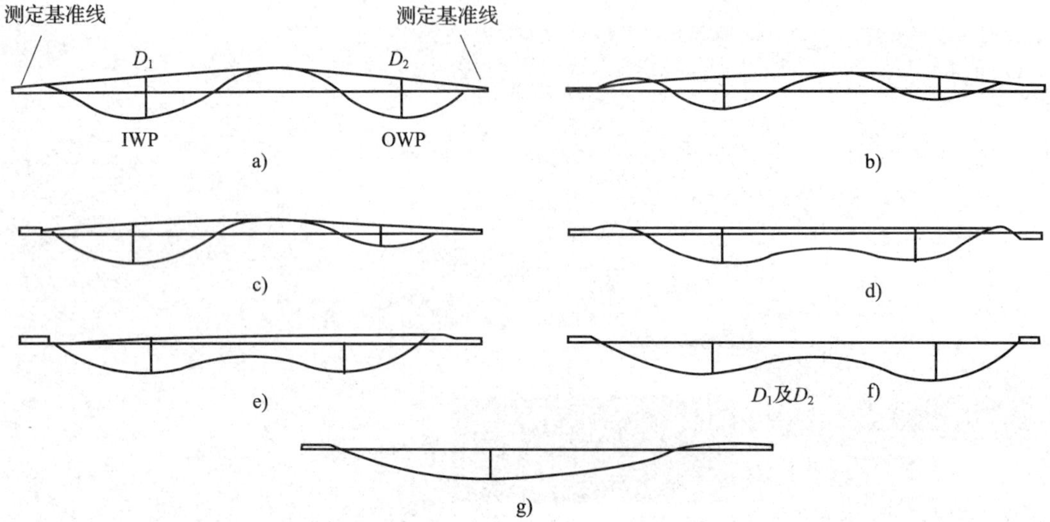

图 9—2—6　横断面图

（2）在图上确定车辙深度 D_1 及 D_2，读至 1 mm，以其中最大值作为断面的最大车辙深度。

（3）求取各测定断面最大车辙深度的平均值作为该评定路段的平均车辙深度。

4．出具报告

测试报告应记录下列事项：

（1）采用的测定方法。

（2）路段描述，包括里程桩号、路面结构及横断面、使用年限和交通情况等。

（3）各测定断面的横断面图。

（4）各测定断面的最大车辙深度表。

（5）各评定路段的最大车辙深度及平均车辙深度。

（6）根据测定目的得到的其他事项或数据。

思考与练习

1．试述车辙产生的原因以及危害。

2．简述用横断面尺测试路面车辙的步骤。

任务三　路面错台测试

学习目标

- 了解路面错台的概念。
- 掌握路面错台检测的方法和步骤。

工作任务

江苏省某地区二级公路，面层为水泥混凝土，现在已通车运营 2 年，需对该路面进行错台检测，依据《公路水泥混凝土路面养护技术规范》（JTJ073. 1—2001），判断错台的轻重程度等级。

路面错台可以用水准仪测定，当发生错台变形的范围不足 3 m 时，也可以用 3 m 直尺测定。水准仪法主要适用于测定路面在人工构造物端部接头、水泥混凝土路面或桥梁的伸缩缝以及沥青路面裂缝两侧由于沉降所造成的错台（台阶）高度，以评价路面行车舒适性能(跳车情况)，并作为计算维修工作量的依据。

相关理论

错台是指路面在桥涵、通道等人工构造物端部接头处由于沉降所造成的台阶（称为接头错台），以及水泥混凝土路面或桥梁的伸缩缝两侧和沥青路面开裂后由于沉降所造成的台阶（称为接缝错台或裂缝错台），以 mm 计，如图 9—3—1 所示。最大错台高度（D_m）即衡量路面错台严重程度的指标，D_m 值越大，说明错台越严重；D_m 值越小，说明错台程度越轻。《公路水泥混凝土路面养护技术规范》（JTJ073. 1—2001）中将错台按最大错台高度（D_m）分为三个等级：轻微，最大错台高度小于 5 mm；中等，最大错台高度介于 5 ~ 10 mm；严重，最大错台高度大于 10 mm。

图 9—3—1　路面错台

任务实施

对任务引入所描述的路面错台测试，按照如下流程进行：准备仪具与材料→在测试路段的行车道路面上选择测试断面，记录位置及桩号→安置水准仪或 3 m 直尺→间隔一定距离测量高程→记录计算。

1. 准备仪具与材料

（1）皮尺。

（2）水准仪（见图 9—3—2）。

（3）3 m 直尺、钢直尺、钢卷尺、粉笔。

图 9—3—2　水准仪实物图

2. 测试方法与步骤

（1）选择测试断面

选择需要测定的断面，记录位置及桩号，描述发生错台的原因。

非经注明，错台的测定位置以行车车道错台最大处纵断面为准，根据需要也可以其他代表性纵断面为测定位置。

（2）构造物端部由于沉降造成的接头错台的测试步骤

1）将精密水准仪架在距构造物端部不远的路面平顺处调平。

2）从构造物端部无沉降或鼓包的断面位置起，沿路线纵向用皮尺取一定距离，作为测点，在该处立起塔尺，测量高程。再向前量取一定距离，作为测点，测量高程。如此重复，直至无明显沉降的断面为止。无特殊需要，从构造物端部起的 2 m 内应每隔 0. 2 m 量测一次，2 ~5 m 宜每隔 0. 5 m 量测一次，5 m 以上可每隔 1 m 量测一次，由此得出沉降纵断面及最大沉降值，即最大错台高度（D_m），精确至 1 mm。

（3）水泥混凝土路面或桥梁的伸缩缝或路面横向开裂造成的接缝错台、裂缝错台测试步骤

1）将精密水准仪架在接缝或裂缝不远的路面平顺处调平，如图 9—3—3 所示。

图 9—3—3　水准仪调平

2）从裂缝或接缝一侧不远的断面位置起，沿路线纵向用皮尺取一定距离，作为测点，在该处立起塔尺，测量高程。再向前量取一定距离，作为测点，测量高程，如图 9—3—4 所示。如此重复，直至接缝或裂缝的另一侧不远处。无特殊需要，从裂缝或接缝起的 2 m 内应每隔 0. 2 m 量测一次，2 ~5 m 宜每隔 0. 5 m 量测一次，5 m 以上可每隔 1 m 量测一次，由此得出沉降纵断面及最大沉降值，即最大错台高度（D_m），精确至 1 mm。

图 9—3—4　每隔一定距离量测高程

（4）3 m 直尺测试路面错台的步骤

当发生错台变形的范围不足 3 m 时，可在错台最大位置沿路线纵向用 3 m 直尺架在路面上，其一端位于错台高出的一侧，另一端位于无明显沉降变形处，作为基准线。用钢直尺或钢卷尺每隔 0. 2 m 量取路面与基准线之间高度（D），同时测记最大错台高度 D_m，精确至 1 mm。如图 9—3—5 所示。

图 9—3—5　用钢卷尺量取路面与基准线之间高度

想一想

为什么当发生错台变形的范围超过 3 m 时，需要用水准仪进行测试？

3. 整理资料

以测定的错台读数 D 与各测点的距离绘成纵断面图作为测定结果，图中应标明相应断面的设计纵断面高程，最大错台的位置与高度 D_m，精确至 0.001 m。

4. 出具报告

测试报告应记录如下事项：

（1）路线名，测定日期，天气情况。

（2）测定地点，桩号路面及构造物概况。

（3）道路交通情况及造成错台的原因初步分析。

（4）最大错台高度 D_m 及错台纵断面图。

思考与练习

1. 错台的概念是什么？错台是如何分级的？

2. 简述水泥混凝土路面或桥梁的伸缩缝或路面横向开裂造成的接缝错台、裂缝错台测试步骤？

附　　表

附表 A　　　　**t分布概率系数表**

n	双边置信水平			单边置信水平		
	99%	95%	90%	99%	95%	90%
	$t_{0.995}/\sqrt{n}$	$t_{0.975}/\sqrt{n}$	$t_{0.95}/\sqrt{n}$	$t_{0.99}\sqrt{n}$	$t_{0.95}/\sqrt{n}$	$t_{0.90}/\sqrt{n}$
2	45.012	8.985	4.465	22.501	4.465	2.176
3	5.730	2.484	1.686	4.201	1.686	1.089
4	2.921	1.591	1.177	2.270	1.177	0.819
5	2.059	1.242	0.953	1.676	0.953	0.686
6	1.646	1.049	0.823	1.374	0.823	0.603
7	1.401	0.925	0.734	1.188	0.734	0.544
8	1.237	0.836	0.670	1.060	0.670	0.500
9	1.118	0.769	0.620	0.966	0.620	0.466
10	1.028	0.715	0.580	0.892	0.580	0.437
11	0.955	0.672	0.546	0.833	0.546	0.414
12	0.897	0.635	0.518	0.785	0.518	0.393
13	0.847	0.604	0.494	0.744	0.494	0.376
14	0.805	0.577	0.473	0.708	0.473	0.361
15	0.769	0.554	0.455	0.678	0.455	0.347
16	0.737	0.533	0.438	0.651	0.438	0.335
17	0.708	0.514	0.423	0.626	0.423	0.324
18	0.683	0.497	0.410	0.605	0.410	0.314
19	0.660	0.482	0.398	0.586	0.398	0.305
20	0.640	0.468	0.387	0.568	0.387	0.297
21	0.621	0.455	0.376	0.552	0.376	0.289
22	0.604	0.443	0.367	0.537	0.367	0.282
23	0.588	0.432	0.358	0.523	0.358	0.275
24	0.573	0.422	0.350	0.510	0.350	0.269
25	0.559	0.413	0.342	0.498	0.342	0.264
26	0.547	0.404	0.335	0.487	0.335	0.258
27	0.535	0.396	0.328	0.477	0.328	0.253
28	0.524	0.388	0.322	0.467	0.322	0.248
29	0.513	0.380	0.316	0.458	0.316	0.244
30	0.503	0.373	0.310	0.449	0.310	0.239
40	0.428	0.320	0.266	0.383	0.266	0.206
50	0.380	0.284	0.237	0.340	0.237	0.184
60	0.344	0.258	0.216	0.308	0.216	0.167
70	0.318	0.238	0.199	0.285	0.199	0.155
80	0.297	0.223	0.186	0.266	0.186	0.145
90	0.278	0.209	0.175	0.249	0.175	0.136
100	0.263	0.198	0.166	0.236	0.166	0.129

附表 B

一般取样的随机数

栏号1			栏号2			栏号3			栏号4			栏号5			栏号6			栏号7			栏号8		
A	B	C	A	B	C	A	B	C	A	B	C	A	B	C	A	B	C	A	B	C	A	B	C
15	0.033	0.578	05	0.048	0.879	21	0.013	0.220	18	0.089	0.716	17	0.024	0.863	30	0.030	0.901	12	0.029	0.386	09	0.042	0.07
21	0.101	0.300	17	0.074	0.156	30	0.036	0.853	10	0.102	0.330	24	0.060	0.032	21	0.096	0.198	18	0.112	0.284	17	0.141	0.411
23	0.129	0.916	18	0.102	0.191	10	0.052	0.746	14	0.111	0.925	26	0.074	0.639	10	0.100	0.161	20	0.114	0.848	02	0.143	0.221
30	0.158	0.434	06	0.105	0.257	25	0.061	0.954	28	0.127	0.840	07	0.167	0.512	29	0.133	0.388	03	0.121	0.656	05	0.162	0.899
24	0.177	0.397	28	0.179	0.447	29	0.062	0.507	24	0.132	0.271	28	0.194	0.776	24	0.138	0.062	13	0.178	0.640	03	0.285	0.016
11	0.202	0.271	26	0.187	0.844	18	0.087	0.887	19	0.285	0.899	03	0.219	0.166	20	0.168	0.564	22	0.209	0.421	28	0.291	0.034
16	0.204	0.012	04	0.188	0.482	24	0.105	0.849	01	0.326	0.037	29	0.264	0.284	22	0.232	0.953	16	0.221	0.311	08	0.369	0.557
08	0.208	0.418	02	0.028	0.577	07	0.139	0.159	30	0.334	0.938	11	0.282	0.262	14	0.259	0.217	29	0.235	0.356	01	0.436	0.386
19	0.211	0.798	03	0.214	0.402	01	0.175	0.647	22	0.405	0.295	14	0.379	0.994	01	0.275	0.195	28	0.254	0.941	20	0.450	0.289
29	0.233	0.07	07	0.245	0.080	23	0.196	0.873	05	0.421	0.282	13	0.394	0.405	06	0.277	0.475	11	0.287	0.199	18	0.455	0.789
07	0.260	0.073	15	0.248	0.831	26	0.240	0.981	13	0.451	0.212	06	0.410	0.157	02	0.296	0.497	02	0.336	0.992	23	0.488	0.715
17	0.262	0.308	29	0.261	0.037	14	0.255	0.374	02	0.461	0.023	15	0.438	0.700	27	0.311	0.144	15	0.393	0.488	14	0.498	0.276
25	0.271	0.18	30	0.302	0.883	06	0.310	0.043	06	0.487	0.539	22	0.453	0.635	05	0.351	0.141	19	0.437	0.655	15	0.503	0.342
06	0.302	0.672	21	0.318	0.088	11	0.316	0.653	08	0.497	0.396	21	0.472	0.824	17	0.370	0.811	24	0.466	0.773	04	0.515	0.693
01	0.409	0.406	11	0.376	0.936	13	0.324	0.585	25	0.503	0.893	05	0.488	0.118	09	0.388	0.484	14	0.531	0.014	16	0.532	0.112
13	0.507	0.693	14	0.430	0.814	12	0.351	0.275	15	0.594	0.603	01	0.525	0.222	04	0.410	0.073	09	0.562	0.678	22	0.557	0.357
02	0.575	0.654	27	0.438	0.676	20	0.371	0.535	27	0.620	0.894	12	0.561	0.980	25	0.471	0.530	06	0.601	0.675	11	0.559	0.620
18	0.591	0.318	08	0.467	0.205	08	0.409	0.495	21	0.629	0.841	08	0.652	0.508	13	0.486	0.779	10	0.612	0.859	12	0.650	0.216
20	0.610	0.821	09	0.474	0.138	16	0.445	0.740	17	0.691	0.583	18	0.668	0.271	15	0.515	0.867	26	0.673	0.112	21	0.672	0.320
12	0.631	0.597	10	0.492	0.474	03	0.494	0.929	09	0.708	0.689	30	0.736	0.634	23	0.567	0.798	23	0.738	0.770	13	0.709	0.273
27	0.651	0.281	13	0.498	0.892	27	0.543	0.387	07	0.709	0.012	02	0.763	0.253	11	0.618	0.502	21	0.753	0.614	07	0.745	0.687
04	0.661	0.953	19	0.511	0.520	17	0.625	0.171	11	0.714	0.049	23	0.804	0.140	28	0.636	0.148	30	0.758	0.851	30	0.780	0.285
22	0.692	0.089	23	0.591	0.770	02	0.699	0.073	23	0.720	0.695	25	0.828	0.425	26	0.650	0.741	27	0.765	0.563	19	0.845	0.097
05	0.779	0.346	20	0.604	0.730	19	0.702	0.934	03	0.748	0.413	10	0.843	0.627	16	0.711	0.508	07	0.780	0.534	26	0.846	0.366
09	0.787	0.173	24	0.654	0.330	22	0.816	0.802	02	0.781	0.603	16	0.858	0.849	19	0.778	0.812	04	0.818	0.187	29	0.861	0.307
10	0.818	0.837	12	0.728	0.523	04	0.838	0.166	26	0.830	0.384	04	0.903	0.327	07	0.804	0.675	17	0.837	0.353	25	0.906	0.874
14	0.905	0.631	16	0.753	0.344	15	0.904	0.116	04	0.843	0.002	09	0.912	0.382	08	0.806	0.952	05	0.854	0.818	24	0.919	0.809
26	0.912	0.376	01	0.806	0.134	28	0.969	0.742	12	0.884	0.582	27	0.935	0.162	18	0.841	0.414	01	0.867	0.133	10	0.952	0.555
28	0.920	0.163	22	0.878	0.884	09	0.974	0.046	29	0.926	0.700	20	0.970	0.582	12	0.918	0.114	08	0.915	0.538	06	0.961	0.504
03	0.945	0.140	25	0.939	0.162	05	0.977	0.494	16	0.951	0.601	19	0.975	0.327	03	0.992	0.399	25	0.975	0.584	27	0.969	0.811

续表

栏号9			栏号10			栏号11			栏号12			栏号13			栏号14			栏号15			栏号16		
A	B	C	A	B	C	A	B	C	A	B	C	A	B	C	A	B	C	A	B	C	A	B	C
14	0.061	0.935	26	0.038	0.023	27	0.074	0.779	16	0.078	0.987	03	0.033	0.091	26	0.035	0.175	15	0.023	0.979	19	0.062	0.588
02	0.065	0.097	30	0.066	0.371	06	0.084	0.396	23	0.087	0.056	07	0.047	0.391	17	0.089	0.363	11	0.118	0.465	25	0.08	0.218
03	0.094	0.228	27	0.073	0.876	24	0.098	0.524	17	0.096	0.076	28	0.064	0.113	10	0.149	0.681	07	0.134	0.172	09	0.131	0.295
16	0.122	0.945	09	0.095	0.568	10	0.133	0.919	04	0.153	0.163	12	0.066	0.360	28	0.238	0.075	01	0.139	0.230	18	0.136	0.381
18	0.156	0.430	05	0.180	0.741	15	0.187	0.079	10	0.254	0.834	26	0.076	0.552	13	0.244	0.767	16	0.145	0.122	05	0.147	0.864
25	0.193	0.469	12	0.200	0.851	17	0.227	0.767	06	0.284	0.628	30	0.087	0.101	24	0.262	0.366	20	0.165	0.520	12	0.158	0.365
24	0.224	0.672	13	0.259	0.327	20	0.236	0.571	12	0.305	0.616	02	0.127	0.187	08	0.264	0.651	06	0.185	0.481	28	0.214	0.184
10	0.225	0.223	21	0.264	0.681	01	0.245	0.988	25	0.319	0.901	06	0.144	0.068	18	0.285	0.311	09	0.211	0.316	14	0.215	0.757
09	0.233	0.338	17	0.283	0.645	04	0.317	0.291	01	0.320	0.212	25	0.202	0.674	02	0.340	0.131	14	0.248	0.348	13	0.224	0.846
20	0.290	0.120	23	0.363	0.063	29	0.350	0.911	08	0.416	0.372	01	0.247	0.025	29	0.353	0.478	25	0.249	0.890	15	0.227	0.809
01	0.297	0.242	20	0.364	0.366	26	0.380	0.104	13	0.432	0.556	23	0.253	0.323	06	0.359	0.270	13	0.252	0.577	11	0.280	0.898
11	0.337	0.760	16	0.395	0.363	28	0.425	0.864	02	0.489	0.827	24	0.320	0.651	30	0.387	0.248	30	0.273	0.088	01	0.331	0.925
19	0.389	0.064	02	0.423	0.540	22	0.487	0.526	29	0.503	0.787	10	0.328	0.365	14	0.392	0.694	18	0.277	0.689	10	0.399	0.992
13	0.411	0.474	08	0.432	0.736	05	0.552	0.571	15	0.518	0.717	27	0.338	0.412	03	0.408	0.077	22	0.372	0.958	30	0.417	0.787
30	0.447	0.893	10	0.475	0.468	14	0.564	0.357	28	0.524	0.998	13	0.356	0.991	27	0.440	0.280	10	0.461	0.075	08	0.439	0.921
22	0.478	0.321	03	0.508	0.774	11	0.572	0.306	03	0.542	0.352	16	0.401	0.792	22	0.461	0.830	28	0.519	0.536	20	0.472	0.484
29	0.481	0.993	01	0.601	0.417	21	0.594	0.197	19	0.585	0.462	17	0.423	0.117	16	0.527	0.003	17	0.520	0.090	24	0.498	0.712
27	0.562	0.403	22	0.687	0.917	09	0.607	0.524	05	0.695	0.111	21	0.481	0.838	20	0.531	0.486	03	0.523	0.519	04	0.516	0.396
04	0.566	0.179	29	0.697	0.862	19	0.650	0.572	07	0.733	0.838	08	0.560	0.401	25	0.678	0.360	26	0.573	0.502	03	0.548	0.688
08	0.603	0.758	11	0.701	0.605	18	0.664	0.101	11	0.744	0.948	19	0.564	0.190	21	0.725	0.014	19	0.634	0.206	23	0.597	0.508
15	0.632	0.927	07	0.728	0.498	25	0.674	0.428	18	0.793	0.748	05	0.571	0.054	05	0.787	0.595	24	0.635	0.810	21	0.681	0.114
06	0.707	0.107	14	0.745	0.679	02	0.697	0.674	27	0.802	0.967	18	0.587	0.584	15	0.801	0.927	21	0.679	0.841	02	0.739	0.298
28	0.737	0.161	24	0.819	0.444	03	0.767	0.928	21	0.826	0.487	15	0.604	0.145	12	0.836	0.294	27	0.712	0.368	29	0.792	0.038
17	0.846	0.130	15	0.840	0.823	16	0.809	0.529	24	0.835	0.832	11	0.641	0.298	04	0.854	0.982	05	0.780	0.497	22	0.829	0.324
07	0.874	0.491	25	0.863	0.568	30	0.838	0.294	26	0.855	0.142	22	0.672	0.156	11	0.884	0.928	23	0.861	0.106	17	0.834	0.647
05	0.880	0.828	06	0.878	0.215	13	0.845	0.470	14	0.861	0.462	20	0.674	0.887	19	0.886	0.832	12	0.865	0.377	16	0.909	0.608
23	0.931	0.659	18	0.930	0.601	08	0.855	0.524	20	0.874	0.625	14	0.752	0.881	07	0.929	0.932	29	0.882	0.635	06	0.914	0.420
26	0.960	0.365	04	0.954	0.827	07	0.867	0.718	30	0.929	0.056	09	0.774	0.560	09	0.932	0.206	08	0.902	0.020	27	0.958	0.356
21	0.978	0.194	28	0.963	0.004	12	0.881	0.722	09	0.935	0.582	29	0.921	0.752	01	0.970	0.692	04	0.951	0.482	26	0.981	0.976

续表

栏号17			栏号18			栏号19			栏号20			栏号21			栏号22			栏号23			栏号24		
A	B	C	A	B	C	A	B	C	A	B	C	A	B	C	A	B	C	A	B	C	A	B	C
13	0.045	0.004	25	0.027	0.290	12	0.052	0.075	20	0.030	0.881	01	0.01	0.946	12	0.051	0.032	26	0.051	0.187	08	0.015	0.521
18	0.086	0.878	06	0.057	0.571	30	0.075	0.493	12	0.034	0.291	10	0.014	0.939	11	0.068	0.980	03	0.53	0.256	16	0.068	0.994
26	0.126	0.990	26	0.059	0.026	28	0.120	0.341	22	0.043	0.893	09	0.032	0.346	17	0.089	0.309	29	0.100	0.159	11	0.118	0.400
12	0.128	0.661	07	0.105	0.176	27	0.145	0.689	28	0.143	0.073	06	0.093	0.180	01	0.091	0.371	13	0.102	0.465	21	0.124	0.565
30	0.146	0.337	18	0.107	0.358	02	0.209	0.957	03	0.15	0.937	15	0.151	0.012	10	0.100	0.709	24	0.11	0.316	18	0.153	0.158
05	0.169	0.470	22	0.128	0.827	26	0.272	0.818	04	0.154	0.867	16	0.185	0.455	30	0.121	0.774	18	0.114	0.300	17	0.190	0.159
21	0.244	0.433	23	0.156	0.440	22	0.299	0.317	19	0.158	0.359	07	0.227	0.227	02	0.166	0.056	11	0.123	0.208	26	0.192	0.676
23	0.270	0.849	15	0.171	0.157	18	0.306	0.475	29	0.304	0.615	02	0.304	0.400	23	0.179	0.529	09	0.138	0.182	01	0.237	0.030
25	0.274	0.407	08	0.220	0.097	20	0.311	0.653	06	0.369	0.633	30	0.316	0.074	21	0.187	0.051	06	0.194	0.115	12	0.283	0.077
10	0.290	0.925	20	0.252	0.066	15	0.348	0.156	18	0.390	0.536	18	0.328	0.799	22	0.205	0.543	22	0.234	0.480	03	0.286	0.318
01	0.323	0.490	04	0.268	0.576	16	0.381	0.710	17	0.403	0.392	20	0.352	0.288	28	0.23	0.688	20	0.274	0.107	10	0.317	0.374
24	0.352	0.291	14	0.275	0.302	01	0.411	0.607	23	0.404	0.182	26	0.371	0.216	19	0.243	0.001	21	0.331	0.292	05	0.337	0.844
15	0.361	0.155	11	0.297	0.589	13	0.417	0.715	01	0.415	0.457	19	0.448	0.754	27	0.267	0.990	08	0.346	0.085	25	0.441	0.336
29	0.374	0.882	01	0.358	0.305	21	0.472	0.484	07	0.437	0.696	13	0.487	0.598	15	0.283	0.440	27	0.382	0.979	27	0.469	0.786
08	0.432	0.139	09	0.412	0.089	04	0.478	0.885	24	0.446	0.546	12	0.546	0.640	16	0.352	0.089	07	0.387	0.865	24	0.473	0.237
04	0.467	0.266	16	0.429	0.834	25	0.479	0.080	26	0.485	0.768	24	0.550	0.038	03	0.377	0.648	28	0.411	0.776	20	0.475	0.761
22	0.508	0.880	10	0.491	0.203	11	0.566	0.104	15	0.511	0.313	03	0.604	0.780	06	0.397	0.769	16	0.444	0.999	06	0.557	0.001
27	0.632	0.191	28	0.542	0.306	10	0.576	0.859	10	0.517	0.290	22	0.621	0.930	09	0.409	0.428	04	0.515	0.993	07	0.610	0.238
16	0.661	0.836	12	0.563	0.091	29	0.665	0.397	30	0.556	0.853	21	0.629	0.154	14	0.465	0.406	17	0.518	0.827	09	0.617	0.041
19	0.675	0.629	02	0.593	0.321	19	0.739	0.298	25	0.561	0.837	11	0.634	0.908	13	0.499	0.651	05	0.539	0.620	13	0.641	0.648
14	0.680	0.890	30	0.692	0.198	14	0.748	0.759	09	0.574	0.699	05	0.696	0.459	04	0.539	0.972	02	0.623	0.271	22	0.664	0.291
28	0.714	0.508	19	0.705	0.445	08	0.758	0.919	13	0.613	0.762	23	0.710	0.078	18	0.560	0.747	30	0.637	0.374	04	0.668	0.856
06	0.719	0.441	24	0.709	0.717	07	0.798	0.183	11	0.698	0.783	29	0.726	0.585	26	0.575	0.892	14	0.714	0.364	19	0.717	0.232
09	0.735	0.040	13	0.820	0.739	23	0.834	0.647	14	0.715	0.179	17	0.749	0.916	29	0.756	0.712	15	0.730	0.107	02	0.776	0.504
17	0.741	0.906	05	0.848	0.866	06	0.837	0.978	16	0.770	0.128	04	0.802	0.186	20	0.760	0.920	19	0.771	0.552	29	0.797	0.548
11	0.747	0.205	27	0.867	0.633	03	0.849	0.964	08	0.815	0.385	14	0.835	0.319	05	0.847	0.925	23	0.780	0.662	14	0.823	0.223
20	0.850	0.047	03	0.883	0.333	24	0.851	0.109	05	0.872	0.490	08	0.870	0.546	25	0.872	0.891	10	0.924	0.888	23	0.848	0.264
02	0.859	0.356	17	0.900	0.443	05	0.859	0.835	21	0.885	0.999	28	0.871	0.539	24	0.874	0.135	12	0.929	0.204	30	0.892	0.817
07	0.870	0.612	21	0.914	0.483	17	0.863	0.220	02	0.958	0.177	25	0.971	0.369	08	0.911	0.215	01	0.937	0.714	28	0.943	0.190
03	0.916	0.463	29	0.950	0.753	09	0.883	0.147	27	0.961	0.980	27	0.984	0.252	07	0.946	0.065	25	0.974	0.398	15	0.975	0.962

续表

栏号 25			栏号 26			栏号 27			栏号 28		
A	B	C	A	B	C	A	B	C	A	B	C
02	0. 039	0. 005	16	0. 026	0. 102	21	0. 050	0. 952	29	0. 042	0. 039
16	0. 061	0. 599	01	0. 033	0. 886	17	0. 085	0. 403	07	0. 105	0. 293
26	0. 068	0. 054	04	0. 088	0. 686	10	0. 141	0. 624	25	0. 115	0. 420
11	0. 073	0. 812	22	0. 090	0. 602	05	0. 154	0. 157	09	0. 126	0. 612
07	0. 123	0. 649	13	0. 114	0. 614	06	0. 164	0. 841	10	0. 205	0. 144
15	0. 261	0. 928	30	0. 405	0. 273	25	0. 333	0. 633	26	0. 385	0. 111
10	0. 301	0. 811	06	0. 421	0. 807	28	0. 348	0. 710	30	0. 422	0. 315
24	0. 363	0. 025	12	0. 426	0. 583	20	0. 362	0. 961	17	0. 453	0. 783
22	0. 378	0. 792	08	0. 471	0. 708	14	0. 511	0. 989	02	0. 460	0. 916
27	0. 389	0. 959	18	0. 473	0. 738	26	0. 540	0. 903	27	0. 467	0. 841
03	0. 625	0. 777	26	0. 703	0. 622	18	0. 670	0. 904	16	0. 689	0. 339
08	0. 651	0. 790	29	0. 739	0. 394	11	0. 711	0. 253	06	0. 727	0. 298
12	0. 715	0. 599	25	0. 759	0. 386	01	0. 790	0. 392	04	0. 731	0. 814
23	0. 782	0. 093	24	0. 803	0. 602	04	0. 813	0. 611	08	0. 807	0. 983
20	0. 810	0. 371	27	0. 842	0. 491	19	0. 843	0. 732	15	0. 833	0. 757
05	0. 126	0. 658	20	0. 136	0. 576	07	0. 197	0. 013	03	0. 210	0. 054
14	0. 161	0. 189	05	0. 158	0. 228	16	0. 125	0. 363	23	0. 234	0. 533
18	0. 166	0. 040	10	0. 216	0. 565	08	0. 222	0. 520	13	0. 266	0. 799
28	0. 248	0. 171	02	0. 233	0. 610	13	0. 269	0. 477	20	0. 305	0. 603
06	0. 255	0. 117	07	0. 278	0. 357	02	0. 288	0. 012	05	0. 372	0. 223
19	0. 420	0. 557	19	0. 510	0. 207	27	0. 587	0. 643	14	0. 483	0. 095
21	0. 467	0. 943	03	0. 512	0. 329	12	0. 603	0. 745	12	0. 507	0. 375
17	0. 494	0. 225	15	0. 640	0. 329	29	0. 619	0. 895	28	0. 509	0. 748
09	0. 620	0. 081	09	0. 665	0. 354	23	0. 623	0. 333	21	0. 583	0. 804
30	0. 623	0. 106	14	0. 680	0. 884	22	0. 629	0. 076	22	0. 587	0. 993
01	0. 841	0. 726	21	0. 870	0. 435	03	0. 844	0. 511	19	0. 896	0. 464
29	0. 862	0. 009	28	0. 906	0. 397	30	0. 858	0. 289	18	0. 916	0. 384
25	0. 891	0. 873	23	0. 948	0. 367	09	0. 929	0. 199	01	0. 948	0. 610
04	2. 917	0. 264	11	0. 956	0. 142	24	0. 931	0. 263	11	0. 976	0. 799
13	0. 958	0. 990	17	0. 993	0. 989	15	0. 939	0. 947	24	0. 978	0. 636

附表 C　　**测区混凝土强度换算表**

平均回弹值 R_m	测区混凝土强度换算值 $f^c_{cu,i}$(MPa) 平均碳化深度值 d_m (mm)												
	0	0.5	1.0	1.5	2.0	2.5	3.0	3.5	4.0	4.5	5.0	5.5	≤6.0
20.0	10.3	10.1	—	—	—	—	—	—	—	—	—	—	—
20.2	10.5	10.3	10.0	—	—	—	—	—	—	—	—	—	—
20.4	10.7	10.5	10.2	—	—	—	—	—	—	—	—	—	—
20.6	11.0	10.8	10.4	10.1	—	—	—	—	—	—	—	—	—
20.8	11.2	11.0	10.6	10.3	—	—	—	—	—	—	—	—	—
21.0	11.4	11.2	10.8	10.5	10.0	—	—	—	—	—	—	—	—
21.2	11.6	11.4	11.0	10.7	10.2	—	—	—	—	—	—	—	—
21.4	11.8	11.6	11.2	10.9	10.4	10.0	—	—	—	—	—	—	—
21.6	12.0	11.8	11.4	11.0	10.6	10.2	—	—	—	—	—	—	—
21.8	12.3	12.1	11.7	11.3	10.8	10.5	10.1	—	—	—	—	—	—
22.0	12.5	12.2	11.9	11.5	11.0	10.6	10.2	—	—	—	—	—	—
22.2	12.7	12.4	12.1	11.7	11.2	10.8	10.4	10.0	—	—	—	—	—
22.4	13.0	12.7	12.4	12.0	11.4	11.0	10.7	10.3	10.0	—	—	—	—
22.6	13.2	12.9	12.5	12.1	11.6	11.2	10.8	10.4	10.2	—	—	—	—
22.8	13.4	13.1	12.7	12.3	11.8	11.4	11.0	10.6	10.3	—	—	—	—
23.0	13.7	13.4	13.0	12.6	12.1	11.6	11.2	10.8	10.5	10.1	—	—	—
23.2	13.9	13.6	13.2	12.8	12.2	11.8	11.4	11.0	10.7	10.3	10.0	—	—
23.4	14.1	13.8	13.4	13.0	12.4	12.0	11.6	11.2	10.9	10.4	10.2	—	—
23.6	14.4	14.1	13.7	13.2	12.7	12.2	11.8	11.4	11.1	10.7	10.4	10.1	—
23.8	14.6	14.3	13.9	13.4	12.8	12.4	12.0	11.5	11.2	10.8	10.5	10.2	—
24.0	14.9	14.6	14.2	13.7	13.1	12.7	12.2	11.8	11.5	11.0	10.7	10.4	10.1
24.2	15.1	14.8	14.3	13.9	13.3	12.8	12.4	11.9	11.6	11.2	10.9	10.6	10.3
24.4	15.4	15.1	14.6	14.2	13.6	13.1	12.6	12.2	11.9	11.4	11.1	10.8	10.4
24.6	15.6	15.3	14.8	14.4	13.7	13.3	12.8	12.3	12.0	11.5	11.2	10.9	10.6
24.8	15.9	15.6	15.1	14.6	14.0	13.5	13.0	12.6	12.2	11.8	11.4	11.1	10.7
25.0	16.2	15.9	15.4	14.9	14.3	13.8	13.3	12.8	12.5	12.0	11.7	11.3	10.9
25.2	16.4	16.1	15.6	15.1	14.4	13.9	13.4	13.0	12.6	12.1	11.8	11.5	11.0
25.4	16.7	16.4	15.9	15.4	14.7	14.2	13.7	13.2	12.9	12.4	12.0	11.7	11.2
25.6	16.9	16.6	16.1	15.7	14.9	14.4	13.9	13.4	13.0	12.5	12.2	11.8	11.3
25.8	17.2	16.9	16.3	15.8	15.1	14.6	14.1	13.6	13.2	12.7	12.4	12.0	11.5
26.0	17.5	17.2	16.6	16.1	15.4	14.9	14.4	13.8	13.5	13.0	12.6	12.2	11.6
26.2	17.8	17.4	16.9	16.4	15.7	15.1	14.6	14.0	13.7	13.2	12.8	12.4	11.8
26.4	18.0	17.6	17.1	16.6	15.8	15.3	14.8	14.2	13.9	13.3	13.0	12.6	12.0
26.6	18.3	17.9	17.4	16.8	16.1	15.6	15.0	14.4	14.1	13.5	13.2	12.8	12.1

续表

平均回弹值 R_m	测区混凝土强度换算值 $f^{c}_{cu,i}$ (MPa)												
	平均碳化深度值 d_m (mm)												
	0	0.5	1.0	1.5	2.0	2.5	3.0	3.5	4.0	4.5	5.0	5.5	≤6.0
26.8	18.6	18.2	17.7	17.1	16.4	15.8	15.3	14.6	14.3	13.8	13.4	12.9	12.3
27.0	18.9	18.5	18.0	17.4	16.6	16.1	15.5	14.8	14.6	14.0	13.6	13.1	12.4
27.2	19.1	18.7	18.1	17.6	16.8	16.2	15.7	15.0	14.7	14.1	13.8	13.3	12.6
27.4	19.4	19.0	18.4	17.8	17.0	16.4	15.9	15.2	14.9	14.3	14.0	13.4	12.7
27.6	19.7	19.3	18.7	18.0	17.2	16.6	16.1	15.4	15.1	14.5	14.1	13.6	12.9
27.8	20.0	19.6	19.0	18.2	17.4	16.8	16.3	15.6	15.3	14.7	14.2	13.7	13.0
28.0	20.3	19.7	19.2	18.4	17.6	17.0	16.5	15.8	15.4	14.8	14.4	13.9	13.2
28.2	20.6	20.0	19.5	18.6	17.8	17.2	16.7	16.0	15.6	15.0	14.6	14.0	13.3
28.4	20.9	20.3	19.7	18.8	18.0	17.4	16.9	16.2	15.8	15.2	14.8	14.2	13.5
28.6	21.2	20.6	20.0	19.1	18.2	17.6	17.1	16.4	16.0	15.4	15.0	14.3	13.6
28.8	21.5	20.9	20.2	19.4	18.5	17.8	17.3	16.6	16.2	15.6	15.2	14.5	13.8
29.0	21.8	21.1	20.5	19.6	18.7	18.1	17.5	16.8	16.4	15.8	15.4	14.6	13.9
29.2	22.1	21.4	20.8	19.9	19.0	18.3	17.7	17.0	16.6	16.0	15.6	14.8	14.1
29.4	22.4	21.7	21.1	20.2	19.3	18.6	17.9	17.2	16.8	16.2	15.8	15.0	14.2
29.6	22.7	22.0	21.3	20.4	19.5	18.8	18.2	17.5	17.0	16.4	16.0	15.1	14.4
29.8	23.0	22.3	21.6	20.7	19.8	19.1	18.4	17.7	17.2	16.6	16.2	15.3	14.5
30.0	23.3	22.6	21.9	21.0	20.0	19.3	18.6	17.9	17.4	16.8	16.4	15.4	14.7
30.2	23.6	22.9	22.2	21.2	20.3	19.6	18.9	18.2	17.6	17.0	16.6	15.6	14.9
30.4	23.9	23.2	22.5	21.5	20.6	19.8	19.1	18.4	17.8	17.2	16.8	15.8	15.1
30.6	24.3	23.6	22.8	21.9	20.9	20.2	19.4	18.7	18.0	17.5	17.0	16.0	15.2
30.8	24.6	23.9	23.1	22.1	21.2	20.4	19.7	18.9	18.2	17.7	17.2	16.2	15.4
31.0	24.9	24.2	23.4	22.4	21.4	20.7	19.9	19.2	18.4	17.9	17.4	16.4	15.5
31.2	25.2	24.4	23.7	22.4	21.7	20.9	20.2	19,4	18.6	18.1	17.6	16.6	15.7
31.4	25.6	24.8	24.1	23.0	22.0	21.2	20.5	19.7	18.9	18.4	17.8	16.9	15.8
31.6	25.9	25.1	24.3	23.3	22.3	21.5	20.7	19.9	19.2	18.6	18.0	17.1	16.0
31.8	26.2	25.4	24.6	23.6	22.5	21.7	21.0	20.2	19.4	18.9	18.2	17.3	16.2
32.0	26.5	25.7	24.9	23.9	22.8	22.0	21.2	20.4	19.6	19.1	18.4	17.5	16.4
32.2	26.9	26.1	25.3	24.2	23.1	22.3	21.5	20.7	19.9	19.4	18.6	17.7	16.6
32.4	27.2	26.4	25.6	24.5	23.4	22.6	21.8	20.9	20.1	19.6	18.8	17.9	16.8
32.6	27.6	26.8	25.9	24.8	23.7	22.9	22.1	21.3	20.4	19.9	19.0	18.1	17.0
32.8	27.9	27.1	26.2	25.1	24.0	23.2	22.3	21.5	20.6	20.1	19.2	18.3	17.2
33.0	28.2	27.4	26.5	25.4	24.3	23.4	22.6	21.7	20.9	20.3	19.4	18.5	17.4
33.2	28.6	27.7	26.8	25.7	24.6	23.7	22.9	22.0	21.2	20.5	19.6	18.7	17.6
33.4	28.9	28.0	27.1	26.0	24.9	24.0	23.1	22.3	21.4	20.7	19.8	18.9	17.8
33.6	29.3	28.4	27.4	26.4	25.2	24.2	23.3	22.6	21.7	20.9	20.0	19.1	18.0

续表

平均回弹值 R_m	测区混凝土强度换算值 $f^{c}_{cu,i}$ (MPa)												
	平均碳化深度值 d_m (mm)												
	0	0.5	1.0	1.5	2.0	2.5	3.0	3.5	4.0	4.5	5.0	5.5	≤6.0
33.8	29.6	28.7	27.7	26.6	25.4	24.4	23.5	22.8	21.9	21.1	20.2	19.3	18.2
34.0	30.0	29.1	28.0	26.8	25.6	24.6	23.7	23.0	22.1	21.3	20.4	19.5	18.3
34.2	30.3	29.4	28.3	27.0	25.8	24.8	23.9	23.2	22.3	21.5	20.6	19.7	18.4
34.4	30.7	29.8	28.6	27.2	26.0	25.0	24.1	23.4	22.5	21.7	20.8	19.8	18.6
34.6	31.1	30.2	28.9	27.4	26.2	25.2	24.3	23.6	22.7	21.9	21.0	20.0	18.8
34.8	31.4	30.5	29.2	27.6	26.4	25.4	24.5	23.8	22.9	22.1	21.2	20.2	19.0
35.0	31.8	30.8	29.6	28.0	26.7	25.8	24.8	24.0	23.2	22.3	21.4	20.4	19.2
35.2	32.1	31.1	29.9	28.2	27.0	26.0	25.0	24.2	23.4	22.5	21.6	20.6	19.4
35.4	32.5	31.5	30.2	28.6	27.3	26.3	25.4	24.4	23.7	22.8	21.8	20.8	19.6
35.6	32.9	31.9	30.6	29.0	27.6	26.6	25.7	24.7	24.0	23.0	22.0	21.0	19.8
35.8	33.3	32.3	31.0	29.3	28.0	27.0	26.0	25.0	24.3	23.3	22.2	21.2	20.0
36.0	33.6	32.6	31.2	29.6	28.2	27.2	26.2	25.2	24.5	23.5	22.4	21.4	20.2
36.2	34.0	33.0	31.6	29.9	28.6	27.5	26.5	25.5	24.8	23.8	22.6	21.6	20.4
36.4	34.4	33.4	32.0	30.3	28.9	27.9	26.8	25.8	25.1	24.1	22.8	21.8	20.6
36.6	34.8	33.8	32.4	30.6	29.2	28.2	27.1	26.1	25.4	24.4	23.0	22.0	20.9
36.8	35.2	34.1	32.7	31.0	29.6	28.5	27.5	26.4	25.7	24.6	23.2	22.2	21.1
37.0	35.5	34.4	33.0	31.2	29.8	28.8	27.7	26.6	25.9	24.8	23.4	22.4	21.3
37.2	35.9	34.8	33.4	31.6	30.2	29.1	28.0	26.9	26.2	25.1	23.7	22.6	21.5
37.4	36.3	35.2	33.8	31.9	30.5	29.4	28.3	27.2	26.5	25.4	24.0	22.9	21.8
37.6	36.7	35.6	34.1	32.3	30.8	29.7	28.6	27.5	26.8	25.7	24.2	23.1	22.0
37.8	37.1	36.0	34.5	32.6	31.2	30.0	28.9	27.8	27.1	26.0	24.5	23.4	22.3
38.0	37.5	36.4	34.9	33.0	31.5	30.3	29.2	28.1	27.4	26.2	24.8	23.6	22.5
38.2	37.9	36.8	35.2	33.4	31.8	30.6	29.5	28.4	27.7	26.4	25.0	23.9	22.7
38.4	38.3	37.2	35.6	33.7	32.1	30.9	29.8	28.7	28.0	26.8	25.3	24.1	23.0
38.6	38.7	37.5	36.0	34.1	32.4	31.2	30.1	29.0	28.3	27.0	25.5	24.4	23.2
38.8	39.1	37.9	36.4	34.4	31.7	31.5	30.4	29.3	28.5	27.2	25.8	24.6	23.5
39.0	39.5	38.2	36.7	35.7	33.0	31.8	30.6	29.6	28.8	27.4	26.0	24.8	23.7
39.2	39.9	38.5	37.0	35.0	33.3	32.1	30.8	29.8	29.0	27.6	26.2	25.0	24.0
39.4	40.3	38.8	37.3	35.3	33.6	32.4	31.0	30.0	29.2	27.8	26.4	25.2	24.2
39.6	40.7	39.1	37.6	35.6	33.9	32.7	31.2	30.2	29.4	28.0	26.6	25.4	24.4
39.8	41.2	39.6	38.0	35.9	34.2	33.0	31.4	30.5	29.7	28.2	26.8	25.6	24.7
40.0	41.6	39.9	38.3	36.2	34.5	33.3	31.7	30.8	30.0	28.4	27.0	25.8	25.0
40.2	42.0	40.3	38.6	36.5	34.8	33.6	32.0	31.1	30.2	28.6	27.3	26.0	25.2
40.4	42.4	40.7	39.0	36.9	35.1	33.9	32.3	31.4	30.5	28.8	27.6	26.2	25.4
40.6	42.8	41.1	39.4	37.2	35.4	34.2	32.6	31.7	30.8	29.1	27.8	26.5	25.7

续表

平均回弹值 R_m	测区混凝土强度换算值 $f^{c}_{cu,i}$ (MPa)												
	平均碳化深度值 d_m (mm)												
	0	0.5	1.0	1.5	2.0	2.5	3.0	3.5	4.0	4.5	5.0	5.5	≤6.0
40.8	43.3	41.6	39.8	37.7	35.7	34.5	32.9	32.0	31.2	29.4	28.1	26.8	26.0
41.0	43.7	42.0	40.2	38.0	36.0	34.8	33.2	32.3	31.5	29.7	28.4	27.1	26.2
41.2	44.1	42.3	40.6	38.4	36.3	35.1	33.5	32.6	31.8	30.0	28.7	27.3	26.5
41.4	44.5	42.7	40.9	38.7	36.6	35.4	33.8	32.9	32.0	30.3	28.9	27.6	26.7
41.6	45.0	43.2	41.4	39.2	36.9	35.7	34.2	33.3	32.4	30.6	29.2	27.9	27.0
41.8	45.4	43.6	41.8	39.5	37.2	36.0	34.5	33.6	32.7	30.9	29.5	28.1	27.2
42.0	45.9	44.1	42.2	39.9	37.6	36.3	34.9	34.0	33.0	31.2	29.8	28.5	27.5
42.2	46.3	44.4	42.6	40.3	38.0	36.6	35.2	34.3	33.3	31.5	30.1	28.7	27.8
42.4	46.7	44.8	43.0	40.6	38.3	36.9	35.5	34.6	33.6	31.8	30.4	29.0	28.0
42.6	47.2	45.3	43.4	41.1	38.7	37.3	35.9	34.9	34.0	32.1	30.7	29.3	28.3
42.8	47.6	45.7	43.8	41.4	39.0	37.6	36.2	35.2	34.3	32.4	30.9	29.5	28.6
43.0	48.1	46.2	44.2	41.8	39.4	38.0	36.6	35.6	34.6	32.7	31.3	29.8	28.9
43.2	48.5	46.6	44.6	42.2	39.8	38.3	36.9	35.9	34.9	33.0	31.5	30.1	29.1
43.4	49.0	47.0	45.1	42.6	40.2	38.7	37.2	36.3	35.3	33.3	31.8	30.4	29.4
43.6	49.4	47.4	45.4	43.0	40.5	39.0	37.5	36.6	35.6	33.6	32.1	30.6	29.6
43.8	49.9	47.9	45.9	43.4	40.9	39.4	37.9	36.9	35.9	33.9	32.4	30.9	29.9
44.0	50.4	48.4	46.4	43.8	41.3	39.8	38.3	37.3	36.3	34.3	32.8	31.2	30.2
44.2	50.8	48.8	46.7	44.2	41.7	40.1	38.6	37.6	36.6	34.5	33.0	31.5	30.5
44.4	51.3	49.2	47.2	44.6	42.1	40.5	39.0	38.0	36.9	34.9	33.3	31.8	30.8
44.6	51.7	49.6	47.6	45.0	42.4	40.8	39.3	38.3	37.2	35.2	33.6	32.1	31.0
44.8	52.2	50.1	48.0	45.4	42.8	41.2	39.7	38.6	37.6	35.5	33.9	32.4	31.3
45.0	52.7	50.6	48.5	45.8	43.2	41.6	40.1	39.0	37.9	35.8	34.3	32.7	31.6
45.2	53.2	51.1	48.9	46.3	43.6	42.0	40.4	39.4	38.3	36.2	34.6	33.0	31.9
45.4	53.6	51.5	49.4	46.6	44.0	42.3	40.7	39.7	38.6	36.4	34.8	33.2	32.2
45.6	54.1	51.9	49.8	47.1	44.4	42.7	41.1	40.0	39.0	36.8	35.2	33.5	32.5
45.8	54.6	52.4	50.2	47.5	44.8	43.1	41.5	40.4	39.3	37.1	35.5	33.9	32.8
46.0	55.0	52.8	50.6	47.9	45.2	43.5	41.9	40.8	39.7	37.5	35.8	34.2	33.1
46.2	55.5	53.3	51.1	48.3	45.5	43.8	42.2	41.1	40.0	37.7	36.1	34.4	33.3
46.4	56.0	53.8	51.5	48.7	45.9	44.2	42.6	41.4	40.3	38.1	36.4	34.7	33.6
46.6	56.5	54.2	52.0	49.2	46.3	44.6	42.9	41.8	40.7	38.4	36.7	35.0	33.9
46.8	57.0	54.7	52.4	49.6	46.7	45.0	43.3	42.2	41.0	38.8	37.0	35.3	34.2
47.0	57.5	55.2	52.9	50.0	47.2	45.2	43.7	42.6	41.4	39.1	37.4	35.6	34.5
47.2	58.0	55.7	53.4	50.5	47.6	45.8	44.1	42.9	41.8	39.4	37.7	36.0	34.8
47.4	58.5	56.2	53.8	50.9	48.0	46.2	44.5	43.3	42.1	39.8	38.0	36.3	35.1
47.6	59.0	56.6	54.3	51.3	48.4	46.6	44.8	43.7	42.5	40.1	40.0	36.6	35.4
47.8	59.5	57.1	54.7	51.8	48.8	47.0	45.2	44.0	42.8	40.5	38.7	36.9	35.7

续表

平均回弹值 R_m	测区混凝土强度换算值 $f_{cu,i}^{c}$(MPa)												
	平均碳化深度值 d_m (mm)												
	0	0.5	1.0	1.5	2.0	2.5	3.0	3.5	4.0	4.5	5.0	5.5	≤6.0
48.0	60.0	57.6	55.2	52.2	49.2	47.4	45.6	44.4	43.2	40.8	39.0	37.2	36.0
48.2	—	58.0	55.7	52.6	49.6	47.8	46.0	44.8	43.6	41.1	39.3	37.5	36.3
48.4	—	58.6	56.1	53.1	50.0	48.2	46.4	45.1	43.9	41.5	39.6	37.8	36.6
48.6	—	59.0	56.6	53.5	50.4	48.6	46.7	45.5	44.3	41.8	40.0	38.1	36.9
48.8	—	59.5	57.1	54.0	50.9	49.0	47.1	45.9	44.6	42.2	40.3	38.4	37.2
49.0	—	60.0	57.5	54.4	51.3	49.4	47.5	46.2	45.0	42.5	40.6	38.8	37.5
49.2	—	—	58.0	54.8	51.7	49.8	47.9	46.6	45.4	42.8	41.0	39.1	37.8
49.4	—	—	58.5	55.3	52.1	50.2	48.3	47.1	45.8	43.2	41.3	39.4	38.2
49.6	—	—	58.9	55.7	52.5	50.6	48.7	47.4	46.2	43.6	41.7	30.7	38.5
49.8	—	—	59.4	56.2	53.0	51.0	49.1	47.8	46.5	43.9	52.0	40.1	38.8
50.0	—	—	59.9	56.7	53.4	51.4	49.5	48.2	46.9	44.3	42.3	40.4	39.1
50.2	—	—	60.0	57.1	53.8	51.9	49.9	48.5	47.2	44.6	42.6	40.7	39.4
50.4	—	—	—	57.6	54.3	52.3	50.3	49.0	47.7	45.0	43.0	41.0	39.7
50.6	—	—	—	58.0	54.7	52.7	50.7	49.4	48.0	45.4	43.4	41.4	40.0
50.8	—	—	—	58.5	55.1	53.1	51.1	49.8	48.4	45.7	43.7	41.7	40.3
51.0	—	—	—	59.0	55.6	53.5	51.5	50.1	48.8	46.1	44.1	42.0	40.7
51.2	—	—	—	59.4	56.0	54.0	51.9	50.5	49.2	46.4	44.4	42.3	41.0
51.4	—	—	—	59.9	56.4	54.4	52.3	50.9	49.6	46.8	44.7	42.7	41.3
51.6	—	—	—	60.0	56.9	54.8	52.7	51.3	50.0	47.2	45.1	43.0	41.6
51.8	—	—	—	—	57.3	55.2	53.1	51.7	50.3	47.5	45.4	43.3	41.8
52.0	—	—	—	—	57.8	55.7	53.6	52.1	50.7	47.9	45.8	43.7	42.3
52.2	—	—	—	—	58.2	56.1	54.0	52.5	51.1	48.3	46.2	44.0	42.6
52.4	—	—	—	—	58.7	56.5	54.4	53.0	51.5	48.7	46.5	44.4	43.0
52.6	—	—	—	—	59.1	57.0	54.8	53.4	51.9	49.0	46.9	44.7	43.3
52.8	—	—	—	—	59.6	57.4	55.2	53.8	52.3	49.4	47.3	45.1	43.6
53.0	—	—	—	—	60.0	57.8	55.6	54.2	52.7	49.8	47.6	45.4	43.9
53.2	—	—	—	—	—	58.3	56.1	54.6	53.1	50.2	48.0	45.8	44.3
53.4	—	—	—	—	—	58.7	56.5	55.0	53.5	50.5	48.3	46.1	44.6

续表

平均回弹值 R_m	测区混凝土强度换算值 $f^c_{cu,i}$ (MPa)											
	平均碳化深度值 d_m (mm)												
	0	0.5	1.0	1.5	2.0	2.5	3.0	3.5	4.0	4.5	5.0	5.5	≤6.0
53.6	—	—	—	—	—	59.2	56.9	55.4	53.9	50.9	48.7	46.4	44.9
53.8	—	—	—	—	—	59.6	57.3	55.8	54.3	51.3	49.0	46.8	45.3
54.0	—	—	—	—	—	60.0	57.8	56.3	54.7	51.7	49.4	47.1	45.6
54.2	—	—	—	—	—	—	58.2	56.7	55.1	52.1	49.8	47.5	46.0
54.4	—	—	—	—	—	—	58.6	57.1	55.6	52.5	50.2	47.9	46.3
54.6	—	—	—	—	—	—	59.1	57.5	56.0	52.9	50.5	48.2	46.6
54.8	—	—	—	—	—	—	59.5	57.9	56.4	53.2	50.9	48.5	47.0
55.0	—	—	—	—	—	—	59.9	58.4	56.8	53.6	51.3	48.9	47.3
55.2	—	—	—	—	—	—	60.0	58.8	57.2	54.0	51.6	49.3	47.7
55.4	—	—	—	—	—	—	—	59.2	57.6	54.4	52.0	49.6	48.0
55.6	—	—	—	—	—	—	—	59.7	58.0	54.8	52.4	50.0	48.4
55.8	—	—	—	—	—	—	—	60.0	58.5	55.2	52.8	50.3	48.7
56.0	—	—	—	—	—	—	—	—	58.9	55.6	53.2	50.7	49.1
56.2	—	—	—	—	—	—	—	—	59.3	56.0	53.5	51.1	49.4
56.4	—	—	—	—	—	—	—	—	59.7	56.4	53.9	51.4	49.8
56.6	—	—	—	—	—	—	—	—	60.0	56.8	54.3	51.8	50.1
56.8	—	—	—	—	—	—	—	—	—	57.2	54.7	52.2	50.5
57.0	—	—	—	—	—	—	—	—	—	57.6	55.1	52.5	50.8
57.2	—	—	—	—	—	—	—	—	—	58.0	55.5	52.9	51.2
57.4	—	—	—	—	—	—	—	—	—	58.4	55.9	53.3	51.6
57.6	—	—	—	—	—	—	—	—	—	58.9	56.3	53.7	51.9
57.8	—	—	—	—	—	—	—	—	—	59.3	56.7	54.0	52.3
58.0	—	—	—	—	—	—	—	—	—	59.7	57.0	54.4	52.7
58.2	—	—	—	—	—	—	—	—	—	60.0	57.4	54.8	53.0
58.4	—	—	—	—	—	—	—	—	—	—	57.8	55.2	53.4
58.6	—	—	—	—	—	—	—	—	—	—	58.2	55.6	53.8
58.8	—	—	—	—	—	—	—	—	—	—	58.6	55.9	54.1
59.0	—	—	—	—	—	—	—	—	—	—	59.0	56.3	54.5
59.2	—	—	—	—	—	—	—	—	—	—	59.4	56.7	54.9
59.4	—	—	—	—	—	—	—	—	—	—	59.8	57.1	55.2
59.6	—	—	—	—	—	—	—	—	—	—	60.0	57.5	55.6
59.8	—	—	—	—	—	—	—	—	—	—	—	57.9	56.0
60.0	—	—	—	—	—	—	—	—	—	—	—	58.3	56.4

注：表中未注明的测区混凝土强度换算值为小于 10 MPa 或大于 60 MPa。

附表 D　　泵送测区混凝土强度换算表

平均回弹值 R_m	测区混凝土强度换算值 $f^c_{cu,i}$ (MPa)												
	平均碳化深度值 d_m (mm)												
	0.0	0.5	1.0	1.5	2.0	2.5	3.0	3.5	4.0	4.5	5.0	5.5	≥6
18.6	10.0	—	—	—	—	—	—	—	—	—	—	—	—
18.8	10.2	10.0	—	—	—	—	—	—	—	—	—	—	—
19.0	10.4	10.2	10.0	—	—	—	—	—	—	—	—	—	—
19.2	10.6	10.4	10.2	10.0	—	—	—	—	—	—	—	—	—
19.4	10.9	10.7	10.4	10.2	10.0	—	—	—	—	—	—	—	—
19.6	11.1	10.9	10.6	10.4	10.2	10.0	—	—	—	—	—	—	—
19.8	11.3	11.1	10.9	10.6	10.4	10.2	10.0	—	—	—	—	—	—
20.0	11.5	11.3	11.1	10.9	10.6	10.4	10.2	10.0	—	—	—	—	—
20.2	11.8	11.5	11.3	11.1	10.9	10.6	10.4	10.2	10.0	—	—	—	—
20.4	12.0	11.7	11.5	11.3	11.1	10.8	10.6	10.4	10.2	10.0	—	—	—
20.6	12.2	12.0	11.7	11.5	11.3	11.0	10.8	10.6	10.4	10.2	10.0	—	—
20.8	12.4	12.2	12.0	11.7	11.5	11.3	11.0	10.8	10.6	10.4	10.2	10.0	—
21.0	12.7	12.4	12.2	11.9	11.7	11.5	11.2	11.0	10.8	10.6	10.4	10.2	10.0
21.2	12.9	12.7	12.4	12.2	11.9	11.7	11.5	11.2	11.0	10.8	10.6	10.4	10.2
21.4	13.1	12.9	12.6	12.4	12.1	11.9	11.7	11.4	11.2	11.0	10.8	10.6	10.3
21.6	13.4	13.1	12.9	12.6	12.4	12.1	11.9	11.6	11.4	11.2	11.0	10.7	10.5
21.8	13.6	13.4	13.1	12.8	12.6	12.3	12.1	11.9	11.6	11.4	11.2	10.9	10.7
22.0	13.9	13.6	13.3	13.1	12.8	12.6	12.3	12.1	11.8	11.6	11.4	11.1	10.9
22.2	14.1	13.8	13.6	13.3	13.0	12.8	12.5	12.3	12.0	11.8	11.6	11.3	11.1
22.4	14.4	14.1	13.8	13.5	13.3	13.0	12.7	12.5	12.2	12.0	11.8	11.5	11.3
22.6	14.6	14.3	14.0	13.8	13.5	13.2	13.0	12.7	12.5	12.2	12.0	11.7	11.5

续表

平均回弹值 R_m	测区混凝土强度换算值 $f^c_{cu,i}$（MPa）												
	平均碳化深度值 d_m（mm）												
	0.0	0.5	1.0	1.5	2.0	2.5	3.0	3.5	4.0	4.5	5.0	5.5	≥6
22.8	14.9	14.6	14.3	14.0	13.7	13.5	13.2	12.9	12.7	12.4	12.2	11.9	11.7
23.0	15.1	14.8	14.5	14.2	14.0	13.7	13.4	13.1	12.9	12.6	12.4	12.1	11.9
23.2	15.4	15.1	14.8	14.5	14.2	13.9	13.6	13.4	13.1	12.8	12.6	12.3	12.1
23.4	15.6	15.3	15.0	14.7	14.4	14.1	13.9	13.6	13.3	13.1	12.8	12.6	12.3
23.6	15.9	15.6	15.3	15.0	14.7	14.4	14.1	13.8	13.5	13.3	13.0	12.8	12.5
23.8	16.2	15.8	15.5	15.2	14.9	14.6	14.3	14.1	13.8	13.5	13.2	13.0	12.7
24.0	16.4	16.1	15.8	15.5	15.2	14.9	14.6	14.3	14.0	13.7	13.5	13.2	12.9
24.2	16.7	16.4	16.0	15.7	15.4	15.1	14.8	14.5	14.2	13.9	13.7	13.4	13.1
24.4	17.0	16.6	16.3	16.0	15.7	15.3	15.0	14.7	14.5	14.2	13.9	13.6	13.3
24.6	17.2	16.9	16.5	16.2	15.9	15.6	15.3	15.0	14.7	14.4	14.1	13.8	13.6
24.8	17.5	17.1	16.8	16.5	16.2	15.8	15.5	15.2	14.9	14.6	14.3	14.1	13.8
25.0	17.8	17.4	17.1	16.7	16.4	16.1	15.8	15.5	15.2	14.9	14.6	14.3	14.0
25.2	18.0	17.7	17.3	17.0	16.7	16.3	16.0	15.7	15.4	15.1	14.8	14.5	14.2
25.4	18.3	18.0	17.6	17.3	16.9	16.6	16.3	15.9	15.6	15.3	15.0	14.7	14.4
25.6	18.6	18.2	17.9	17.5	17.2	16.8	16.5	16.2	15.9	15.6	15.2	14.9	14.7
25.8	18.9	18.5	18.2	17.8	17.4	17.1	16.8	16.4	16.1	15.8	15.5	15.2	14.9
26.0	19.2	18.8	18.4	18.1	17.7	17.4	17.0	16.7	16.3	16.0	15.7	15.4	15.1
26.2	19.5	19.1	18.7	18.3	18.0	17.6	17.3	16.9	16.6	16.3	15.9	15.6	15.3
26.4	19.8	19.4	19.0	18.6	18.2	17.9	17.5	17.2	16.8	16.5	16.2	15.9	15.6
26.6	20.0	19.6	19.3	18.9	18.5	18.1	17.8	17.4	17.1	16.8	16.4	16.1	15.8
26.8	20.3	19.9	19.5	19.2	18.8	18.4	18.0	17.7	17.3	17.0	16.7	16.3	16.0

续表

平均回弹值 R_m	测区混凝土强度换算值 $f^c_{cu,i}$（MPa）												
	平均碳化深度值 d_m（mm）												
	0.0	0.5	1.0	1.5	2.0	2.5	3.0	3.5	4.0	4.5	5.0	5.5	≥6
27.0	20.6	20.2	19.8	19.4	19.1	18.7	18.3	17.9	17.6	17.2	16.9	16.6	16.2
27.2	20.9	20.5	20.1	19.7	19.3	18.9	18.6	18.2	17.8	17.5	17.1	16.8	16.5
27.4	21.2	20.8	20.4	20.0	19.6	19.2	18.8	18.5	18.1	17.7	17.4	17.1	16.7
27.6	21.5	21.1	20.7	20.3	19.9	19.5	19.1	18.7	18.4	18.0	17.6	17.3	17.0
27.8	21.8	21.4	21.0	20.6	20.2	19.8	19.4	19.0	18.6	18.3	17.9	17.5	17.2
28.0	22.1	21.7	21.3	20.9	20.4	20.0	19.6	19.3	18.9	18.5	18.1	17.8	17.4
28.2	22.4	22.0	21.6	21.1	20.7	20.3	19.9	19.5	19.1	18.8	18.4	18.0	17.7
28.4	22.8	22.3	21.9	21.4	21.0	20.6	20.2	19.8	19.4	19.0	18.6	18.3	17.9
28.6	23.1	22.6	22.2	21.7	21.3	20.9	20.5	20.1	19.7	19.3	18.9	18.5	18.2
28.8	23.4	22.9	22.5	22.0	21.6	21.2	20.7	20.3	19.9	19.5	19.2	18.8	18.4
29.0	23.7	23.2	22.8	22.3	21.9	21.5	21.0	20.6	20.2	19.8	19.4	19.0	18.7
29.2	24.0	23.5	23.1	22.6	22.2	21.7	21.3	20.9	20.5	20.1	19.7	19.3	18.9
29.4	24.3	23.9	23.4	22.9	22.5	22.0	21.6	21.2	20.8	20.3	19.9	19.5	19.2
29.6	24.7	24.2	23.7	23.2	22.8	22.3	21.9	21.4	21.0	20.6	20.2	19.8	19.4
29.8	25.0	24.5	24.0	23.5	23.1	22.6	22.2	21.7	21.3	20.9	20.5	20.1	19.7
30.0	25.3	24.8	24.3	23.8	23.4	22.9	22.5	22.0	21.6	21.2	20.7	20.3	19.9
30.2	25.6	25.1	24.6	24.2	23.7	23.2	22.8	22.3	21.9	21.4	21.0	20.6	20.2
30.4	26.0	25.5	25.0	24.5	24.0	23.5	23.0	22.6	22.1	21.7	21.3	20.9	20.4
30.6	26.3	25.8	25.3	24.8	24.3	23.8	23.3	22.9	22.4	22.0	21.6	21.1	20.7
30.8	26.6	26.1	25.6	25.1	24.6	24.1	23.6	23.2	22.7	22.3	21.8	21.4	21.0
31.0	27.0	26.4	25.9	25.4	24.9	24.4	23.9	23.5	23.0	22.5	22.1	21.7	21.2

续表

平均回弹值 R_m	测区混凝土强度换算值 $f^c_{cu,i}$（MPa）												
	平均碳化深度值 d_m（mm）												
	0.0	0.5	1.0	1.5	2.0	2.5	3.0	3.5	4.0	4.5	5.0	5.5	≥6
31.2	27.3	26.8	26.2	25.7	25.2	24.7	24.2	23.8	23.3	22.8	22.4	21.9	21.5
31.4	27.7	27.1	26.6	26.0	25.5	25.0	24.5	24.1	23.6	23.1	22.7	22.2	21.8
31.6	28.0	27.4	26.9	26.4	25.9	25.3	24.8	24.4	23.9	23.4	22.9	22.5	22.0
31.8	28.3	27.8	27.2	26.7	26.2	25.7	25.1	24.7	24.2	23.7	23.2	22.8	22.3
32.0	28.7	28.1	27.6	27.0	26.5	26.0	25.5	25.0	24.5	24.0	23.5	23.0	22.6
32.2	29.0	28.5	27.9	27.4	26.8	26.3	25.8	25.3	24.8	24.3	23.8	23.3	22.9
32.4	29.4	28.8	28.2	27.7	27.1	26.6	26.1	25.6	25.1	24.6	24.1	23.6	23.1
32.6	29.7	29.2	28.6	28.0	27.5	26.9	26.4	25.9	25.4	24.9	24.4	23.9	23.4
32.8	30.1	29.5	28.9	28.3	27.8	27.2	26.7	26.2	25.7	25.2	24.7	24.2	23.7
33.0	30.4	29.8	29.3	28.7	28.1	27.6	27.0	26.5	26.0	25.5	25.0	24.5	24.0
33.2	30.8	30.2	29.6	29.0	28.4	27.9	27.3	26.8	26.3	25.8	25.2	24.7	24.3
33.4	31.2	30.6	30.0	29.4	28.8	28.2	27.7	27.1	26.6	26.1	25.5	25.0	24.5
33.6	31.5	30.9	30.3	29.7	29.1	28.5	28.0	27.4	26.9	26.4	25.8	25.3	24.8
33.8	31.9	31.3	30.7	30.0	29.5	28.9	28.3	27.7	27.2	26.7	26.1	25.6	25.1
34.0	32.3	31.6	31.0	30.4	29.8	29.2	28.6	28.1	27.5	27.0	26.4	25.9	25.4
34.2	32.6	32.0	31.4	30.7	30.1	29.5	29.0	28.4	27.8	27.3	26.7	26.2	25.7
34.4	33.0	32.4	31.7	31.1	30.5	29.9	29.3	28.7	28.1	27.6	27.0	26.5	26.0
34.6	33.4	32.7	32.1	31.4	30.8	30.2	29.6	29.0	28.5	27.9	27.4	26.8	26.3
34.8	33.8	33.1	32.4	31.8	31.2	30.6	30.0	29.4	28.8	28.2	27.7	27.1	26.6
35.0	34.1	33.5	32.8	32.2	31.5	30.9	30.3	29.7	29.1	28.5	28.0	27.4	26.9
35.2	34.5	33.8	33.2	32.5	31.9	31.2	30.6	30.0	29.4	28.8	28.3	27.7	27.2

续表

平均回弹值 R_m	测区混凝土强度换算值 $f^c_{cu,i}$（MPa）												
	平均碳化深度值 d_m（mm）												
	0.0	0.5	1.0	1.5	2.0	2.5	3.0	3.5	4.0	4.5	5.0	5.5	≥6
35.4	34.9	34.2	33.5	32.9	32.2	31.6	31.0	30.4	29.8	29.2	28.6	28.0	27.5
35.6	35.3	34.6	33.9	33.2	32.6	31.9	31.3	30.7	30.1	29.5	28.9	28.3	27.8
35.8	35.7	35.0	34.3	33.6	32.9	32.3	31.6	31.0	30.4	29.8	29.2	28.6	28.1
36.0	36.0	35.3	34.6	34.0	33.3	32.6	32.0	31.4	30.7	30.1	29.5	29.0	28.4
36.2	36.4	35.7	35.0	34.3	33.6	33.0	32.3	31.7	31.1	30.5	29.9	29.3	28.7
36.4	36.8	36.1	35.4	34.7	34.0	33.3	32.7	32.0	31.4	30.8	30.2	29.6	29.0
36.6	37.2	36.5	35.8	35.1	34.4	33.7	33.0	32.4	31.7	31.1	30.5	29.9	29.3
36.8	37.6	36.9	36.2	35.4	34.7	34.1	33.4	32.7	32.1	31.4	30.8	30.2	29.6
37.0	38.0	37.3	36.5	35.8	35.1	34.4	33.7	33.1	32.4	31.8	31.2	30.5	29.9
37.2	38.4	37.7	36.9	36.2	35.5	34.8	34.1	33.4	32.8	32.1	31.5	30.9	30.2
37.4	38.8	38.1	37.3	36.6	35.8	35.1	34.4	33.8	33.1	32.4	31.8	31.2	30.6
37.6	39.2	38.4	37.7	36.9	36.2	35.5	34.8	34.1	33.4	32.8	32.1	31.5	30.9
37.8	39.6	38.8	38.1	37.3	36.6	35.9	35.2	34.5	33.8	33.1	32.5	31.8	31.2
38.0	40.0	39.2	38.5	37.7	37.0	36.2	35.5	34.8	34.1	33.5	32.8	32.2	31.5
38.2	40.4	39.6	38.9	38.1	37.3	36.6	35.9	35.2	34.5	33.8	33.1	32.5	31.8
38.4	40.9	40.1	39.3	38.5	37.7	37.0	36.3	35.5	34.8	34.2	33.5	32.8	32.2
38.6	41.3	40.5	39.7	38.9	38.1	37.4	36.6	35.9	35.2	34.5	33.8	33.2	32.5
38.8	41.7	40.9	40.1	39.3	38.5	37.7	37.0	36.3	35.5	34.8	34.2	33.5	32.8
39.0	42.1	41.3	40.5	39.7	38.9	38.1	37.4	36.6	35.9	35.2	34.5	33.8	33.2
39.2	42.5	41.7	40.9	40.1	39.3	38.5	37.7	37.0	36.3	35.5	34.8	34.2	33.5
39.4	42.9	42.1	41.3	40.5	39.7	38.9	38.1	37.4	36.6	35.9	35.2	34.5	33.8

续表

平均回弹值 R_m	测区混凝土强度换算值 $f^c_{cu,i}$ （MPa）												
	平均碳化深度值 d_m （mm）												
	0.0	0.5	1.0	1.5	2.0	2.5	3.0	3.5	4.0	4.5	5.0	5.5	≥6
39.6	43.4	42.5	41.7	40.9	40.0	39.3	38.5	37.7	37.0	36.3	35.5	34.8	34.2
39.8	43.8	42.9	42.1	41.3	40.4	39.6	38.9	38.1	37.3	36.6	35.9	35.2	34.5
40.0	44.2	43.4	42.5	41.7	40.8	40.0	39.2	38.5	37.7	37.0	36.2	35.5	34.8
40.2	44.7	43.8	42.9	42.1	41.2	40.4	39.6	38.8	38.1	37.3	36.6	35.9	35.2
40.4	45.1	44.2	43.3	42.5	41.6	40.8	40.0	39.2	38.4	37.7	36.9	36.2	35.5
40.6	45.5	44.6	43.7	42.9	42.0	41.2	40.4	39.6	38.8	38.1	37.3	36.6	35.8
40.8	46.0	45.1	44.2	43.3	42.4	41.6	40.8	40.0	39.2	38.4	37.7	36.9	36.2
41.0	46.4	45.5	44.6	43.7	42.8	42.0	41.2	40.4	39.6	38.8	38.0	37.3	36.5
41.2	46.8	45.9	45.0	44.1	43.2	42.4	41.6	40.7	39.9	39.1	38.4	37.6	36.9
41.4	47.3	46.3	45.4	44.5	43.7	42.8	42.0	41.1	40.3	39.5	38.7	38.0	37.2
41.6	47.7	46.8	45.9	45.0	44.1	43.2	42.3	41.5	40.7	39.9	39.1	38.3	37.6
41.8	48.2	47.2	46.3	45.4	44.5	43.6	42.7	41.9	41.1	40.3	39.5	38.7	37.9
42.0	48.6	47.7	46.7	45.8	44.9	44.0	43.1	42.3	41.5	40.6	39.8	39.1	38.3
42.2	49.1	48.1	47.1	46.2	45.3	44.4	43.5	42.7	41.8	41.0	40.2	39.4	38.6
42.4	49.5	48.5	47.6	46.6	45.7	44.8	43.9	43.1	42.2	41.4	40.6	39.8	39.0
42.6	50.0	49.0	48.0	47.1	46.1	45.2	44.3	43.5	42.6	41.8	40.9	40.1	39.3
42.8	50.4	49.4	48.5	47.5	46.6	45.6	44.7	43.9	43.0	42.2	41.3	40.5	39.7
43.0	50.9	49.9	48.9	47.9	47.0	46.1	45.2	44.3	43.4	42.5	41.7	40.9	40.1
43.2	51.3	50.3	49.3	48.4	47.4	46.5	45.6	44.7	43.8	42.9	42.1	41.2	40.4
43.4	51.8	50.8	49.8	48.8	47.8	46.9	46.0	45.1	44.2	43.3	42.5	41.6	40.8
43.6	52.3	51.2	50.2	49.2	48.3	47.3	46.4	45.5	44.6	43.7	42.8	42.0	41.2

续表

平均回弹值 R_m	测区混凝土强度换算值 $f^c_{cu,i}$（MPa）												
	平均碳化深度值 d_m（mm）												
	0.0	0.5	1.0	1.5	2.0	2.5	3.0	3.5	4.0	4.5	5.0	5.5	≥6
43.8	52.7	51.7	50.7	49.7	48.7	47.7	46.8	45.9	45.0	44.1	43.2	42.4	41.5
44.0	53.2	52.2	51.1	50.1	49.1	48.2	47.2	46.3	45.4	44.5	43.6	42.7	41.9
44.2	53.7	52.6	51.6	50.6	49.6	48.6	47.6	46.7	45.8	44.9	44.0	43.1	42.3
44.4	54.1	53.1	52.0	51.0	50.0	49.0	48.0	47.1	46.2	45.3	44.4	43.5	42.6
44.6	54.6	53.5	52.5	51.5	50.4	49.4	48.5	47.5	46.6	45.7	44.8	43.9	43.0
44.8	55.1	54.0	52.9	51.9	50.9	49.9	48.9	47.9	47.0	46.1	45.1	44.3	43.4
45.0	55.6	54.5	53.4	52.4	51.3	50.3	49.3	48.3	47.4	46.5	45.5	44.6	43.8
45.2	56.1	55.0	53.9	52.8	51.8	50.7	49.7	48.8	47.8	46.9	45.9	45.0	44.1
45.4	56.5	55.4	54.3	53.3	52.2	51.2	50.2	49.2	48.2	47.3	46.3	45.4	44.5
45.6	57.0	55.9	54.8	53.7	52.7	51.6	50.6	49.6	48.6	47.7	46.7	45.8	44.9
45.8	57.5	56.4	55.3	54.2	53.1	52.1	51.0	50.0	49.0	48.1	47.1	46.2	45.3
46.0	58.0	56.9	55.7	54.6	53.6	52.5	51.5	50.5	49.5	48.5	47.5	46.6	45.7
46.2	58.5	57.3	56.2	55.1	54.0	52.9	51.9	50.9	49.9	48.9	47.9	47.0	46.1
46.4	59.0	57.8	56.7	55.6	54.5	53.4	52.3	51.3	50.3	49.3	48.3	47.4	46.4
46.6	59.5	58.3	57.2	56.0	54.9	53.8	52.8	51.7	50.7	49.7	48.7	47.8	46.8
46.8	60.0	58.8	57.6	56.5	55.4	54.3	53.2	52.2	51.1	50.1	49.1	48.2	47.2
47.0	—	59.3	58.1	57.0	55.8	54.7	53.7	52.6	51.6	50.5	49.5	48.6	47.6
47.2	—	59.8	58.6	57.4	56.3	55.2	54.1	53.0	52.0	51.0	50.0	49.0	48.0
47.4	—	60.0	59.1	57.9	56.8	55.6	54.5	53.5	52.4	51.4	50.4	49.4	48.4
47.6	—	—	59.6	58.4	57.2	56.1	55.0	53.9	52.8	51.8	50.8	49.8	48.8
47.8	—	—	60.0	58.9	57.7	56.6	55.4	54.4	53.3	52.2	51.2	50.2	49.2

续表

平均回弹值 R_m	测区混凝土强度换算值 $f^c_{cu,i}$（MPa）												
	平均碳化深度值 d_m（mm）												
	0.0	0.5	1.0	1.5	2.0	2.5	3.0	3.5	4.0	4.5	5.0	5.5	≥6
48.0	—	—	—	59.3	58.2	57.0	55.9	54.8	53.7	52.7	51.6	50.6	49.6
48.2	—	—	—	59.8	58.6	57.5	56.3	55.2	54.1	53.1	52.0	51.0	50.0
48.4	—	—	—	60.0	59.1	57.9	56.8	55.7	54.6	53.5	52.5	51.4	50.4
48.6	—	—	—	—	59.6	58.4	57.3	56.1	55.0	53.9	52.9	51.8	50.8
48.8	—	—	—	—	60.0	58.9	57.7	56.6	55.5	54.4	53.3	52.2	51.2
49.0	—	—	—	—	—	59.3	58.2	57.0	55.9	54.8	53.7	52.7	51.6
49.2	—	—	—	—	—	59.8	58.6	57.5	56.3	55.2	54.1	53.1	52.0
49.4	—	—	—	—	—	60.0	59.1	57.9	56.8	55.7	54.6	53.5	52.4
49.6	—	—	—	—	—	—	59.6	58.4	57.2	56.1	55.0	53.9	52.9
49.8	—	—	—	—	—	—	60.0	58.8	57.7	56.6	55.4	54.3	53.3
50.0	—	—	—	—	—	—	—	59.3	58.1	57.0	55.9	54.8	53.7
50.2	—	—	—	—	—	—	—	59.8	58.6	57.4	56.3	55.2	54.1
50.4	—	—	—	—	—	—	—	60.0	59.0	57.9	56.7	55.6	54.5
50.6	—	—	—	—	—	—	—	—	59.5	58.3	57.2	56.0	54.9
50.8	—	—	—	—	—	—	—	—	60.0	58.8	57.6	56.5	55.4
51.0	—	—	—	—	—	—	—	—	—	59.2	58.1	56.9	55.8
51.2	—	—	—	—	—	—	—	—	—	59.7	58.5	57.3	56.2
51.4	—	—	—	—	—	—	—	—	—	60.0	58.9	57.8	56.6
51.6	—	—	—	—	—	—	—	—	—	—	59.4	58.2	57.1
51.8	—	—	—	—	—	—	—	—	—	—	59.8	58.7	57.5
52.0	—	—	—	—	—	—	—	—	—	—	60.0	59.1	57.9
52.2	—	—	—	—	—	—	—	—	—	—	—	59.5	58.4
52.4	—	—	—	—	—	—	—	—	—	—	—	60.0	58.8
52.6	—	—	—	—	—	—	—	—	—	—	—	—	59.2
52.8	—	—	—	—	—	—	—	—	—	—	—	—	59.7

注：表中未注明的测区混凝土强度换算值为小于 10 MPa 或大于 60 MPa；

表中数值是根据曲线方程 $f=0.034\,488R^{1.940\,0}10^{(-0.017\,3d_m)}$ 计算。

参 考 文 献

1. 张超. 路基路面试验检测技术. 北京：人民交通出版社，2004
2. 徐培华. 路基路面试验检测技术. 北京：人民交通出版社，2000
3. 郭秀芹. 公路工程现场测试. 北京：人民交通出版社，2005
4. 钱进. 公路工程测试技术. 北京：人民交通出版社，2010
5. 乔志琴. 公路工程试验检测. 北京：人民交通出版社，2007